KB190054

승려와 원숭이

생물 철학자와 인도 철학자의 불교에 관한 12가지 대담

© 심재관·최종덕, 2016

초판 1쇄 펴낸날 2016년 3월 1일

지은이 심재관·최종덕
펴낸이 이건복
펴낸곳 도서출판 동녘

전무 정락윤
주간 곽종구
책임편집 최미혜
편집 이정신 박은영 이환희 사공영
미술 조하늘 고영선
영업 김진규 조현수
관리 서숙희 장하나 김지하

인쇄·제본 영신사 **라미네이팅** 북웨어 **종이** 한서지업사

등록 제311-1980-01호 1980년 3월 25일
주소 (10881) 경기도 파주시 회동길 77-26
전화 영업 031-955-3000 편집 031-955-3005 **전송** 031-955-3009
블로그 www.dongnyok.com **전자우편** editor@dongnyok.com

ISBN 978-89-7297-752-0 03210

• 이 도서의 국립중앙도서관 출판시도서목록(CIP)은 e-CIP홈페이지(http://www.nl.go.kr/ecip)와
국가자료공동목록시스템(http://www.nl.go.kr/kolisnet)에서 이용하실 수 있습니다.
(CIP제어번호: CIP2016003247)

승려와 원숭이

심재관 ○ 최종덕 지음

생물 철학자와 인도 철학자의
불교에 관한 12가지 대담

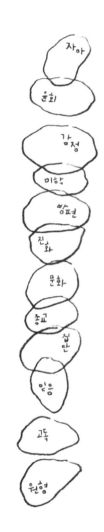

자아
윤회
감정
미학
방편
진화
문화
종교
집단
믿음
고독
원형

동녘

일러두기

1. 맞춤법과 띄어쓰기는 한글 맞춤법에 따랐다.
2. 외래어표기는 국립국어원 외래어표기법에 따랐다.
3. 본문에 사용한 기호의 쓰임새는 다음과 같다.
   《 》: 단행본, 잡지명
   〈 〉: 논문, 신문명, 영화명 등
4. 본문에 등장하는 외서는 국내에 번역된 도서명을 따랐다.

이 책은 이렇게 시작되었다

심재관 제 주변 사람들이 이 책 제목을 왜 《승려와 원숭이》로 지었는지 자주 묻더라고요. 설명하기가 쉽지 않았어요. 책 제목이 반드시 책 내용 전반을 압축해서 붙여질 필요는 없을 거라고 대답하기도 했지만요. 그러나 그 제목 안에 상징적인 요소는 있다고 말했죠. 그랬더니 어떤 사람들은 인간 본성의 양면성으로 추측하기도 하고, 하늘로부터 부여받은 결정론적 본성은 없다는 뜻으로 받아들이는 분도 계시더라고요. 혹은 성자나 승려를 원숭이로 조롱하는 표현인지 묻는 분도 계셨어요.

최종덕 최소한 조롱하는 표현이 아니라고 강조해 주세요. 책 제목이 시사하는 것은 삶의 다양성, 생물학적 본성, 종교와 사회라는 몇몇 핵심어에 연관 지을 수 있을 거예요. 심 선생님 말대로 책 제목에 그리 신경 쓸 필요는 없을 거예요. 우리가 처음 책에 대해 이야기를 시작했을 때 기억나시죠? 종교와 과학, 좁게는 불교와 진화생물학 사이에서 대화가 어디까지 그리고 어떻게 가능한지를 서로 이야기했었죠. 결국 원숭이는 생물학을, 승려는 종교 또는 불교를 상징한다고 보면 되지 않을까요? 더 이상의 의미는 독자에게 맡기기로 하죠. 그보다 우리 둘이 만나서 왜 이런 대담집을 내게 되었는가에 대한 설명이 필요할 것 같아요.

심재관 한 10여 년 전에 인문학을 같이 한다는 계기로 최 선생님을 처음 만났잖아요. 최 선생님은 생물 철학을, 저는 고대 인도 철학이라는 전혀 다른 분야를 전공했으나, 서로 간에 철학적 고민이 비슷하다고 생각이 들면서 더 쉽게 이야기를 시작하게 된 것 같아요. 특히나 최 선생님은 자연과학과 함께 불교에 관심이 많으셔서 우리들이 그동안 해 왔던 토론의 폭도 넓어졌고요.

최종덕 과학에서 신화에 이르기까지, 형이상학에서 현실 사회의 모순까지 다양한 이야기를 나누었죠. 그런 이야기를 나눈 경험들이 결국 이 책을 만들게 된 동기가 되지 않았겠어요? 삶과 사회 그리고 철학과 종교와 같은 추상적인 주제들이 불교라는 현실 종교 안에서 어떻게 전개되어 왔는지를 이야기해 보자는 것이 우리들의 초발심이었죠.

심재관 최 선생님은 아무래도 종교에 대해 비판적 입장을 가지고 계셨기 때문에 거꾸로 우리 이야기가 더 흥미로울 수 있었다고 봐요.

최종덕 네, 저는 종교의 선험적 혹은 초월적 근거를 인정하지 않기 때문에 종교에 대해 호의적이지 않아요. 실은 종교만이 아니라 철학에서도 초월적 존재를 언급하는 분야에 대해서는 잘 모르기도 하고 좋아하지도 않아요. 물질적 모순으로 가득 찬 현실 종교를 호의적으로 볼 수가 없겠죠. 인류사에 있어서 종교의 긍정적 역할이 매우 큰 것은 분명한 사실입니다. 그것은 종교만의 필연성이기보다 일종의 문화적 순기능이라고 봅니다. 그런 문화적 순기능 때문에 종교가 우리 인류사에 연착륙했다고 생각합니다.

심재관 최 선생님이 종교에 대해 커밍아웃을 하신 셈이군요. 저 역시 종교를 비판적으로 보지만, 종교 자체를 부정하지는 않습니다. 종교의 역사는 위대한 성자들을 통해 인간성이 어떻게 고양될 수 있는가를 효과적으로 보여 주었고 수많은 사람들을 그 방향으로 이끌어 왔다는 점만으로도 저는 종교의 순기능이 충분하다고 봅니다. 각 개별 종교들이 가지고 있는 교리나 신관, 윤리 규정 이런 것들이 스스로 종교임을 말해주는 본질적인 기준과 의미가 된다고는 생각해 본 적이 없습니다. 저로서는, 원숭이가 성자로 변모할 수 있도록 만들었던 원숭이 내면의 숨어 있는 어떤 힘과 그것을 가능케 한 외부의 사건 같은 것이 중요하다고 생각합니다. 그것이 무엇이든 그러한 혁명적 내면의 변화를 일으키는 것이라면 저는 종교의 의미가 있다고 생각합니다. 무엇이 종교인가를 정의하는 특정한 기준이라는 것은 없거든요. 저는 초월적 근거 혹은 선험적 근거, 그런 기준으로만 종교를 제한적으로 정의하지 않으려고 해요. 종교 안에서 지속적으로 내 삶의 위안을 받을 수 있고 또한 남에 대한 배려를 하게 된다면 충분히 종교의 가치가 있다고 보는 거죠. 그런 점에서 저는 종교를 부정하지 않아요. 비판적이지만 그래도 종교의 긍정적 의미를 강조하는 거죠.

최종덕 심 선생님은 상당히 폭넓게 종교를 바라보시는군요. 종교에 대한 이해가 서로 다르기 때문에 우리가 이런 대담을 시작하게 된 것이겠죠. 우리 둘이서만 종교에 대한 이해가 다른 것이 아니라 기독교인, 무슬림, 힌두교인, 유대인, 불교인이나 도교인 혹은 샤머니즘도 모두 각각이 종교를 이해하는 방식이 다를 거예요. 그런데 그 다름 중에서도 같은 요소가 있다고 사람들이 보통 생각하죠. 그것은 믿음 그 자체라고 말하죠. 종교는 지식으로 접근하는 것이 아니라 믿음으로 접근해야 한다는 생각 말예요. 어찌 보면 너무 당연한 말이지만 저는 이 문제를 우리 대화에서 특히 강조했던 거죠.

심재관 실은 우리가 만나서 책 제목을 이야기 할 때, 처음에는 '앎과 믿음'이라고 계획했을 정도로 앎과 믿음의 문제를 통해 종교와 과학의 차이를 말하고자 했지요. 다른 사람들이 당연히 생각하는 것과 다르게 최 선생님은 믿음의 장르에 대해 상당히 비판적이셨고요.

최종덕 네, 특히 불교는 믿음의 장르가 아닌 앎의 장르라고 저는 강조하고 싶어요.

심재관 그런 점에서 저는 종교 일반과 불교를 서로 구분했던 것이 최 선생님의 입장이었다고 생각해요.

최종덕 초월자 혹은 초월적 절대자의 존재를 설정한 일반 종교에서 신앙으로 통하는 길은 당연히 믿음을 통해서 열리게 될 것이죠. 제가 문제 삼는 것은 불교예요. 불교는 깨달음이 최우선의 과제라고 하잖아요. 결론부터 말하자면 불교에서 깨달음에 도달하는 길은 믿음을 통해서가 아니라는 점을 강조했었죠. 그게 바로 제가 문제 삼는 핵심이기도 해요. 심 선생님이 전공하는 불교에 제가 왈가불가하기 쉽지 않지만, 철학의 입장에서 과감히 언급한 것이라고 양해해 주세요.

심재관 각자의 고유한 지식 영역이 다른 만큼 우리들의 이야기도 더 다양해진다고 봐요. 이 책에서 우리 이야기는 자아에 대해서 한마디 하는 것으로 시작하죠. 이 책을 펼치자마자 너무 무거운 주제로 시작하는 것 같지만, 자아 문제로부터 시작하지 않으면 다른 주제로 넘어가기 어렵기 때문에 그렇게 되었어요. 독자들에게도 양해를 얻어야죠.

최종덕 저도 독자들을 위해 한마디 더 얹죠. 우리 이야기를 쭉 진행하면서, 이야기가 전개된 순서 그대로 글로 옮긴 것이 아니라 작은 주제별로 묶어서 다시 편집했어요. 우리의 이야기는 12개의 키워드로 새로 묶여졌죠. '자아, 연기, 감정, 미학, 방편, 진화, 문화, 종교, 집단, 믿음, 고독, 원형' 이렇게 모두 12개의 꼭지로 재구성한 것입니다.

심재관 물론 우리 이야기가 처음부터 이런 12개의 소재로 딱 나누어진 것은 아니었죠. 이야기를 하다 보면 미리 짜 놓은 주제를 벗어나는 경우가 다반사였으니까요. 대화를 하다 보면 엄격한 논리보다 이야기가 닿는 대로 자유롭게 풀어지잖아요.

최종덕 오히려 그런 자유로움 때문에 우리 대화가 더 상상력을 자극했다고 자찬하고 싶어요.

심재관 그래도 12개의 꼭지로 재구성하면서 글쓰기의 기초를 염두에 둘 수밖에 없었죠.

최종덕 말이 글로 바뀌면서 논리적으로 안정되도록 다듬어졌지만, 그만큼 대화의 현장감이 줄어든 것 같기도 해요. 어쨌든 우리 대화에서 가장 중요한 것은 자아에서 고독으로 이어지는 12개 소재 하나하나가 우리 자신의 고민에서 나온 문제였다는 점입니다. 이제 우리의 이야기는 글로 옮겨졌고, 그런 문제들이 정말로 문제인지는 독자들이 평가해 주실 것으로 생각합니다.

심재관 우리 이야기를 채록해 주신 분들이 있어서 이렇게 말이 글로 나온 것인데, 채록해 주신 김은애 조교와 권미현 조교에게 고맙다는 말을 하고 싶어요. 채록이 제대로 되려면 채록자도 대화의 내용을 어느 정도 공감해야 하는데, 그런 이유 때문에 채록하시는 분이 우리 대화에 참여해서, 질문도 하고 토론도 같이 했던 점은 우리에게도 많은 도움이 되었어요. 채록자 두 분은 녹취도 했지만 일반 독자의 역할까지 한 셈이거든요.

최종덕 저 역시 두 분의 성심 어린 녹취에 고마워요. 그리고 오랜 시간 동안 원고를 기다려 주신 동녘 출판사 관계자 분들께도 감사드려요.

심재관 최 선생님도 그러시겠지만, 저 개인적으로는 저의 가족에게 고마움을 전하고 싶어요. 제가 방학 때마다 인도나 네팔에 머물러 있어도 항상 가족을 지켜 준 저의 처에게 감사하죠.

최종덕 저는 심 선생님과 만나서 이렇게 책을 내는 일 자체가 역사의 인연이라고 생각합니다. 그런 인연을 종교적 신비주의로 생각할 필요가 없다고 봐요. 단지 저는 인연이란 아주 복잡하고 중층적이지만 여전히 이성적 인과 법칙으로 맺어져 있는 사건들의 네트워크라고 생각해요. 그래서 내가 이렇게 살아 있다는 것 자체가 고마울 따름이에요.

심재관 문제는 그런 사건들이 겉보기에는 서로 무관한 것처럼 보인다는 말이죠. 그래서 고마움을 느끼지 못하는 것 아닌가라고 생각합니다. 정확히 말해서 인연의 끈을 우리가 놓치고 있는 것이죠. 그런 인연을 찾아 주는 이는 오로지 자신밖에 없는 거예요. 그래서 우리 이야기에서도 자주 언급되었듯이, 저는 불교가 차가운 종교라고 말하곤 하죠.

최종덕 저는 오히려 겉보기에 서로 무관하게 보이는 것이 아니라 원래 무관한데 인간이 자기 멋대로 서로 관계 맺어진 것처럼 만들었다고 봐요. 그래서 전혀 다른 관점에서 저 역시 불교는 차가운 것이라고 생각해요.

심재관 이후의 모든 판단은 독자들에게 맡겨야겠죠. 감사합니다.

차례

자아

자아는 없다

최종덕 대체로 종교에 접근하는 계기는 실패, 실망, 패배, 좌절, 허
망함에 나 혼자서 풀기 어려운 상황에 직면했을 때죠. 저 역시
도 오래전 젊었을 때 그랬으니까요. 난국 상황에서 비로소 나
를 찾아 헤매게 됩니다. 그전에는 내가 누구인지를 질문하는
경우가 별로 없죠. 결국, 종교를 찾는 이유 중 하나는 나를 찾
는다는 명분에 있겠죠. 실제로는 나를 찾는 것보단 마음의 위
안을 삼기 위한 것이겠지만요. 불교도 그런 명분을 채워 주는
것 아니겠어요?

심재관 많은 사람들이 내가 누구인지를 묻는 질문을 통해 불교에
접근한다고 하죠. 아마 다른 종교인들도 처음 종교에 입문하기
전에 그랬다고 봅니다. 그런데 불교에서는 다른 종교와 달리 처
음부터 '진정한 나' 또는 '고정된 내가 없다'고 이야기하죠. 자

꾸 내가 누구인지를 물으면 서양의 형이상학에서 말하는 자아론에 빠지고 말거든요. 본질적이거나 고정된 자아의 존재 자체가 없다는 것이 불교의 기본을 벗어난다는 말이죠.

최종덕 그런데 가끔 텔레비전을 보면, 한국의 스님들도 '참 자아'를 찾기 위해서 자신이 출가했다고 얘기하는 경우도 있고, 남들에게도 진정한 참 자아를 찾으라고 얘기하는 경우도 있는데 그건 뭔가요?

심재관 솔직히 말하자면, 저는 그런 말을 절집 안에서만 쓰는 상투어구 정도로 생각합니다. 따지고 보면 이건 역설이에요. 불교의 핵심 사상이 무아無我인데, 거꾸로 절에 가면 스님들은 참 자아를 찾으라고 이야기하니까요. 그러니까 마치 불교는 거짓된 자아를 버리고 참된 자아를 찾으라는 가르침으로 들리는 거죠. 그런데 이건 다른 모든 종교가 하는 얘기고, 불교만의 고유한 철학은 아닌 거죠. 한국 스님들은 불교적인 교리에 따라서 무엇인가를 체계적으로 설명하려는 경향이 거의 없어요. 스리랑카나 티베트 승려들은, 동아시아의 승려들과 다르게, 참 자아를 찾으라든가 하는 그런 말을 거의 하지 않아요.

최종덕 아니, 한국 스님들이 불교의 기본적인 교리를 모르고 있다는 얘기는 아닐 거 아닙니까? 경전이나 교리적인 연구를 약간 도외시하는 선불교적인 전통 때문인가요?

심재관 그런 영향도 어느 정도 무시할 수는 없다고 생각해요. 그

렇지만 스님들이 교리를 모른다고 하기보다는, 경전보다는 수
행의 체험 또는 선수행의 환경 속에서 만들어진 단어들을 선택
했다고 봅니다. 그래서 그것을 제가 상투어구라 말한 것이고요.
어쩌면 동아시아 선불교禪佛敎의 배경 속에 있는 여래장 계통의
경전 속에서 얘기하는 '불성佛性'의 개념 등이 그러한 통념을 은
연중에 강화시킨 것은 아닌가 생각이 되기도 하고요.

최종덕 그렇다면 불성론이 본체론적 철학을 포함하고 있다는 건
가요?

심재관 그렇게 해석될 수 있는 경향은 있었지만, 제 생각에 그런
건 아니고요. 붓다의 기본적인 가르침인 무아를 후대의 경전이
거스를 수는 없는 거니까요.

최종덕 제가 알고 있는 것이 제대로라면 고정된 자아가 없다는
사실을 고대 중국의 '기' 사상에 비유할 수 있을지 모르겠어요.
앞으로 자주 논의할 아트만ātman, 고대 인도의 《우파니샤드》 철학에서 브라
만과 함께 가장 중요한 원리 가운데 하나. 끊임없이 변화하는 '물질적 자아(육체, 생각, 마
음)'와 대비해 절대 변치 않는 가장 내밀하고 '초월적인 자아(영혼)'를 말한다.과 브라
만brahman, 고대 인도 경전 《우파니샤드》의 중심 사상. 힌두교에서 우주의 근본원리
를 가리킨다. 개인의 본체인 아트만과 함께 범아일여梵我一如 사상의 주요 개념이다.의
관계를 기 개념으로 설명할 수 있지 않을까 해서요. 고대 중국
의 기 개념을 단정적으로 정의할 수 없을 거예요. 기를 물질로
보는 단순한 기공주의자들도 있고, 물질의 신기한 변이체로 보
는 신비주의들도 있어요. 후자를 주장하는 이들은 대체로 중

국 무협 영화에 도취된 사람들이에요. 저는 기를 물질이냐 아니냐 라는 존재론적 문제보다 경험적 차원에서 보기를 원하죠. 신비하고 형이상학적인 기 개념이 아니라 경험적 차원에서 기를 설명하자는 거예요. 기의 가장 중요한 특징은 흩어지고 모이는 취산聚散의 성격이라고 봅니다. 모여 있으면 우리는 그것을 존재라고 하고, 흩어져 있으면 비존재라고 하겠죠. 눈에 보이는 형체를 갖추었으면 존재라고 하고 형체가 없다면 비존재라고 할 뿐입니다. 그래서 경험적 수준에서 볼 때, 존재와 비존재의 차이는 형체를 갖추었느냐 아니면 형체가 없느냐의 차이겠죠. 그러나 형체가 없더라도 기가 없어진 것은 아니잖아요. 기가 흩어졌어도 완전히 없어진 것은 아니라는 거죠. 예를 들어서 여기《인도불교사상》이란 책 한 권이 있죠. 이 책은《인도불교사상》이라고 하는 책의 존재를 구성하지만 우연히 불에 타서 없어졌다고 해도 그 형체만 없어진 것이지 아주 없어진 것은 아니라는 거죠. 그렇듯이 아트만과 브라만의 관계를 볼 수 있나요?

심재관 최 선생님이 드신 비유는 매우 흥미로운 비유법입니다. 브라만과 아트만의 관계를 흩어진 기와 모여진 기로 비유한다는 것이죠. 그런 비유법은 일면 유사한 측면을 갖고 있기는 하지만 결정적인 흠이 있어요. 우선 기의 취산으로 존재를 해명하려는 시도는 기의 전체량이 보전되어야 한다는 존재론적 전제를 깔고 있어야 하죠. 흔히 민간 기론자들이 하는 말대로 내 존재는 일시적이고 내가 죽으면 내 존재를 구성하는 기들이 분산해서 다른 존재를 구성할 수 있다는 말이 있는데, 그렇게 말할 수 있는 철학적 배경도 의심스럽고요. 이 모든 에너지의 전체량이 변함없이 유지된다는 것을 전제로 깔고 하는 주장들입니다. 일종의 기의 우주론이지만, 제가 아는 한, 한자 문화권에서 통용되는 기의 철학에서도 한마디로 이렇게 말한 철학자는 없는 것 같아요. 기를 통해 자아와 대상의 존재를 접근하는 것은 철학적 사유에 해당하지만, 기의 전체량이 보전된다는 주장은 일종의 자연학이라는 말입니다. 좋은 말로 하면 동양 과학이지만 정확하게는 상상력으로 만든 신비주의에 지나지 않는다고 봐요.

최종덕 제가 처음에는 아트만이 흩어지면 브라만으로 흡입되고, 브라만의 일부가 특정한 동역학으로 모이면 아트만이 된다는 식으로 이해했었거든요. 기의 취산 작용과 고대 힌두의 아트만과 브라만 사이의 관계를 직접 비유한다는 것은 어불성설이군요.

심재관 겉으로 보기에 그런 듯하지만 기의 존재론으로 아트만을 이해하기에는 범주가 많이 다른 거 같아요. 제 생각엔 씨앗 개념이 어떨까 싶어요. 브라만이란 초우주적인 본질이며, 그런 초우주적 본질 안에서 개체들이 여기저기 편재되어 있다는 것입니다. 우주 전체에 편재된 개체들은 브라만의 씨앗이 되는 거지요. 브라만의 씨앗이 온 세상에 퍼져서 모든 존재, 모든 개별자 속에 숨어 있는 거죠.

최종덕 그렇다면 브라만의 본성이 개별자 각자에 온통 다 나뉘어져 있다는 거예요?

심재관 그렇지요.

최종덕 그렇다면 아리스토텔레스의 존재론과 비슷하잖아요.

심재관 네, 아주 흡사하죠.

최종덕 플라톤의 이데아론, 본질과 현상 간의 관계와도 비슷하고요?

심재관 네, 그렇습니다.

최종덕 아, 놀랍군요. 고대 인도의 브라만 사상은 기의 존재론처럼 동양의 자연주의적 존재론보다 서구의 존재론에 더 가깝군요. 그동안 제가 많은 점을 오해했어요.

심재관 중국 고대 철학과 고대 인도 철학을 비슷하게 보는 사람들이 의외로 많아요. 후기 《베다Veda》 문헌이나 《우파니샤드Upaniṣad》 등에서 찾아볼 수 있는 초기 인도 철학은 상대적으로 서구 존재론에 더 가깝다고 여겨져요. 최소한 중국의 경험론적 전통보다는 고대 그리스 사상에 더 근접해 있다는 뜻이에요. 지리적 교류 가능성도 그쪽이 훨씬 더 크고요. 실제로 네오-플라톤주의플라톤 철학의 계승과 부활을 내세우며 3~6세기에 로마 제국에서 성행했던 철학 사상으로 신플라톤학파라고도 한다.의 철학 속에는 그 흔적이 확실히 나타납니다. 알렉산더가 인도 원정을 가면서 데리고 다녔던 철학자들이 인도의 영향을 일부 받은 흔적이 나타나지요. 물론 서구 존재론과 똑같을 수는 없겠죠. 힌두 브라만 사상이 고

22

대 그리스 존재론과 다른 점은 세계의 존재 방식에 관심을 두는 것이 아니라, 우주의 내재적 관계성을 깨닫는 자아에 관심을 둔다는 점이죠. 궁극적이며 초자아적인 우주의 본질이 내 안에 숨어 있으며, 그것을 아트만이라고 부르죠. 자아 안에 이미 브라만의 전체 우주가 있는 거예요.

최종덕 그러면 대아大我와 소아小我 혹은 브라만과 아트만은 서로 다른 양상이지만 내면적으로는 동일하다는 것이네요.

심재관 어쨌든 아트만과 브라만의 동일성을 깨달아야 한다는 점에서 힌두 사상은 종교의 기반이 되는 것이기도 하죠. 브라만과 나는 실제로 동일하다는 점을 인식하는 것, 그 자체를 힌두 철학에서는 깨달음이라고 보죠. 자아와 우주, 혹은 내 속의 아트만과 우주의 브라만이 동일하다는 것을 자각하는 것이 곧 깨달음이라는 뜻이에요. 다시 말하지만, 아트만과 브라만을 존재론적으로 동일시했다는 말이 아닙니다. 여기서 서양 철학의 형이상학과 다른 점이 드러나요. 아트만과 브라만은 특정한 절대자의 존재처럼 실체가 아니라 일종의 활동성 그 자체, 혹은 진리 그 자체일 뿐입니다. 실체로써의 존재 개념과 무관한 거지요. 여기서 서구 존재론과 결정적인 차이가 있는 거죠.

최종덕 그러면 아트만이라고 하는 것은 구체적인 나의 실존과 무관하다는 뜻인가요?

심재관 물론 자아의 주체로서 아트만을 이해하는 것은 틀리지 않아요.《우파니샤드》를 읽어보면, 마치 칸트의 선험적 자아를 연상시키는 아트만을 발견할 때가 있으니까요.《께나Kena우파니샤드》나《까타Katha 우파니샤드》를 보면, '감각의 통어자' 또는 '감각적 인식의 주체자'로 등장하는 대목이 있어요. 뿐만 아니라 사랑과 같은 개인의 감정의 주체자 또는 향수자로도 등장해요. 그러니까 실존적인 개인 속에 숨어 있는 궁극적인 원리로써의 진정한 자아지요. 중요한 점은 힌두 철학의 아트만을 찾아가는 여정을 마치 불교에서 말하는 깨달음의 길이라고 오해할 수 있다는 데 있어요. 아트만 사상에서는 현상적이고 일상적인 지금 우리 개개인의 모습 뒤에 절대적인 우주적 자아가 내재해 있다는 것이죠. 이것은《우파니샤드》와 이를 토대로 한 후대 힌두 철학의 핵심입니다. 불교에서 참 자아를 찾는 것이 이것을 의미하는 것이 아니냐고 물을 수 있겠죠. 그러나 불교는 이런 형이상학에 가장 강력히 맞서는 종교죠. 불교는 아트만을 찾는 것이 아니라 아트만을 버리는 것이에요. 애초부터 그런 절대적인 고정적 실체가 우리 내부에든 외부에든 존재하지 않는다는 것입니다.

최종덕 저도 아트만에 대한 이해를 조정해야겠군요. 아트만은 불교의 생각이 아니라 전통 힌두의 소산물이라는 점을 잘 새겨야겠어요. 저를 포함해서 많은 사람들이 고대 불교와 전통 힌두 사상을 혼동하고 있어요.

심재관 자아를 찾아가는 길과 자아를 버리는 길은 엄청난 차이가 있겠죠. 아트만과 같은 초월적 존재를 부정하는 것이 바로 불교의 시작이자 붓다의 말씀이었죠. 그래서 무아론無我論이라고 하지 않겠어요. 아트만을 부정하면서 나온 것이 무아죠. 아트만 사상은 자아를 찾는 것이지만, 붓다는 자아를 부정합니다. 자아를 버린다는 뜻은 자아를 신비하고 초험적인 무엇으로 포장해 놓은 형이상학을 버린다는 뜻과 같아요.

최종덕 아, 그렇군요. 결국 무아는 형이상학적 초월자를 부정하면서 생긴 것이군요. 아주 명쾌하게 이해가 되었습니다. 심 선생님 설명대로 불교의 무아론을 접근하려면 먼저 고대 인도의 아트만 사상의 배경을 이해하는 것이 좋겠어요.

심재관 물론 다른 맥락이긴 하지만, 아트만 사상에 숨겨진 사회적 영향력을 잘 본다면 그 답을 찾을 수 있다고 생각합니다. 형이상학이 형성되는 이면에는 현실의 역사적 배경이 있다는 뜻이죠. 당대의 브라만교 혹은 바라문 사상 안에서 브라만과 아트만의 관계를 살펴보기로 하죠. 세계 속의 서로 다른 모습들의 개체들 내부에는 각각의 차별화된 현상적인 모습을 뛰어넘어 그 모두를 통일시키는 초월적 존재, 우주적 통일체 즉, 아트만이 내재한다는 것을 가정합니다.

최종덕 아, 대우주가 소우주 안에 모두 투영되어 있다는 말을 저도 자주 접했어요.

심재관 모든 존재 속에 이미 아트만이 있다는 말입니다. 그게 브라만교 혹은 바라문 사상에서 말하는 핵심이죠. 철수에게도 아트만이 있고, 영희에게도 아트만이 있으며, 저에게나 선생님에게도 역시 아트만이 있다는 말이에요. 그런데 아트만은 브라만을 전적으로 반영하고 있으니까, 결국 이 아트만의 본질은 브라만하고 똑같은 것이 됩니다. 그렇다면 결국 철수나 영희나 저나 선생님이나 다 같이 '본질적으로는' 똑같은 존재가 되는 것입니다. 본질적으로 우리 모두는 동등한 존재라는 거예요. 그것이 브라만 사상의 핵심이에요.

최종덕 아주 재미있는 서술입니다. 자아론을 이해하는 중요한 시각이군요.

심재관 아트만 이론이 자아론으로 번역되기도 하는데, 그것이 힌두 사상이나 힌두 철학에서 가장 핵심적인 부분이거든요. 그것을 비판하면서 등장하는 종교가 불교이기 때문에 무아론 역시 불교의 가장 핵심적이고 대표적인 사상이 된 거죠. 본질이 있다는 것은 환상에 지나지 않다는 깨달음, 여기서부터 붓다의 가르침이 시작된다고 봅니다.

최종덕 본질에 대한 부정법이 곧 초월적 절대자에 대한 부정법과 같은 맥락이겠군요.

심재관 예, 그렇습니다. 힌두교에서는 생명이든 무생명이든 모든 사물 안에 어떤 궁극적인 본질이 있다고 얘기합니다. 그러니까 아트만도 그 본질 가운데 하나예요.

최종덕 그 본질을 알려고 하는 것이 힌두교의 중심이겠군요.

심재관 그럼요. 앞서 여러 차례 말했지만 아트만에서 말하는 존재와 플라톤에서 말하는 존재의 성격은 비슷하다고 할 수 있어요. 힌두 철학의 특성입니다. 동시에 중국 전통과 다른 점이기도 하죠. 불교는 그런 형이상학이 전제된 본질적 존재를 부정하는 데서 출발하고요.

최종덕 불교하고 힌두 철학과는 완전히 다른 것이군요.

심재관 철학적으로, 초기 힌두 사상을 완전히 전복시키고 있는 것이 불교지요.

최종덕 좀 다른 이야기이지만 제 개인의 철학적 성향은 자연주의입니다. 초자연적 절대자나 신의 존재를 받아들이지 않으며, 형이상학이라는 이름으로 포장된 초월적 존재론을 부정적으로 봐요. 선험적 존재 혹은 형이상학적 존재 역시 인간의 이성적 사유에 의해 만들어진 추론된 존재라는 생각이죠.

심재관 저는 기본적으로 불교도 그런 입장을 취한다고 봅니다. 종교적 절대자도 사유에 의해 만들어진 존재라고 보시나요?

최종덕 네, 신도 인간의 생각대로 설계된 소산물이라고 봅니다. 그러나 오해가 생길 수 있기 때문에 종교적 절대자라는 개념을 먼저 따져 보고 대답을 해야 할 것 같아요. 절대자 개념이 유일신 개념, 초월적 완성자로서의 개념이라면, 말 그대로 인간이 만들어 낸 개념일 뿐이라고 봅니다. 고대 원시 씨족 사회로부터 부족 국가가 형성되는 과정에서 중심화된 국가 권력이 요구되었고, 권력의 형성과 유지는 어떤 막강한 권위의 뒷받침을 필요로 했습니다. 그러한 막강한 권위의 수준은 인간의 권위 수준보다 한결 높아야만 했을 겁니다. 그래야 씨족 혹은 부족 구성원들이 따르기 때문입니다. 그래서 절대적인 힘을 가진 모종의 보이지 않는 존재를 설정하게 됩니다. 물론 이런 해석은 저 개인만이 하는 특별한 생각이 아니죠.

심재관 네, 그런 해석은 고대 주술 사회의 특성을 설명하는 통상적인 방법입니다. 흩어진 씨족 사회에서 집중화된 왕족 사회를 형성하면서 계급화된 중심 권력이 필요했고 그로부터 주술사의 힘은 더 커지게 마련이죠.

최종덕 중심 권력은 뭇사람들이 범접할 수 없는 막강한 권위를 필요로 했고, 그러한 막강한 권위는 자연적인 지위보다 훨씬 높은 초월적 절대자의 존재를 필요로 했을 것입니다. 다시 말해서 사람이 아닌 절대적인 힘을 지닌 존재를 말합니다. 그런 초월적 절대자가 곧 신이 된 것이겠죠.

심재관 그 말이 아트만과 무슨 관계가 있죠?

최종덕 아트만도 그런 상황에서 태어난 관념이 아닌가라는 생각을 하는 거예요. 저는 아트만도 당시 이전, 아주 오래전부터 사람들의 이야기 속에서 자연스럽게 만들어진 것이 아닌가라는 생각을 해 봅니다.

심재관 저는 인간의 종교적 성향이 그렇게 의도적이고 다소 조잡한 사회적 조작의 산물이라고는 생각하지 않아요. 저는 인간이 느낄 수 있는 여러 가지 정서 가운데 인간의 종교적 체험이 가장 섬세한 것이 아닌가 생각될 때가 있습니다. 아마 그런 체험을 간접적으로나 직접적으로 가져 본 사람과 그렇지 못한 사람의 차이는 개미와 사람만큼이나 크다고 생각해요. 사람과 세상을 보는 관점도 완전히 다르다고 봅니다. 저는 원시적인 부족사회의 인간도 훨씬 현대인보다 고귀하고 성스러운 자연적 체험을 했을 것이라고 봅니다. 그러한 고대인의 감성적인 체험을 싹둑 거세한 상태에서 그들의 신 숭배를 권력 장악의 수단 정도로 보는 것은 너무 협소한 종교 이해라고 생각합니다. 물론 그런 사회적 맥락을 없다고는 할 수 없겠지만요.

　물론 신 관념이나 종교의 교리 같은 것이 체계화되고 유포되면서 사회적 계몽 이론으로 활용될 수도 있겠죠. 굳이 멀리 갈 것도 없이 아트만 사상을 가지고 얘기해 보죠. 고대 인도의 힌두 사회에서 유포되기 시작한 아트만 사상도 처음에는 한 철학자나 종교인의 명상과 개인적 체험에서 시작되었을 수도 있어요. 그렇지만 이것이 아마 여러 사상가들에 의해 받아들여지고 회자되면서 공고하게 되지요. 그리고 당시 철학적 토론회를 열어서 그 철학자들 사이의 말싸움토론을 지켜보기 즐겨했던 권력자들의 철학적 관심과 같은 것을 통해서 그러한 아트만 사상과 같은 철학적 사변들이 더 구체적인 사회적 공감대를 얻을 수 있겠지요.

최종덕 권력자들이 철학적 토론회를 연다든가, 거기에 참여한다고요? 그런 기록이 어디에 나오나요?

심재관 고대 철학자들이 논쟁을 즐긴 흔적이나 그런 논쟁 대회를 권력자들이 개최하고 우승자에게 보상한 이야기들이 《우파니샤드》 같은 문헌들 속에 등장합니다. 철학적 토론에서 승리한 브라만 승려들이 소를 수백 마리씩 보상받았다는 기록이 등장하니까요. 심지어 그런 기록 속에는 "당신 말이 거짓일 경우는 네 머리를 쪼개 버리겠다"라는 무시무시한 얘기도 나오거든요. 그런 기록이 사실이냐 아니냐를 떠나서, 그러한 철학적 논쟁이 지식 계층에서 널리 유행했다는 것은 거의 분명합니다. 《밀린다팡하*Milindapanha*》와 같이, 불교 승려와 왕의 철학적 대담을 그린 경전은 그런 논쟁의 문화 전통을 가상으로 엮은 것이라고 보이고요.

아까 하던 얘기를 계속하면, 어쨌든 이런 공론화의 과정을 거쳐서 형성된 아트만 사상이 있다고 가정해 보세요. 이 추상적 사고는 당시 사회를 이끌어 가는 권력층이나 지식층의 지배 이데올로기로 탈바꿈할 수 있는 여지를 갖게 됩니다. 저는 철학적 사상이나 신화까지도 넓은 의미의 문화사적 이념이라고 간주합니다. 아트만 사상이라는 문화사적 이념이 당대의 권력을 유지하기 위한 권력 집단의 유지를 위한 도구로 사용되었을 수도 있다고 가정해 볼 수 있는 것이지요.

최종덕 좀 구체적으로 얘기하면 좋겠어요.

심재관 하나의 픽션이라고 가정하고 말씀드리죠. 붓다 그 당시는 이미 계급 사회였죠. 불경 속에는 당시의 계급 사회를 비판하는 대목이 확실히 많지요. 현실 사회에서는 사람들마다의 계급적 차이가 엄청나게 심했다는 말입니다. 그만큼 사회적 불만도 없지 않아 있었을 것이고요. 그래서 그런 불만을 잠재우는 사회적 이념이 권력층이나 상위 계층의 지식인들에게는 필요했을 수도 있지요. 말하자면, 모든 사람들이 현실의 가시적인 사회에서는 차별을 받지만 현실 세계 너머의 본질적인 형이상학적 차원에서는 모두가 동등하고 똑같은 존재라는 유토피아의 이념인 것입니다. 이런 이념은 본질론의 형이상학을 빙자하여 현실의 차별적 계급 사회를 가리는 눈속임에 가까운 거죠.

최종덕 매우 설득력이 있는 해석이군요. 그러니까 그 본질론적 형이상학이 힌두 철학의 아트만 사상이 되는 것이군요.

심재관 가정하면, 그렇게 볼 수 있지요.

최종덕 현실 속에서 그런 형이상학이 이데올로기로써 효과가 있었을까요?

심재관 바로 이런 전통 힌두의 사회적 갈등, 현실적 불만을 기만적으로 넘기려 하지 말고 정면 돌파해야 한다는 계기가 바로 불교 탄생의 사회적 의미가 될 것입니다. 사실 붓다의 깨달음은 극히 개인적인 깨달음일 수 있거든요. 사회적인 갈등을 해소하기 위해 고타마 싯다르타Gotama Siddhrtha가 출가한 것도 아니잖아요. 그런데 결과적으로 개인의 심오한 체험과 통찰이 그 사회의 갈등을 해소하는 계기를 낳게 된 거죠. 붓다가 간파한 것은 이 세계 저 너머에 다른 절대적이고 영원한 그런 존재는 없다는 사실인데, 결론적으로 이러한 통찰이 힌두 철학의 형이상학적 전제를 무너뜨리게 된 거죠. 그래서 그 위에 서 있던 힌두교의 사회 질서까지 위협한 것이고요. 당대 힌두 사회의 특성과 불교의 탄생에 대한 역사적 해석은 다양할 수 있으나, 근본적으로 당시 형이상학의 허위적인 본질론에 대한 현실적 돌파구의 하나라는 점입니다. 불교가 그런 계급 사회를 타파하려는 데서 출발했다는 점에서는 별다른 이견이 없을 것입니다. 보이지 않는 추상적 본질보다는 보이는 그대로의 사물, 보이는 그대로의 사회, 보이는 그대로의 사람들, 구체적인 실상을 보려는 희망에서부터 불교가 시작되었다고 보는 거죠.

최종덕 아주 중요한 이야기를 들었습니다. 저 역시 비슷한 의문을 품고 있었습니다. 예를 들어, 심 선생님이 앞서 여러 번 지적하셨듯 불교가 자아를 찾는 종교라는 오해입니다. 기뻐하고, 사랑하고, 증오하고, 시기하고, 슬퍼하고, 안타까워하기도 하는 그런 나의 현실 모습들을 무시하고 자꾸 내 속에 있는 어떤 근본인 자아를 찾으려 한다는 말입니다. 나의 현상이 바로 나이거늘, 밖에 드러난 나를 제쳐놓고 안에서만 자아를 찾으려 한들 무엇을 찾을 수 있겠느냐는 의문이었죠. 그런 자아가 있다손 치더라도 그 자아는 추상적이고 만들어 낸 자아일 뿐인데도 말입니다.

심재관 네, 그런 자아 혹은 참 자아를 찾는 것이 불교의 본질이라
는 오해의 핵심입니다. 불교에서 찾는 자아는 따로 저 깊숙이
있는 것이 아니라 바로 나의 실상을 있는 그대로 보는 데서 드
러날 뿐입니다.

최종덕 원숭이 이야기 하나 할까요. 동물원에 있는 원숭이한테 바
나나를 던져 주죠. 그러면 그 똑똑한 원숭이가 바나나 껍질을
까서 먹겠죠. 동물의 왕국 프로그램 같은 데서 자주 보는 영상
이에요. 그러면 그렇게 영리한 원숭이에게 양파를 주면 어떻게
먹을까요?

심재관 역시 까먹겠죠.

최종덕 예, 그래요. 양파를 쥔 원숭이는 양파 껍질을 먼저 깝니다.
그런데 껍질을 벗기고 보니 그 안에 껍질이 또 있는 겁니다. 그
래서 원숭이는 껍질을 다시 깝니다. 그러면 안에 껍질이 또 있
죠. 이러다 보면 원숭이는 결국 아무 내용물도 건지지를 못하
죠. 바나나처럼 양파를 생각한 것이니까요. 바나나는 그 안에
본질이 있어서 겉을 벗겨내면 그 안에 알맹이를 건질 수 있는
것이죠. 그러나 양파는 아무 것도 없어요. 껍질 그 자체가 알맹
이라는 것을 원숭이는 모르는 거지요. 마찬가지예요. 자아라는
것은 양파와 같아요. 껍질을 벗겨서 그 안에 참 자아가 따로 숨
겨져 있다는 생각에서 과감히 벗어나야 한다는 말입니다. 추상

적인 자아 혹은 추상적인 진리는 따로 저기 먼 별천지에 있을 것이라는 환상을 벗어나야 한다는 말이죠. 그 껍질 자체가 바로 내 모습이고 내 진정한 자아인데, 그걸 자꾸 벗겨서 무엇인가를 찾을 수 있다는 것 자체가 우리의 허상이라는 겁니다. 저는 이러한 허상에 사로잡히는 것을 '실제인 척하는 형이상학의 오류'라고 말하곤 합니다.

심재관 아주 재미난 비유를 들어주셨군요. 불교에서도 마찬가지입니다. 자아는 관습적인 그 무엇이며 따로 존재하는 것이 아니라 단지 오온五蘊의 흐름에 있는 것입니다. 오온은 '색-수-상-행-식'을 말합니다. 일상에서 생각하고, 느끼고, 행동하는 등의 모습을 말하는 거지요. 그렇게 겉으로 드러난 현상이 바로 불교에서 말하는 자아입니다.

최종덕 아주 구체적이고 경험적인 모습이 바로 자아라는 말이군요. 감각의 다발들이 바로 자아라는 말로 이해해도 될까요? 관습적인 나의 모습이 나의 그대로이지 않겠어요. 반면에 형이상학자들은 자아의 존재를 단일체이며, 원래부터 있었던 불변의 절대적인 무엇이며 경험의 나를 지배하는 중앙 통제자로 간주하여 별도의 자아를 만들어 내곤 하죠. 그러나 그런 자아는 말 그대로 만들어 낸 자아일 뿐입니다.

심재관 불교에서도 똑같은 문제가 발생하죠. 불교가 중국으로 들어가고 한반도로 들어가면서 참선하는 불교가 주목받게 되었습니다. 쉬운 예를 들어보겠습니다. '참선을 왜 하느냐?'라고 질문을 한다면, 질문을 받는 많은 참선 수행자는 '참 자아를 찾기 위해서'라는 답변을 하는 것입니다. 이런 답변은 사실 인도의 힌두 철학에 가까운 태도를 보여줍니다. 불교에서는 아트만 자체를 부정하는데, 어떻게 참선 수행자가 아트만을 찾아 나선다고 할 수 있겠습니까? 물론 선수행자들의 '상투어구'로 볼 수도 있지만, 이런 현상 때문에 어떤 불교 학자는 '선불교는 불교가 아니다'라고까지 하죠.

최종덕 그런 이야기를 하면 선불교에서 좋아하지 않겠군요.

심재관 그럴 수 있어요. 그렇지만 중국으로 이식된 대승 불교 중에 여래장 사상은 불교라기보다는 힌두 철학이라고까지 말하는 학자들도 있으니까요. '아트만이 곧 브라만이다'라는 말이나 '현상적이고 관습적인 자아를 벗어 던지고 진정한 참 자아를 찾는다'라는 말이나 같은 표현이기 때문입니다. 우리 무의식중에 혹은 수행자의 무의식중에도 그런 생각이 있는 것 같아요. 그래서 선불교도 충분히 오해받을 수 있는 거죠.

최종덕 불교와 힌두교를 혼돈한 결과군요.

심재관 마츠모토 시로松本史朗나 하카마야 노리야키袴谷憲昭와 같은 일본의 불교 학자들이 바로 이런 불교의 자아론에 대해 비판적으로 논의를 했지요.

최종덕 저는 불교에 대해 아는 것이 적지만, 불교도 자꾸 형이상학의 오류에 빠지지 않을까라는 의구심이 드는군요. 아트만이나 브라만의 한국적 화신인 참 자아와 참 진리처럼 불교가 너무도 형이상학적인 문제에 억눌리고 있다는 느낌을 받게 됩니다.

심재관 분명히 잘못된 문제에 너무 매달려 있다는 생각을 저도 합니다.

최종덕 그런 형이상학적인 존재, 형이상학적인 불변의 자아만이 진리이며 절대적으로 좋은 세계라는 강박감에 눌려서 그 세계를 따라가느라 현실을 눈감아 버리면 상황은 더 심각해지죠. 어떤 경우에는 그런 강박감을 스스로 원하는 경우도 있고요. 그런 형이상학적 상황은 결국 구체적 현실을 무시하거나 왜곡하는 결과를 낳게 됩니다. 저는 그런 상황을 우려하는 것입니다.

심재관 그런 상황은 이미 붓다 스스로가 경계했던 점인데요, 유명한 '독화살의 비유'를 통해 설명되곤 하지요. 붓다가 수행자로 알려지기 시작하면서 주변 사람들의 관심을 받게 되었어요. 붓다라는 사람이 정말 깨달았는지 궁금하기도 해서 시험 삼아 붓다에게 방문하는 사람들이 늘어났죠. 그런 사람들이 주로 형이상학적인 질문을 하곤 합니다. 예를 들어, '사람이 죽으면 어디로 갑니까?' '죽어서 영혼은 계속 됩니까?' '자아는 있습니까? 없습니까?' '자아는 정말 무엇입니까?' 그들은 그런 문제 때문에 잠을 설칠 정도라며 붓다에게 답을 청했습니다. 그때 붓다가 비유를 대며 답했습니다. 그 비유를 '독화살의 비유'

라고 하죠. 어떤 사람이 사냥을 나갔다 잘못해서 독화살을 맞았어요. 독화살을 맞은 사람이 지금 당장 중요한 것이 무엇일까요? 내가 맞은 화살이 대나무로 만든 화살이냐? 아니면 화살촉 끝이 철인지 아니면 동으로 만든 것이지 등 그런 질문을 따질 겨를이 없다는 거죠. 시급한 것은 화살을 당장 뽑아서 현재의 고통을 없애거나 줄이는 일이죠. 우리 삶도 마찬가지라는 것입니다. 지금 우리는 독화살에 맞은 상태입니다. 그래서 그 화살촉을 당장 빼는 것이 우선이지, 그 화살의 소재가 무엇이며 누가 쐈는지 왜 쐈는지를 따지는 일은 나중 일이란 것입니다. 당장 죽어 가는 고통을 해결하는 것이 중요하다는 거죠. 결국 붓다는 자신을 찾아온 사람들의 현학적인 질문에 대답을 하지 않았습니다. 그렇게 특정한 형이상학적 질문에 대해서 침묵했기 때문에 무기설無記設이라고도 하거든요. 이 점에서 불교는 추상적인 형이상학과 다릅니다. 그것이 뭐로 만들어졌고, 누가 화살을 쐈느냐 하는 것이 뭐가 중요하냐는 거죠.

최종덕 저는 다른 종교나 형이상학이 연역적 이론 체계라면, 불교는 귀납적 행동 체계라고 봅니다. 연역적 이론 체계란 권위적인 절대 교리를 먼저 갖고 그 교리에 따라 현실 문제를 해결하는 것입니다. 반면에 귀납적 행동 체계란 현실 속의 사소한 문제들을 일일이 접근하면서 하나하나에 의미를 부여합니다. 그렇다고 해서 귀납적 행동 체계에 보편적인 원칙이 없다는 것이 아닙니다. 단지 겉으로 드러나지 않고 권위적인 규범 체계가 아니라는 점뿐입니다. 바로 이 점 때문에 제가 불교에 관심을 두는 거예요. 종교로써 불교는 저에게 큰 관심 대상이 아니지만요.

형이상학을 부정하는 초기 불교의 모습은 저에게 중요한 의미
를 주는 것 같습니다.

윤회

윤회는 연기와 다르다

최종덕 불교에서 윤회설은 정말 알다가도 모르겠어요. 업보가 쌓여서 미래를 만든다든지, 아니면 쌓인 업보 때문에 오늘의 현재가 있는 것인지, 윤회설은 무엇이고 연기론과는 어떤 차이가 나는지요.

심재관 먼저 윤회를 이야기해야겠죠. 윤회설은 불교 자체의 창안물은 아니에요. 어디로부터 그리고 언제부터 기원했는지는 정확히 알 수 없지만, 불교가 등장하기 이전부터 인도 땅에서 형성된 것으로 봅니다. 학자에 따라서는 아마도 원래 다른 문명권에서 기원하여, 인도로 넘어온 세계관이라고도 하는데, 그 근거는 희박해요. 어쨌든 윤회는 인간 세계와 자연 세계에서 나타나는 모종의 인과론적이거나 순환적인 자연 현상을 설명하려는 시도였다고 보입니다. 그렇게 윤회 개념이 초기 힌두 경전들 속에 등장하거든요. 윤회설의 초기적인 형태들이죠. 초기 윤회론이 점점 퍼지면서 자이나Jaina교, 힌두교, 불교에 공유되었고 세계를 설명하는 당대의 이념적 도구가 된 것이죠. 마치 과학이 현대 세계의 자연관을 설명하는 도구가 된 것처럼요. 그런 구조가 만들어지고 후대에 지속되어 오면서 윤리적인 설명 구조로 발전된 것이라고 봐요. 그런 개념을 불교에서도 버리지 않고 자연스럽게 받아들인 것이지만, 실상 그 의미는 힌두교 전통과는 좀 달라요.

최종덕 당시 신흥 불교도 기존의 윤회를 받아들였다는 말은 저에게 큰 의미가 있어요. 기존의 개념 틀인 윤회를 수용할 만한 이유가 있었다는 것이죠. 인간에 대한 깊은 성찰과 사회에 대한 아픔을 공감한 결과라고 보는 거예요. 그것이 불교의 출발이지 않나요? 그런 성찰과 공감의 결과가 깨달음이고, 그로부터 인간에 대해 통제와 해방을 같이 말하게 된 것이고요.

심재관 통제라뇨?

최종덕 예, 윤회를 통제의 범주에 넣는다는 말이죠. 윤리적 통제도 필요하고 동시에 현실 윤리에서 완전히 벗어나야만 진정한 해방이 있을 수 있다는 깨달음이라는 말입니다. 이 두 가지 모습을 아주 면밀하게 그리고 아주 분명하게 아는 것이 바로 깨달음 아닌가요? 그런 깨달음을 중생衆生과 공유하기 위한 하나의 이론적 방편으로써 윤회라는 개념을 사용하지 않았나 생각해요.

심재관 윤회의 관념도 결국에는 하나의 방편이죠.

최종덕 저야 함부로 말할 수 있지만, 불교계에 몸담고 있는 심 선생님이 그런 말을 하시면 그러면 불교계에서 배척되지 않을까요?

심재관 아니요, 전혀 관계없습니다. 저도 그렇게 생각하기 때문이죠. 불교가 스스로의 교리나 철학에 대해 부정될 수 있는 가능성을 언제나 열어 놓고 있기 때문이죠. 이러한 유연성이야말로 불교의 가장 큰 힘이에요. 스스로를 구축하던 기반 전체를 부정할 수 있는 힘, 그것이 불교의 장점이에요. 마치 과학이 자신에 대한 반증 가능성을 열어 놓을 때 과학 이론들이 성장하는 것처럼요. 저는 모든 불교 교리들이 그러한 유동성을 갖는다고 생각합니다. 윤회설이나 무아설도 마찬가지로 불교 스스로 폐기할 수 있는 어떤 것, 하나의 수단, 하나의 방편에 지나지 않습니다. 종국에 이런 교리들은 깨달음에 이르도록 도움을 주는 사다리에 지나지 않으니까요.

최종덕 아주 중요한 사실을 알게 되었네요.

심재관 저는 윤회론을 불교의 중요한 측면이라고 보지 않습니다. 물론 윤회를 이야기하지 않고 불교의 교리들을 이야기하기도 힘들지만요. 윤회와 그로부터 벗어나고자 하는 해탈의 관념 등은 인도의 여러 종교들에서 공통적으로 나타나는 것이니까요. 시크교들도 윤회를 믿고 있으니까요. 윤회가 윤리적인 도구라기보다는, 모든 존재가 끊임없이 흘러간다는 무상無常에 대한 깊은 앎을 위한 방편으로 보는 것이 더 중요하다는 말이죠. 물론 윤회를 불교만의 도그마로 보지 않는 것은 저의 개인적인 감상일 따름입니다. 저에게는 윤회설보다 연기설이 불교의 핵심이라고 생각하니까요. 연기설은 불교에서 중요하고도 특이한 것이에요. 아마 어떤 종교보다도 이렇게 독특하고 창의적인 생각을 후대의 철학자나 승려 들에게 전승하면서 발전시킨 사상은 매우 이례적이란 생각을 합니다. 절대적이고 완전하게 독립적인 개체나 자아 또는 신은 존재하지 않는다는 존재론적 이해가 바로 무아설인데, 이를 구체적으로 설명하고 있는 것이 바로 연기설이거든요. 그러니까 모든 존재는 연기적으로 존재하기 때문에, 독립적 존재가 아니며 절대적 존재일 수가 없다는 것이지요. 전 우주가 다 그렇다는 거예요. 존재가 상대적이라는 깨달음은 절대적인 정체성만을 완전하다고 본 기존의 종교와 많이 다른 거예요. 이것이 바로 불교만의 독창적인 연장 사용법이었죠. 그러한 새로운 연장 사용법이 불교를 엄청난 종교로 만들었다고 생각합니다.

최종덕 그럼, 불교의 연기설을 단순히 인과론이나 조건 발생론과 비슷한 것으로 생각하면 무리가 있을까요?

심재관 저는 불교의 연기설을 어떤 이론 자체로 얘기하기보다는, 연기설이라는 이름으로 불교가 이 세상의 존재들을 어떻게 보고 싶어 했는가를 먼저 이해해야 한다고 봐요. 불교 초기에 연기설은 굉장히 단순하고 소박하게 설명됩니다. '이것'이 있으므로 '저것'이 있고, '저것'이 있으니까 '이것'이 있다, 뭐 이런 식의 상투어구였어요.

최종덕 저도 초기 경전에서 그러한 구절을 본 것 같은데, 딱 그런 식으로 붓다가 얘기해도 모든 제자들이 즉시 이해하고 기뻐했다라는 식으로 끝내더라고요. 그래서 처음에는 이게 무슨 말인가 싶었어요. 하나도 이해가 되지 않더라고요. 존재들 사이의 상호 의존성을 표현한 말인 듯하게 느껴지긴 합니다만.

심재관 네, 저도 그런 표현들이 존재들 사이의 상대성이나 의존성을 적극적으로 표현한 것이라고 봅니다. 모든 존재의 독립성이나 실재성을 완강하게 부정하는 것이지요. 불경에서는 주변의 현상을 예로 많이 들어 표현합니다. 가령, 일정한 온도와 유산균, 우유가 있어서 요구르트가 만들어졌을 때를 생각해 보세요. 기존에 존재했던 여러 조건과 원인에 의해 새로운 존재인 요구르트가 만들어진 경우도 연기설로 설명될 수 있겠지요. 자전거 바퀴를 가만히 살펴보면, 고무 튜브와 바퀴살, 림 등으로 이루어졌잖아요. 이렇게 보면, 요구르트나 자전거 바퀴는 새로이 탄생한 것이지만 모두 기존에 존재했던 어떤 조건들에 의해서 새로운 것이 만들어진 셈이거든요. 그러니까 자전거 바퀴는 본질적으로 부분들의 집합과 그러한 집합의 질서가 만들어 낸 이름에 불과할 뿐이고, '자전거 바퀴'라고 규정할 만한 것이 딱히 그 물건 내부에 존재하지 않는다는 거죠. 그런 '바퀴의 본질'을 주장하는 것 자체가 사기라는 겁니다. 힌두교의 본체론 같은 주장들을 이런 식으로 많이 비판하지요. 바퀴의 본질이란 것이 원래는 없고, 둥그렇게 생긴 그것을 그냥 우리가 바퀴라고 이름 붙인 거에 지나지 않는다는 겁니다. 존재론의 기준으로 본다면 유명론唯名論에 가깝지요.

최종덕 이건 마치 플라톤의 에이도스를 비판하는 아리스토텔레스를 보는 것 같네요. 아니면 로크에 가깝거나요.

심재관 네, 저도 가끔 그런 생각을 합니다. 아마 불교도들이 고대 그리스에 살았다면 전부 반反플라톤주의자들이 되었을 테니까요. 자전거 바퀴의 비유는, 똑같은 경우는 아니지만, 수레바퀴의 비유와 비슷하게 실제로 불경 내에서 그대로 언급되고 있어요. 앞에서 말했던 《밀린다팡하》라는 경전에 등장하는 나가세나 스님이 그런 비유를 들지요. 하지만, 이건 매우 초기 경전들속에 등장하는 비유들이었어요.

최종덕 그 후에도 연기설이 계속 다른 의미로 변화하게 되나요?

심재관 군이 다른 의미로 변화한다기보다는 훨씬 발전한 형태로 진행된 것이죠. 연기설을 언어나 개념의 영역까지 확장해서 적용한 사람은 아마 대표적으로 나가르주나Nagarjuna를 들 수 있을 거예요. 이 사람에 의해서 '중관 철학'이라는 하나의 철학적 전통들이 만들어졌으니까요.

최종덕 '중관 철학'과 '유식 철학'을 대승 불교 철학의 두 기둥으로 여기고 있잖아요. 대략 어느 시기의 사람이었나요?

심재관 대략 2~3세기경으로 봅니다. 인도 철학자들의 생애는 거의 잘 알려져 있지 않아요. 중관 철학은 나가르주나가 쓴 몇 가지의 철학적 논고들에 기초하고 있는데 특히 그의 《중론中論》 속에서 연기설을 완전히 새롭게 선보이거든요. 주로 개념에 대한 비판이 인상적인데, 그 방법으로 연기설을 사용하고 있어요. 그러니까 우리가 어떤 개념을 사용할 때 그 개념이 독자적으로 의미를 가질 수 있는 것이 아니라, 다른 개념에 의해서 혹은 다른 개념에 의지할 때만 의미를 가질 수 있다고 보거든요. 예를 들어, '불'이라는 개념이 지칭하는 현상은 독립적인 현상이 아니라 '연료'를 반드시 수반한다고 봐요. 실제로 라이터 불이든지 가스 불이든지 장작불이든지 그것이 불만 있는 경우는 없잖아요. 반드시 연료가 함께 있어야 해요. 가스나 장작이나 종이나 그 무엇이 되었건 탈만한 것이 있어야 불이 일어나요. 그러니까 불이라고 하는 것은 연료라는 것에 의해서만 존재할 수 있다는 거예요. 반대로 연료라는 개념도 마찬가지지요. 연료라는 이름을 붙일 때 우리는 그것이 무엇이건 불이 붙은 상태여야지 그렇게 부를 수 있는 거거든요. 여기 이렇게 딱딱하고 길쭉한 나뭇가지가 있는데 이것이 불과 결합했을 때에만 이 나뭇가지는 연료라는 이름을 갖는 것이죠. 그러니까 연료라는 개념은 반드시 불이라는 개념에 의지할 수밖에 없는 거죠.

최종덕 조금 어렵지만 대충은 알겠어요.

심재관 다른 예를 들어 볼게요. 여기 제 구두가 있어요. 바닥은 좁고 평평하고, 위쪽으로 무언가 담거나 싸맬 수 있도록 가죽으로 재단을 했어요. 우리가 이걸 구두라고 부르죠. 그렇지만 이 생김새 때문에 이걸 우리가 구두라고 부르지는 않거든요.

최종덕 그걸 우리가 '구두'라고 부르는 이유는, 또 신발이라는 개념을 부여하는 이유는 우리의 '발'과 결합하기 때문이다?

심재관 맞아요. 우리가 이 물건을 신발이라고 부르는 이유는 그것이 처음부터 신발로써 어떤 고유한 본질을 갖고 있기 때문이 아니라, 우리가 그 물건에 우리의 발을 끼워서 사용하기 때문이지요. 그러니까 이 물건이 신발인 것은 발에 의해서 그렇게 불리게 되는 것이지요. 발과 결합했을 때만요. 만일 이 가죽으로 된 물건의 밑쪽에 작은 구멍 몇 개를 내고 거기에 흙을 담아 꽃을 심으면 이건 '화분'이 되겠지요. 이 물건을 화분이라고 부르는 이유는 본래부터 이것이 화분이었기 때문이 아니라 꽃에 의지해 있기 때문에, 꽃에 의해서 새로운 개념을 얻은 것뿐이거든요. 그러니까 이 물건은 본래부터 고유한 본질이 없었던 것이지요. 그때그때 임시로 무엇과 연대하느냐, 무엇과 관계하느냐, 무엇에 의지해 있느냐에 따라 그것의 성격이 달라지죠. 어떤 존재의 성격은 순간순간 그것과 연결되어 있는 타 존재에 의해 결정된다는 것이 중요한 점이에요.

최종덕 그러니까 연기설은 모든 존재가 임시적인 정체성만을 갖는다는 말이군요. 그것도 다른 존재에 의해서.

심재관 네, 그러니까 불교가 모든 존재의 절대적 실체나 고유한 정체를 부정하고 있다고 보는 것은 바로 이 연기설에 기반을 둔 내용인 것이지요. 인간의 관계나 사물의 정체도 협약된 약속에 의해서 임시적인 정체성만을 갖는다고 볼 뿐이고, 본질이나 영원한 정체는 없다고 보거든요. 궁극적으로 텅 비어 있다는 얘기예요. 공空이라는 얘기죠. 우리가 지금 이렇게 앉아 있는 딱딱한 나무 의자도 우리가 앉아 있으니까, 이 앉아 있는 순간 동안에, 엉덩이에 의해서 일시적으로 '의자'라는 정체를 갖는 것이지요. 그렇지만 날씨가 추워서 밖에다 놓고 '불'을 이 의자에 붙인다면 그 불에 의해서 다른 정체성을 갖게 되지요. '연료'라는 정체를요. 연기설의 강조점은 내 관심 속에 놓인 대상이 아니라 그 대상을 규정하는 다른 존재들, 또는 그것들과의 관계라고 보입니다.

최종덕 실제로 그런 비유들이 나가르주나에 의해서 설명되고 있나요? 왜냐하면 제가 보기에 그 비유는, 어떤 대상의 진실은 실천을 통해서 결정된다고 설명하는 칼 맑스Karl Marx를 보는 것 같은 느낌이 들거든요. 맑스는 물질이나 대상을 감각에 의해서 파악하는 고정된 것으로 보지 않고, 실천 과정 자체로 보고자 했지요. 그 객체를 어떻게 활용하느냐에 따라서 객체는 달리 파악될 수 있는 거니까요. 마찬가지로 인간 본성도 그것이 따로 있는 것이 아니라 사회관계에 의해서 결정된다고 보았거든요.

심재관 저도 선생님의 생각에 전적으로 동감합니다. 맑스가 실천의 개념을 들어 대상의 개념을 바꾸려고 했지요. 개별적인 존재나 대상이라는 것이 관계의 맥락 속에서 정의될 수 있다고 보았

으니까요. 물론 그 관계의 맥락뿐만 아니라 불교에서는 대상과
의 관계에 참여하는 존재들에게 더 큰 의미를 부여한다는 생각
이 들기는 하지만요. 어쨌든 철학사적인 맥락이 좀 다를 수는
있어도 저는 인도 철학이 여러 국면에서 서양 철학과 유사한 단
편적 맥락을 많이 보여준다고 생각합니다. 말씀하신 대로 맑스
의 근원적인 테제는 불교와 깊이 맞닿아 있다고 보입니다.

최종덕 그런데 이러한 연기설에 대해서 불교는 윤회론에 대한 관
점과 같이 절대적인 의미를 부여하고 있지는 않나요?

심재관 아마 불교에서 가장 혐오하는 단어가 있다면, 그건 '절대'
라든가 '영원'이라든가 하는 단어일 거예요. '모든 것은 절대적
이지 않다'거나 '모든 것은 다른 존재에 의지해 발생한다'는 이
론 자체도 절대적인 것은 아니지요. 자기모순이지만 이것을 논
리적인 차원에서 수용하지는 않아요. 다시 말씀 드리면, 연기
설도 깨달음에 이르기 위한 방편, 이론적 수단에 지나지 않는
다고 봐야지요.

최종덕 불교에서 모든 가르침이나 이론을 하나의 뗏목에 비유하
는 이유가 그것이군요. 깨달음의 과정에 필요할 뿐이지 깨달음
의 피안에 다다르면 다 버려야 할 뗏목에 지나지 않는다는 말
이 그 말이군요.

심재관 그렇지요. 불교에서는 교리나 언어 자체가 갖는 의미가 다
른 종교들보다 중요한 의미를 갖지 않는다고 봐요.

최종덕 그렇지만 불교는 오래 역사 속에서 많은 교리적 발전을 거듭했을 거 아닙니까? 윤회설이나 연기설도 그랬을 거고요. 아까 처음에 얘기한 불교의 윤회설과 연기론이 어떤 연관성을 갖는지 다시 얘기해 봐야 할 것 같아요.

심재관 우리가 얘기한 대로 윤회설은 고대 인도 사회 전체의 공유 관념이었다고 봅니다. 불교도 당대의 여러 종교들과 마찬가지로 윤회의 관념을 선택했을 거고요. 마찬가지로 업業, Karma이나 해탈의 관념도 하나의 세트 상품처럼 묶여서 따라왔었을 거고요. 이러한 관념들은 당대의 종교 사회에서 하나의 상식과 같은 것이 아니었나 생각돼요. 어쨌든 그렇지만 붓다의 깨달음에 기반을 둔 연기설은 불교 고유의 것인데, 이 두 이론을 화해시키는 것이 굉장히 중요한 문제였거든요.

최종덕 연기설과 윤회설이 서로 어울리지 않았기 때문인가요?

심재관 불교의 입장에서는 좀 힘들었다고 봐야겠지요. 왜냐하면, 어떤 행위에 의해서 그 과보가 다음 생애에도 전달되려면, 최소한의 매개가 있어야 하잖아요. 전생의 '나'와 미래의 '내'가 동일한 존재여야지 윤회설이 가능한 것인데, 그럼 육체가 소멸한 다음에도 존속해야 하는 '나'의 지속성이 있어야 해요. 불교와 달리 보통 다른 종교에서는 불변하는 '영혼'의 존재를 설정하고 있거든요. 그런데 불교는 영혼이나 본체 같은 것을 부정하니까 무아설의 입장에서 윤회설을 설명할 필요가 있었던 것이지요. 무아無我인데 어떻게 윤회할 수 있는가 하는 중요한 의문이 생

긴 것이고, 이에 대한 매우 긴 논쟁의 역사가 시작되었지요. 이
게 최근 들어 불교 학자들이 품은 의문이 아니라, 사실은 역사
가 굉장히 긴 논쟁이거든요. 그래서 초기 불교 당대부터 후기
대승 불교에 이르기까지 이 문제에 대해서 굉장히 다양한 해석
과 대답들이 제시되었어요. 제 개인적으로는 불교가 인도 고유
의 종교적 통념인 윤회설을 자기화하기 위해서 굉장히 노력했
다고 봐요. 그렇게까지 할 필요가 있었을까 싶을 정도로요. 아
마 인도 불교도들에게 그만큼 윤회설이 여러 차원에서 중요한
의미가 있었다고 생각해요.

최종덕 그런데 윤회의 주체가 무엇이었는가에 대해서, 또는 어떻
게 윤회가 가능한가에 대해서는 대답이 있었을 것 같은데요?

심재관 불교의 역사가 흘러오면서 그 대답이 제 각기 다르다고 봐
야 합니다. 다만, 불교는 윤회의 주체로서 '자아'를 인정할 수
는 없었기 때문에, 업력業力, 상속相續 같은 개념을 쓰기도 했거
든요. 불교에서 볼 때, 인간은 단지 오온이라는 물질적 존재들
의 뭉치에 지나지 않고, 자아는 가상의 개념적 구성물에 지나
지 않는다고 보았으니까, 주체를 배제한 어떤 '힘'에 의한 작동
을 생각한 것이지요. 나중에는 유식 철학에서 알라야Ālayajijñāna
식識을 설정하기도 했고요.

최종덕 중관 철학에서도 그런 주체의 상태나 존재를 상정하기도
했나요?

심재관 아뇨, 중관 철학은 그런 어떤 이론적 구성을 시도하지 않았어요. 오히려 기존의 철학들에 대한 비판과 해체에 골몰했지요. 개념이나, 개념을 통한 인간의 판단을 비판하는 것이었기 때문에 오히려 해탈이니 윤회니 하는 등의 판단도 비판의 대상이었다고 생각해요. 저는 인도 철학사를 통틀어서 불교의 중관 철학이 매우 특수한 위치에 있는 철학이라고 보거든요. 불교의 아비달마 철학부터 유식, 여래장 사상에 이르기까지 다 존재론적인 소질과 취향을 잘 보여 주고 있어요. 불교뿐만 아니라 원래 고대 인도 철학자들은 다 형이상학자들이었어요. 그런데 중관 철학은 인식론적 비판이거든요, 기본적으로.

최종덕 그러니까 불교의 역사에서 중요한 부분 가운데 하나가 윤회와 무아의 문제이군요. 그 두 관념을 융화하기 위해서 오랜 논쟁의 역사가 있었고요.

심재관 네, 초기 경전에 붓다 당시의 승려들 사이에서도 서로 오해가 있었다는 구절이 있으니까요.

최종덕 완전히 좀 다른 질문을 해 볼게요. 인도의 힌두 신들은 그 숫자부터 다양하게 많다고 하셨잖아요. 신들은 신이기 때문에 이미 깨달음을 얻은 존재인가요? 거의 비슷한 질문이지만, 그러면 신들도 윤회를 하는지요?

심재관 지금도 마찬가지지만 그때도 인도의 힌두 신들은 그 수가 상당히 많고 다양합니다. 그러나 힌두의 신들이 모두 깨달은 존재가 아니라는 점이 중요해요. 힌두의 신들도 다른 문명의 신들처럼 초자연적인 권능을 지니기도 하죠. 그렇게 초자연적 권능을 갖고 있음에도 불구하고 불교에서 보는 힌두의 신들은 윤회의 업보에서 벗어나 있지 못합니다. 그 신들도 사람처럼 혹은 다른 생명계처럼 과오도 저지르고 그 과오에 의해서 업을 받고 그래서 다시 윤회하는 존재입니다. 다만, 인간보다 권력이 더 강하고 수명이 길 뿐이죠.

최종덕 그리스 신화에 나오는 신들하고 비슷하군요. 절대적이고 비교조차 거부하는 그런 전지전능한 신은 아니군요.

심재관 최 선생님께서 말씀하신 대로 그런 신은 비교조차 거부하는 존재거든요. 그런 유일신 사상이 존재하면 다수의 신들이 존재하는 세계는 사라지고 말죠. 그러나 인도 사회는 3천 년 전이나 지금이나 다중적인 신들이 살아 움직이고 있는 복잡한 세계라고요.

최종덕 그런 신들의 세계에서는 여전히 신들 사이에 계급이 있겠군요.

심재관 네, 힌두교에서 그 신들 사이에는 위계가 있고 또한 갈등이 있어요. 붓다가 보기에는 신들 간의 그러한 갈등과 충돌 자체도 욕망에 의한 것이고, 그래서 신들도 윤회할 수밖에 없는 원인인 것이죠.

최종덕 신들도 욕망을 갖는다고요? 갈등도 일으키고?

심재관 물론이죠. 우리에게도 친숙한 제석천 신앙 예를 들면 되겠네요. 우리 단군 신화에도 나오는 제석천이라는 신의 유래는 인도의 인드라 신이에요. 인드라 신은 일종의 망나니 같은 신이거든요. 술 많이 먹고, 현자의 부인을 겁탈하거나, 남의 제사 가서 깽판을 치기도 하죠. 이후에 불교에서 흡수해 한반도에 들어와서 별개의 신앙으로 되었죠. 그 신을 우리는 제석천이라고 불렀고요. 고려 시대만 해도 제석천 신앙은 상당히 유행했었어요. 제석궁이라는 별도의 전각을 지어서 제석천 신을 모실 정도였으니까요. 그 신이 바로 인드라 신인데, 초기 힌두교에선 신 중에 최고의 신이거든요. 신들의 왕이죠. 그렇지만 후대의 힌두교 속에서 그 신들의 왕보다 더 높은 신들도 등장하게 됩니다. 비슈누, 시바 신들이 바로 그런 최고의 신들이죠. 신들 사이에 등급이 있다는 것은 앞서 말했듯이 권력과 욕망이 그들 안에도 내재되어 있다는 것을 뜻해요. 불교에서 본다면 그런 대단한 신들도 깨달음을 얻지 못한 윤회하는 신들일 뿐이죠.

최종덕 신들도 윤회하는 과정의 한 존재이군요. 아주 흥미로워요. 결국 윤회란 욕망과의 갈등에서 생겨난 보완책이 아닌가요. 어쨌든 저는 불교를 긍정적으로 이해하려고 해도 윤회 부분에서는 수용하기 어려운 요소가 많아요. 저는 자연주의 입장에서 불교를 볼 수 있다고 생각해요. 그리고 불교 사상 대부분은 자연주의 관점에서 이해가 된다고 저는 생각합니다. 그러나 윤회에 대해서는 접근하기가 쉽지 않아요. 근대 경험론 철학자 데이비드 흄David Hume은 자연주의 종교의 가능성을 이미 타진했어요. 자연주의 종교란 기적을 포함한 모든 종교적 현상 일체를 초자연적 힘에 의해서가 아니라 자연적 순리에 의해 설명 가능하다는 입장을 일러 말하는 것이죠. 예를 들어, 아주 옛날에는 일식이나 월식이 신의 조화였으며 그랬기 때문에 신앙적 대상의 하나였어요. 그러나 지금은 자연의 한 현상으로 일식을 설명할 수 있잖아요. 신의 기적이라는 것도 실제로는 자연적으로 설명할 수 있거나 아니면 기적처럼 보이게 하는 권위적 가상일 뿐이라는 설명 방식이 곧 자연주의 해석입니다. 제 이야기 중심은 불교도 자연주의 입장에서 거의 다 설명될 수 있지만 윤회만큼은 자연주의 설명을 대기가 어렵다는 점에 있어요.

심재관 예수님도 유대인의 관습과 전통을 갖추고 있는 사람임에도 불구하고 새로운 어떤 세계를 열었지요. 불교의 붓다도 마찬가지라고 생각해요. 붓다 이전부터 이미 윤회의 관념이 강하게 있었고, 붓다가 그런 관념을 완전히 거부하긴 힘들었을 거라고 추측해요. 불교의 윤회 사상은 힌두 사회에 있었던 기존의 윤회 관념과 절충한 것으로 판단해야지요. 기존의 윤회 관념을 수용해 이후 더 발전시킨 것이지, 붓다 스스로가 윤회를 적극적으로 고안한 것으로 보기는 어려워요. 윤회가 어떻게 고안된 것이든, 윤리적인 관점에서나 존재론적인 관점에서 윤회는 여러 가지를 설명해 주는 장치였다고 볼 수 있어요. 왜 지금 죄없는 아이에게 무자비한 고통이 가해지는지, 부도덕한 기업인은 왜 계속 잘 먹고 잘사는지, 또는 지진은 왜 가난한 나라에만 일어나는지 등등이요.

최종덕 미래가 보장된 왕족인 붓다가 거리에서 벌거벗은 사람들을 보고 충격을 받았다고 했지요. 그런 사람들의 고통이 어디서부터 왔는지를 윤회를 통해 추정할 수 있다고 여겨져요. 그러나 현재의 고통이 바로 과거의 업보에 의한 인과적 결과라고 하면 현재의 고통을 풀어 갈 아무 방도가 없는 것 아닌가요?

심재관 현재의 고통을 감당하고 받아들인다면, 현재의 고통을 풀어 나가는 것이 되겠지요.

최종덕 어쨌든 그런 전통적 지배 관념은 과거가 현재를, 또한 현재가 미래를 결정한다는 생각이잖아요. 결국 현재의 삶은 과거에 의해 이미 결정된 것인데 현재에서 무슨 일을 할 수 있나요?

심재관 조금 오해하신 것이 아닌가 싶은데요. 윤회를 그렇게 설명한다면, 그건 숙명론이나 운명론이 되겠지요. 붓다 당시에 그런 사상도 유행했지만, 불교의 윤회설은 그런 것이 아니거든요.

최종덕 전적으로 숙명론 정도는 아니라 할지라도, 불교의 업설이나 윤회설이 현실의 고통이나 부조리를 설명하는 도구로 작용하고 있지 않나요? 만일 그렇다면, 그건 결국은 당대의 계급 사회를 옹호하는 하나의 이론적 배경에 지나지 않느냐라는 질문으로 이어지는데요.

심재관 그 말은 업설이나 윤회설이 기득권에서 만들어 낸 하나의 체제 옹호론에 지나지 않는다는 말처럼 들리는데요. 자신이 처한 사회적 조건을 그대로 운명처럼 받아들여 순응하게 할 수 있다는 것이니까요. 자신의 현재 삶을 무조건 과거의 업에 따른 결과로 받아들인다면 그럴 수 있겠지요.

최종덕 업이나 윤회의 관념이 인도인 심성에 워낙 깊이 깔려 있어서 자신들의 사회적 처지에 대해서는 거의 불평이 없다는 식으로 사람들이 이야기를 많이 하죠. 그러나 저는 그런 이야기에 동의할 수 없어요. 과연 하층 계급들도 아무 불만 없이 살아갈까요? 그들도 똑같은 사람입니다. 힘들면 쉬고 싶고, 부자가 되고 싶은 욕망은 똑같아요. 계급 사회가 그들의 역사적 전통이자 문화이므로, 하층민들도 그들 계급에 만족하며 불만 없이 잘 살 것이라는 생각은 하층민과 무관한 상층 계급들의 일방적인 판단일 뿐이죠. 수드라 계급, 아니 그보다 더 하층의 사람들도 언제든지 그 계급으로부터 뛰쳐나오고 싶어 합니다. 현재 말레이시아에는 불법 체류한 방글라데시나 남인도 하층민들이 상당히 많아요. 저는 한동안 말레이시아에서 있으면서 그들을 많이 보았어요. 그들 어느 누구도 자신의 계급에 만족하며 사는 사람은 하나도 없어요. 기회만 주어지면 언제든지 탈출하려고 엿볼 뿐이에요. 심 선생님도 인도나 파키스탄을 자주 방문하셨으니까 실정을 잘 아실 거예요.

심재관 동의합니다. 당연히 인간의 현실적인 욕망은 대개의 경우 이념보다 강력하니까요. 그런데 뭐가 문제지요? 윤회설이 그들의 경제적 욕망과 무슨 관계라는 말인가요?

최종덕 제가 생각하기에 윤회론은 일종의 최면제라고 봐요. 하층민이 아니라 상층민의 입장이라면 아마 계급 사회가 잘 유지되기를 바라고 있을 거예요. 상층민 입장에서 볼 경우, 현재의 계급을 유지하도록 하층민의 마음을 달래 주는 전통이나 문화 혹은 관습이 필요하죠. 그중에서도 종교가 가장 강력한 전통이며 문화이자 관습의 역할을 할 수 있죠. 그래서 윤회 관념을 종교적 도그마로 정착시킴으로써 계급 사회를 안정화하는 역할을 대신했다고 봅니다.

심재관 글쎄요, 제가 보기에는 인도 사회 계급의 문제와 인도의 윤회론을 섞어서 얘기하는 건 곤란할 것 같아요. 게다가 이제 현대 인도인들에게 이러한 전통적인 관념들은 상당히 많이 희석되고 있으니까요. 윤회 사상은 불교나 인도 내 다른 종교에서도 가지고 있거든요. 그런데 불교는 오히려 그런 계급 사회를 부정하는 데서 출발했잖아요. 그리고 윤회론은 인간의 사회적 처지를 설명하기도 하지만 동물과 인간, 미생물 등의 전 우주의 생명체들의 연관성을 암시하기도 하니까요. 뿐만 아니라 현재 인도인들의 경제적 욕구는 고대의 윤회 관념을 무시할 정도로 월등히 커졌다고 생각해요.

최종덕 좋습니다. 그렇지만 저는 불교를 문제 삼는 것이 아니라 단지 윤회 관념의 사회적 부작용을 말하고 있어요. 윤회론은 무엇이든지 설명 가능한 만능 도구인 것 같아요. 설명되지 않는 현재의 상황들, 윤리적으로 혹은 논리적으로 모순되는 사건들 모두 과거의 업보에 의한 새로운 인과 관계로 꾸미면 모두 설명할 수 있으니까요.

심재관 현실의 불평등을 설명하는 데 있어서 인도 종교들이 지닌
업이나 윤회 사상이 하나의 도구일 수 있어요. 그런데 어느 종
교이건 세계의 악이나 부조리의 기원을 설명하는 장치는 다 있
거든요. 기독교에도 마찬가지고요. 신이 전지전능하다면 왜 세
상에는 악과 고통이 창궐하고, 인간은 고통을 받아야 하는가
하는 질문이 있을 수 있지요. 소위 신정론theodicy, 신은 악이나 화를
좋은 목적을 위한 수단으로 인정하고 있으므로 신은 바르고 의로운 것이라는 이론이
세상에 악이나 화가 존재한다는 이유로 신의 존재를 부인하려
는 이론에 대응하여 생긴 것처럼, 신의 정당성 문제가 그거지
요. 왜 완전한 신께서 이 세상에 부조리한 세상, 악을 만들어
낼 수 있는가 하는 의문이지요. 기독교의 대답은 신의 의도를
인간의 이성으로 알 수 없다는 것인데, 기독교에서 말하는 신
의 의도나 불교의 윤회설이나 이성적으로 접근할 수 없는 것이
긴 하지요. 적어도 그런 점에서는 인간 사회 내에 존재하는 다
양한 부조리를 설명하는 이론이 될 수 있겠지요. 그렇지만 여
전히 선생님이 말씀하시는 것처럼 인도 사회에 업설이나 윤회
설이 팽배해 있었다고 해도, 그것이 계급 제도를 공고화했다거
나 그들의 경제적 욕구를 위축시켰다거나 하는 것은 너무 일방
적인 이해라고 봐요. 특히 현재 인도에서는 더더욱 그렇고요.

최종덕 그런가요? 그런데 왠지 저는 업설이나 윤회설 같은 것들이
인도의 영화와 같은 기능하는 것이 아닌가 생각해요. 심 선생
님께서도 인도에 자주 가 보셔서 아시겠지만, 인도 영화 산업

규모가 상당히 크죠. 할리우드에 버금갈 정도로요. 제작 편수로만 따지면 할리우드보다 소위 발리우드Bollywood, 인도 영화 주 생산지인 거대 도시 뭄바이의 20년 전 이름이었던 봄베이의 앞 글자를 따서 할리우드에 붙인 이름라 불리는 인도 영화 산업이 더 크죠. 발리우드에서만 1년에 대략 8백 편 정도의 영화가 제작되니까요.

심재관 발리우드에서는 현실에서 꿈꾸기 어려운 러브 스토리가 많아요. 그리고 고난 끝에 해피 엔딩으로 끝나죠. 화려한 춤과 노래가 엄청나게 동원되기도 하고, 한 편의 영화 안에 대단한 판타지가 들어 있어요.

최종덕 영화 산업이 크다는 것은 곧 영화 관람객 수가 많다는 것을 말하겠죠. 인도 사람들의 영화에 대한 애정은 각별하다고 해요. 가난한 사람도 영화 관람비를 아끼지 않는다고 할 정도니까요. 가난에 찌든 사람도 영화 한 편을 보는 2~3시간 동안은 왕자나 공주가 되기도 하지요. 영화 속 판타지에 만족하는 대체 효과를 느끼는 것입니다. 밥 한 끼 먹기 쉽지 않은 현실일지라도 영화 속 주인공이 되어 심리적 위안을 받는 대체 효과가 바로 인도 영화 산업을 흥행으로 이끈 결정적인 요소라고 생각해요. 마찬가지로 윤회론도 심리적 위로제와 비슷한 구실을 한다고 봐요.

심재관 적어도 윤회론이나 업설이 심리적 위안을 줄 수 있다는 점에서는 영화의 효과를 줄 수 있다고 봐요.

최종덕 앞서 말씀드렸다시피 저는 윤회론이 당시 인도 북부 그 넓은 땅에 흩어져 있는 사람들을 통치하기 위한 지배 이념과 맞아떨어진 사회적 관념이라고 간주하거든요. 사람들이 모여 합의를 해서 만든 규칙이나 약속 혹은 우리가 날마다 접하는 자연에서 일어나는 법칙을 통해서는 도저히 당대 사회를 지배할 수가 없었을 것입니다. 그래서 언제부터인지는 모르지만 아주 오래 전부터 권력을 쥔 상위층 계급이나 종교적 권력 혹은 주술사 계층은 초자연적 법칙 혹은 어느 누구도 범접할 수 없는 형이상학적 혹은 종교적 초월주의를 통해서 권력의 도그마를 유지했던 것입니다. 무력이나 인위적인 정치권력을 통해서는 사람들을 자발적으로 움직이게 할 수 없으니까요. 종교는 순종적인 자발성을 만드는 데 일등 공신일 것입니다.

심재관 윤회설도 그런 악역을 했다는 것이 최 선생님의 생각이시군요. 기본적으로는 막스 베버Max Weber의 견해와 비슷하네요. 그에 의하면 우리 세계, 우리 역사 안에는 저항을 없애고 혁명도 일어나지 않으며 현실 세계에 순종할 수밖에 없도록 하는 보이지 않는 힘이 존재해 왔다는 것입니다. 형이상학적 배후를 갖는 종교적 도그마로써 과거의 업이 오늘을 지배하고 또한 현실은 불평등하지만 그런대로 자기 의무에 충실하면 좋은 미래가 보장되리라는 믿음을 통해 현실에 순응하는 사회를 만드는 것이 윤회설이라는 것입니다. 베버는 바로 그런 점이 인도 종교의 특징이자, 인도의 경제 발전을 정체시킨 거라고 보았지요.

최종덕 베버의 견해는 아무래도 서구 중심적으로 해석된 것이죠.

그의 입장은 윤회설을 서구 사상이라는 색안경을 끼고 본 것입니다. 윤회설을 비판하는 것이 결과론적으로는 베버의 견해와 비슷한 것처럼 보일 수 있어요. 그렇지만 저는 윤회설을 비판하려는 것이 아니라 현실을 가장한 형이상학적 전제나 종교적 설정을 문제 삼는 겁니다. 인도 종교뿐만 아니라 서구 기독교에서 더 많은 사회적 모순이 있다는 사실도 이야기했어야지요. 윤회설은 하나의 사례일 뿐입니다. 조금은 다른 이야기이지만 리처드 도킨스Richard Dawkins 이야기를 약간만 해 볼까요. 저는 종교를 비판하는 도킨스 견해에 어느 정도 동의합니다. 그러나 도킨스 역시 종교를 비판하는 사례로써 서구 기독교보다는 이슬람에 더 많은 비중을 두고 있다는 점에서 베버와 마찬가지로 한계를 지니고 있습니다. 저는 종교 권력을 비판합니다만, 종교 역시 문화의 중요한 요소라고 생각하기 때문에 동서 간 문화적 차이를 존중해야 한다는 생각입니다. 문화는 종교와 다르니까요.

심재관 저는 최 선생님과 달리 종교를 긍정적으로 생각합니다. 도킨스는 종교가 만들어진 것이라고 했는데, 저는 그것이 만들어진 종교라 할지라도 종교는 우리 인류 역사에서 정신적으로나 문화적으로 충분한 가치를 지니고 있다고 생각합니다. 최 선생님이 지적하신 윤회설의 문제에서도 마찬가지고요. 선생님은 윤회설이나 업설이 현실의 부조리를 합리화시키는 어떤 이데올로기 정도로 보고 계신 듯해요. 그렇지만 저는 오히려 정반대의 기능이 더 크게 작용했다고 생각합니다. 다음 생에도 그리고 다다음 생애에도 미래에 놓여 있다면, 그것을 위해 현재의 삶 속에서 당연히 도덕적인 관념이나 이타적인 행위들이 강조되었을 테니까요. 당연히 자유의지에 의한 실천에 의해 획득될 수 있는 미래니까요.

최종덕 우리 이야기를 좀 정리해 보지요. 윤회론은 불교만의 독특한 사상이 아니고 인도 사회 전반에 걸친 사고의 관습이라는 점입니다. 윤회론이 사회적으로는 계급 안정화와 문화적 마취제 역할을 한 점을 저는 강조했습니다. 심 선생님은 윤회론이 갖는 또 독특한 종교적 고유성이 있다는 점을 말씀하셨고요. 윤회설에 대한 하나의 입장만이 옳다고 할 수 없겠죠. 다양한 해석들을 수용하는 것이 중요하다고 봅니다.

심재관 다양한 해석들을 포용해야 하지만, 가짜는 분명히 가려내야 합니다. 요즘은 윤리적 행동 지침으로 윤회를 보는 것이 아니라 구체적 현상으로 윤회를 설명하는 시도가 많은 것 같아요. 가령, 전생의 구체적인 모습을 과학적으로 밝혔다던가 아니면 윤회의 과학적 근거가 있다는 등의 가짜 윤회설이 횡행하죠. 그런 해석은 실제로 사이비 종교입니다.

감정

나의 것 욕망과 감정은

최종덕 요즘 저는 감정에 대해 공부하고 있는데, 스피노자의 철학과 감정의 뇌 과학을 유비적으로 묘사한 신경 생리학자 안토니오 다마지오Antonio Damasio에 의하면 감정emotion과 느낌feeling의 개념이 서로 구분된다고 합니다. 일단 느낌은 행동 유발을 하지 못하나, 감정은 행동motion을 촉발하는 것으로 구분하더라고요. 그 구분을 완전히 이해하지는 못했지만, 느낌이 감정으로 안착하면서 불교에서 말하는 오온이 형성된다고 봅니다. 우리 말속에 들어 있는 감정에 대한 표현들을 잘 분석해도 감정에 대한 많은 것을 알게 되죠. 신경생리학과 철학에서 논의될 수 있는 우리 말 속의 느낌과 감정을 잘 살펴보면 흥미로운 결과가 나와요. 저는 느낌 대신 감각이라는 단어를 자주 사용하기도 합니다.

심재관 직관적으로 생각해 봐도 최소한 감각과 느낌은 가장 비슷한 뉘앙스를 지니고 있는 것 같아요.

최종덕 슬픈 감각 혹은 슬픈 느낌이 반드시 슬픈 감정으로 안착하지는 않습니다. 느낌은 일종의 외부 세계를 받아들이는 내 몸의 창구 역할을 합니다. 생물학에서는 신경 세포 표면의 수용체 기능을 통해 그 창구 역할을 설명하기도 합니다. 물론 감정의 수용체를 통해 외부 자극을 그대로 다 수용할 수는 없겠죠. 또 그래서도 안 되고요. 우리 몸에는 외부 자극을 적절히 걸러 내는 저항 장치가 되어 있어요. 대표적인 것이 피부죠. 감정에도 피부와 같은 구실을 하는 장치가 있지만, 피부처럼 눈에 보이지 않을 뿐입니다. 느낌대로 감정을 쌓아 놓게 되면 결국 감정을 상하게 됩니다.

심재관 마음이 아프다고도 하잖아요?

최종덕 네, 그래요. 논란이 있을 수 있지만 일단 감정의 복합체를 마음이라고 부를 수 있어요. 감정이 상한다는 표현이나 마음이 아프다는 표현이나 거의 비슷하잖아요. 느낌을 걸러 내는 장치가 바로 감성이라고 할 수 있어요. 여기서 감성은 감수성과 다른 의미로 사용했어요. 감각을 처리하는 조절 능력을 감성이라고 했죠. 최근에 감성 교육이 중요하다는 말을 많이 들어보셨죠. 감성 능력이란 아이들에게 피아노 교육시키고 그림 잘 그리게 하는 것만이 아니에요. 그런 것은 감성 교육을 오해한 결과죠. 예술 교육은 감성 연습 중 적은 일부분에 지나지 않아요. 감성 교육이란 어떤 상황에서도 감정을 스스로 잘 처리할 수 있도록 하는 감정 처리 훈련이에요. 그래서 감성 교육은 자연, 예술, 체육, 철학, 논리학 모든 것이 종합된 교육이어야 합니다. 만약 어느 아이에게 이성 교육만 시킨다고 생각해 보죠. 그러면 그 아이는 커서 감정 조절에 실패할 우려가 높아요. 저는 원래 이성도 감성으로부터 가지치기한 부수적 능력이라고 보는데, 그래서 감성 능력을 높이면 따라서 이성 능력도 높아지는 것입니다.

심재관 저도 전적으로 동감이에요.

최종덕 요즘 감성 연습이 너무 안 되어 있어서 감정을 상하는 사람들이 많아요. 감성으로 조절되지 못한 감각들이 아무 여과 없이 그냥 수용되어서 내 감정을 이루게 됩니다. 그래서 나라는 개인은 느낌에 따라 일희일비하게 되죠. 슬픈 느낌이 제어되지 않고 그대로 들어와 슬픈 감정으로 안착되겠죠. 그러면 감정이 다치게 됩니다. 그런 감정들은 행동을 과잉으로 하거나 아니면 행동을 스스로 꼭꼭 잠가 놓는 일종의 조울증과 같은 행동 양상을 보이게 됩니다. 간단히 말해서, 마음을 다쳐서 크게 아픈 것입니다. 주변에 이런 사람들이 정말 많아요. 이러한 감정의 아픔은 개인에게만 책임을 돌릴 수는 없어요. 다친 감정을 살리기 위해 주변 사람들 나아가 우리 사회가 같이 노력해야 합니다. 처세술 관련 책자에서나 대중 강연에서 슬픈 감정을 버리고 기쁜 감정을 갖도록 해서 개인적으로 스스로를 개선하도록 권유하는 모습을 자주 접합니다. 물론 슬픈 감정보다는 기쁜 감정이 더 좋겠죠. 그러나 감성 조절의 입장에서 보면 슬픈 감정이나 기쁜 감정이나 감성의 피부를 거치지 않고 들어온 미조절의 감정들은 결국 마음을 아프게 합니다.

심재관 최 선생님 이야기는 불교에서 다루는 사상과 거의 비슷하네요. 감정이 좋든 나쁘든 지나치면 번뇌의 단초가 된다는 뜻인데, 바로 그런 문제를 잘 파악하는 것이 불교의 핵심이라고 봐요. 감정이 곧 오온이고 그것이 지나칠 때 그 감정 때문에 번뇌가 오고 고통으로 이어지죠. 최 선생님 이야기는 불교의 감정론을 신경생리학으로 번안해서 말한 듯한 느낌이 들 정도예요.

최종덕 문제는 그런 감정의 아픔을 전적으로 개인의 책임으로만 돌릴 수 없다는 점입니다. 우리는 누구나 느낌에 의존하며 감정에 휩쓸리고 어떤 때는 감정을 은근히 즐기기까지 합니다. 그런 모습이 바로 인간의 본 모습이라는 점입니다. 쉽게 말해서 우리는 그런 감정을 영원히 뛰어넘을 수 없어요.

심재관 불교에서도 감정과 욕망을 다 뛰어넘자고 하지 않아요. 감정과 욕망은 피할 수 없는 거죠. 단지 최대한 조절이 가능하도록 새로운 시선으로 세상을 바라보자는 것입니다. 욕망 그 자체를 비난하거나 부정할 수 없어요. 그러나 나의 욕망이 너의 욕망을 파괴하니까 문제죠. 서로의 욕망이 조화되도록 조절하는 사회적 시스템 중 하나가 윤리학이죠. 그런 사회적 시스템의 또 하나는 종교라고 볼 수 있어요.

최종덕 상호 간 욕망을 조정하자는 것은 윤리학 중에서도 공리주의적인 입장 아니겠어요? 서구 윤리학의 근간이 되는 보편주의 윤리학은 상호 간 욕망을 조정하는 것이 아니라 단지 욕망을 버리고 착해져야 하는 절대절명의 윤리 법칙이 있다는 전제에서 시작하죠.

심재관 음, 그렇다면 불교는 보편주의 윤리학과 거리가 멀 듯해요. 불교는 규범적으로 강한 윤리학을 제시하는 것이 아니거든요. 규정화되어 있진 않지만, 고통을 없애는 도구화된 방법을 중시하죠. 그 윤리적 방법론이 목표가 될 수 없다는 뜻이에요. 어떤 상황에서 어떤 사람이 고통을 느끼게 되면 그 고통을 아예 없애거나 그게 안 되면 그 고통을 잠재우거나 그것도 안 되면 그 고통을 피해 가는 방법에 초점이 맞춰져 있죠. 따라서 상당히 상대적이에요. 예를 들어 보죠. 한 승려가 여자에 대한 애욕에 빠졌어요. 그래서 붓다를 찾아가 욕망을 벗어날 길을 물었더니, 붓다는 "그러면 그 여자를 만나지 마라"라고 했어요. 그런데 그 제자는 붓다를 다시 찾아가 "스승이 시키는 대로 하려고 해도 자꾸 그 여자 생각이 납니다. 어떻게 하면 좋겠습니까?"라고 물었어요. 붓다는 다시 답변을 했습니다. "그 여자를 너의 여동생이라고 생각해라." 이렇게 점차적인 방법으로 욕망을 잠재우는 거예요. 욕망을 단번에 없애려 하기보다는 부딪쳐 있는 지금의 욕망을 다른 방식으로 돌리는 거죠. 결국 욕망은 고통을 낳는 직접적인 인과 작용의 원인이라는 사실을 아는 것이 중요하죠.

최종덕 욕망 자체를 부정하는 것은 아니군요. 그러나 그것을 깨달았다고 해서 욕망이 없어지는 것은 아니잖아요? 저는 그게 궁금해요. 깨달으면 욕망이 실제로 없어지나요?

심재관 욕망이 없어진다기보다 통제할 수 있다고 하는 것이 더 적절하겠죠. 갈등과 번뇌로부터 시작되는 고통을 일으키는 의식 작용이 바로 욕망이라는 점을 제대로 보는 일이 깨달음의 상태라는 것입니다.

최종덕 욕망을 없애는 것과 욕망을 조절한다는 것이 다르다고 말하셨네요. 그런데 잘 따져 보면 욕망을 없애려는 것과 욕망이 통제되는 것은 실제로 같은 것이 아닌가요? 왜냐하면 욕망은 그 자체로 통제가 어렵다는 뜻을 함축하기 때문이죠. 그래서 인간은 욕망 때문에 인간일 수 있다고 봐요. 그리고 욕망이 통제가 잘 된다면 그것은 욕망도 아니겠죠. 인간은 로봇도 아니고, 침팬지도 아니고, 신도 아니잖아요. 인간만의 특징은 영원히 통제하려 시도하지만 영원히 통제 안 되는 그런 욕망을 가지고 있다는 점에 있다고 생각해요. 이것이 바로 엄연한 자연의 순리이자 현실이죠.

심재관 액상 과당과 향료가 가득히 들은 음료수를 마시면 그 달콤함에 반해 행복해 하잖아요. 맛있는 음식을 먹으면 또 먹고 싶고 화려한 수사법을 동원해서 음식 칭찬을 하며, 거기에 빠지게 되죠. 달고, 짜고, 화학 조미료 섞인 음식이 지나치면 좋지 않다는 것을 알면서도 자꾸 그것을 찾게 되죠. 이것이 번민의 시작일 거예요. 번민은 집착으로부터 생기죠. 불교의 윤리학은 욕망 그 자체를 거부하는 것이 아니라 집착을 버리도록 하는 거예요.

최종덕 그러면 기뻐하고, 슬퍼하는 식의 기본적인 감정 반응은 인정하는 것이군요.

심재관 네, 그런 감정을 부정하지는 않아요. 다만 그 감정에 빠져서 과도하게 집착해 결국은 갈등이나 고민이나 고통의 원인이 된다면 그것을 문제 삼아야죠. 앞서 말씀드린 대로 감정을 부정하는 것이 아니에요. 감정의 상태를 굴곡이 없도록 단순하게 혹은 감정의 진동이 요동치지 않는 상태를 만드는 것이 불교의 감정론이죠. 그래서 불교를 차가운 종교라고 말하는 거예요. 뜨겁고 요동치는 감정의 곡선을 잠재워서 최대한 흔들리지 않는 감정선을 유지하려면 냉담해져야 하거든요. 그래서 불교는 냉담한 종교예요.

최종덕 앞서 심 선생님은 감정을 조용히 잠재우거나 그것이 안 되면 피하는 길을 제시했었죠. 내가 어떤 사람을 미워하고 증오한다고 쳐요. 그 감정을 없애야 하는 것이 최고의 길이겠지만, 그것이 안 되면 그런 미움의 감정을 일시적이라도 잠재우는 것이 필요하다고 했어요. 안 되면 다시 하고 자꾸 반복하는 것이 중요하다고 했죠. 그런 반복의 연습이 아주 중요하다고 생각해요. 심 선생님의 이야기를 들으면서 속으로 '맞아, 그거야'라고 생각했어요. 그것도 안 되면 피하면 된다는 이야기도 아주 흥미로워요. 그런데 현대 사회에서 피할 수 없는 상황이 대부분 이지 않을까요? 만약 직장 상사가 미움의 대상이 되었다고 해도, 먹고 살기 위해 그 상사를 피할 수 없잖아요. 현실에서는 피하는 일이 어렵지 않을까요? 보통 사람들 대부분은 현실을 깨고 부수면서까지 감정을 다스리는 것이 어렵죠. 그러나 불교에서는 그렇게 하라고 냉정하게 말하고 있어요.

심재관 일차적으로 피하는 것도 일종의 자기 치유의 한 방법이죠. 아니면 미워하는 마음을 사람들한테 표시를 안 하는 겁니다. 마찬가지로 좋아하는 마음도 표현을 안 하는 것이 중요해요. 나쁜 감정 이상으로 좋은 감정을 표현하는 것도 감정의 진동이 큰 거죠. 그래서 그런 좋은 감정을 다스리는 것도 역시 중요해요. 감정의 기복 상태가 크다는 것 자체가 번뇌의 촉발이 되니까요.

최종덕 내 내면에는 감정의 기복과 굴곡이 크지만 겉으로 표현할 때는 드러내지 않게 기복이 없는 것처럼 하는 방법은 어때요? 제가 그렇거든요. 저는 나이가 들면서 감정 조절을 조금씩 할 수 있게 되었어요. 그런데 실은 표현할 때 굴곡이 없게 표현을 한다는 것이죠. 굳이 말한다면 감정 조절이 아니라 표현 조절인 셈이죠. 그렇지만 표현만 그렇게 할 뿐 실제로 내 내면에서 스스로 정리되고 조절된 감정은 아닌 거예요.

심재관 실제로 자기 내면의 상태를 조절하는 것이 중요하겠죠. 불교에서 추구하는 것은 내면의 움직임이죠.

최종덕 표현의 문제가 아니라 내면의 움직임이라고요?

심재관 표현으로만 조절하는 것은 또 하나의 고통을 낳는다고 해요. 왜냐면 참아야 하니까요. 억지로 참는 행위 혹은 참는 의식 자체도 색수상행식色受想行識에 속해요. 참는 것이 좋은 것은 아니죠. 참는 것이 아니라 내면으로부터 감정을 품을 수 있어야죠. 극단적인 예를 들어 볼게요. 달라이 라마Dalai Lama도 마찬가지지만 티베트 승려들은 자비를 위해서 동물을 죽일 수도 있다고 생각한대요. 겉으로 드러난 행위 이전에 내면의 동기가 더 중요한 것이죠.

최종덕 내면의 감정을 다스리지 않고 표현만 조절할 경우, 그것이 바로 스트레스군요. 그러나 동기가 좋다고 해서 그 행동 결과를 다 수용할 순 없잖아요.

심재관 물론이죠. 제 이야기 핵심은 불교가 겉으로 보이는 규범적 윤리학과 무관하다는 말에 있어요. 오히려 내면의 동기가 정말 거리낌없다면 겉으로의 표현에서는 자유로운 것이 불교의 윤리학이고 감정론입니다.

최종덕 일종의 주체적 윤리학이군요.

심재관 남 보기에 좋은 감정 표현이 아니라 나 자신에게 거리낌 없는 감정을 유지하는 것이 중요하다는 말과 같아요. 그래서 불교가 감정의 원형을 무시하거나 부정하는 것은 아니라는 뜻

입니다. 육체를 가지고 있는 한 감정의 다발은 항상 따라다니게
되죠. 그렇지만 그걸로 인해서 움직이는 마음의 흐름 또는 행
위는 고통의 원인이 되고 있다는 사실을 또한 묵과할 수 없잖
아요? 감정이 번뇌의 씨앗이 되는 이유는 감정 자체에 있기보
다는 감정을 쌓아 놓고 집착을 하는 것이 문제가 되는 것 아닌
가요.

최종덕 감정이 아니라 집착이 문제라는 점은 좋은 지적이에요. 집
착은 감정을 처리하지 못하는 일종의 감정 소화불량 상태죠.
집착은 감정을 적절한 행동 에너지로 전환하지를 못하고 쌓아
놓는 데서 생긴다는 뜻이에요. 집착은 말 그대로 감정에 착 달
라붙는 것입니다. 특히 많은 경우 집착은 사랑이라는 감정에
붙어 있죠.

심재관 집착과 사랑을 구분해야 한다는 말이군요.

최종덕 물론 집착에 빠지면 안 되겠죠. 그러나 집착도 다 이유가
있어요. 예를 들어, 집착이 전혀 없는 사랑은 오래 지속되기가
어려워요. 현대인의 관점에서 보지 말고 원시 고대인의 입장에
서 보기로 하죠. 남자는 아이를 낳은 후 아기와 엄마로부터 떠
날 수 있어요. 그 때문에 지속된 양육을 위해서 아버지를 아이
에게 붙들어 두도록 하는 감정을 필요로 한 것입니다. 그 감정
이 집착의 원형일 것입니다.

심재관 그러나 부부 관계가 아니라 부부와 자식 간 관계에서도

집착의 감정이 그렇게 적용될 수 있나요?

최종덕 집착의 감정은 내가 부리지만 그런 감정을 당하는 이는 내가 아니라 상대방입니다. 결국 집착은 나의 생존과 안녕을 위해 상대방의 감정에 개입하는 것이죠. 부부 관계에서나 부자 관계에서나 마찬가지라고 생각해요. 이런 수준의 집착은 큰 탈은 없어요. 그러나 중독에 빠지는 집착이 문제죠. 가족을 돌보기 위한 수준에서 집착은 애착이라고 부르는 것이 좋을 듯해요. 영어로 집착이나 애착이나 다 attachment이지만, 편의상 관계 존속을 위한 사랑을 애착이라고 하고 중독 현상에 빠진 사랑을 집착이라고 불러도 될까요? 집착이나 애착을 논의한 이유는 감정의 원형 상태는 나쁘니까 단순히 제거해야 한다는 입장보다 인간의 생존을 위해 필요한 부분이었다는 입장을 부각하려 한 것이니까요.

심재관 그럼요. 불교도 그걸 부정하는 건 아니거든요. 실제로 마음은 감정의 다발로 구성되어 있음을 인정하고 들어가는 것입니다. 그런 감정을 어떻게 조절할 수 있는지를 헤아린 것입니다.

최종덕 앞서 불교에는 규범 윤리학이 없다고 하셨죠. 칸트의 정언 명법과 같이 절대적이고 객관적인 윤리 원리가 없다는 뜻이겠죠? 서양의 윤리학에서 기본적으로 인간의 감정은 객관적이고 합리적 절대선을 지향하는 데 장애가 되는 것으로 간주합니다. 윤리적 규정에는 좋은 것과 나쁜 것만이 있죠. 선과 악 둘 중 하나라는 뜻인데, 이것이 서양 윤리학의 출발입니다. 그래서 악마의 존재와 천사의 존재를 대비시키죠. 절대선을 위해 감정은 불필요하고 없어져야 한다는 입장을 내세우죠.

심재관 반면에 불교에서는 불교 윤리학이라는 말 자체가 어울리지 않아요. 불교와 윤리는 서로 겹쳐지는 데가 별로 없으니까요. 윤리의 대상이 되는 감정 자체를 문제 삼지 않기 때문이죠. 집착의 문제조차도 실은 그것이 비윤리적이어서가 아니라 자기 자신의 깨달음을 방해하기 때문에 버려야 한다고 해요. 입장이 많이 다르죠.

최종덕 저는 집착을 개인의 차원이 아닌 환경의 차원에서 말하려 해요. 저는 애착의 감정을 전적으로 부정하지 않아요. 아기가 태어나자마자 엄마에 대한 애착이 없으면 생존이 불가능할 것입니다.

심재관 불교에서는 욕망과 서원誓願과 갈애渴愛를 구분합니다. 최 선생님 표현대로라면 아기의 그런 행동은 아마 갈애에 해당할 겁니다. 집착과 다르죠.

최종덕 처음 사용했던 집착이라는 표현을 그대로 쓰기로 하죠. 집착조차도 저는 개인에게 책임 지을 수 있는 부분이 있고, 아니면 사회가 공동으로 책임져야 할 부분이 있다고 생각해요. '너 왜 집착을 지우지 못해'라고 자꾸 꾸중만 하고 개인에게 집착에 대한 책임을 지우면 문제 해결이 전혀 되지 않아요. 철수가 철봉에 매달려서 떨어지지 않으려고 집착하고 있어요. 왜 그럴까요? 떨어져도 철봉 밑이 깨끗하고 평화롭고 먹을 것도 많은 좋은 데라면 철수는 아무 아쉬움 없이 철봉에 대한 집착을 버리고 철봉에서 손을 놓을 것입니다. 철봉을 꼭 잡으려고 하는 집착이란 결국 철봉 아래로 떨어지면 살기 힘들 것 같다는 믿음 때문입니다. 왜 청소년들이 인터넷 게임에 집착해 중독에 빠질까요? 중독에 빠진 그 청소년에게만 비난을 할 수 있을까요? 집착 중독을 옹호하려는 말이 아니라 그런 집착을 낳게 한 사회적 공동 책임이 필요하다는 말을 하려는 것이죠. 불교는 이와 달리 개인에게만 그 책임을 묻는 것 아닌가요?

심재관 네, 부분적으로는 동의해요. 그것이 불교의 장점이지만 어떻게 보면 단점도 된다는 말입니다. 사회적인 조건은 거의 고려하지 않는다는 단점이 있어요. 모든 책임의 단서를 개인에게 두죠. 그래서 최 선생님도 불교는 차갑고 냉정한 모습을 보인다는 말을 하셨잖아요.

최종덕 감정 이야기하면서 집착의 문제까지 왔어요. 인간은 동물과 다르지만 로봇이나 신도 아니죠. 집착은 오히려 인간의 중요한 특징이라고 봅니다. 로봇은 감정이 없으니 감정이 문제되지 않아요. 신은 감정이 없거나 감정이 있더라도 잘 다스릴 수 있으니 집착까지 가지도 않고요. 원숭이는 감정이 있지만 그냥 감정대로 살기 때문에 감정을 조절한다든가 집착이 생긴다든가 하는 문제 자체가 없지요. 결국 집착은 인간만의 문제인 것입니다. 희로애락의 감정 자체가 문제된다기보다 희로애락의 감정이 한 곳으로 쏠려서 감정의 진폭이 커지는 것이 문제라고 앞서 이야기 했습니다. 한곳으로 쏠려진 감정이 곧 집착일 것입니다.

심재관 네, 그래요. 그런데 진폭이 없는 고요한 감정을 평정심이라
고 하는데, 누구나 평정심을 유지한다면 종교가 왜 필요하겠습
니까? 결국 우리가 만나서 종교에 대해 이야기하는 이유도 우
리 자신의 감정을 어떻게 조절하느냐에 대한 관심에서 시작되
었을 것으로 생각합니다.

최종덕 그만큼 감정을 조절하는 일, 집착에서 벗어나는 일은 인생
사 전체에 걸쳐 가장 큰 문제일 뿐만이 아니라 인류 역사에 걸
쳐 가장 큰 종교적 숙제가 되는 것이기도 하죠.

심재관 고대 인도 사회에서 사문 계급이 있었죠. 그들은 깨달음
을 위해서 모든 것을 버리고 집을 떠난 사람들입니다. 그렇게
까지 해야 하는 이유는 그만큼 일상사에서는 감정을 다스리고
집착을 버리기 힘들기 때문입니다.

최종덕 가출이면서 출가군요.

심재관 그럼요, 가출이에요. 그런 사람을 통틀어서 붓다 이전부터
있었던 사문沙聞이라고 해요. 인도에만 있는 전통이라고 봐요.
그들은 감정을 다스리기 위해 극단적인 고행까지도 시도합니
다. 그들은 가정을 버리고, 촌락을 버리고, 사회를 버릴 수밖에
없었어요.

최종덕 맞아요. 가정을 유지하려면 애착이 필요해요. 애착이 없으면 가정을 이루기가 쉽지 않겠죠.

심재관 그렇죠. 지금도 그러고 3천 년 전에도 그랬지요. 가족, 촌락, 사회 안에 머물면서 감정을 조절하는 연습을 할 수가 없겠죠. 가정을 꾸리게 되면 벌어먹고 살기 위해서 돈에 대한 집착이 생기고, 집과 옷과 식구들에 대한 애착이 끊임없이 생기죠. 그것을 벗어나기 위해서 불교가 등장하기 이전부터 사문의 전통이 있었던 거예요. 그들은 출가만으로도 안 되어서 더 극단적인 고행의 수행 방법을 택합니다. 붓다가 출가하여 사문이 되어 방랑할 때, 붓다는 극단적인 방법으로 고행하는 사문들을 만났죠. 예를 들어, 일주일 동안 태양을 바라보고 한 다리로 서는 고행을 하는 사문을 만났지요. 심한 단식이나 그 이상 가는 혹독한 고행들을 하는 사람들도 만났고요.

최종덕 그런 걸 실제로 하나요?

심재관 그럼요. 극단적 수행이 그냥 말로만의 이야기가 아니라 문헌에 실제로 등장하는 역사적 사실들이에요. 유적지 조각 작품으로도 간혹 볼 수 있어요. 붓다는 그런 고행이 깨달음을 주는 통로가 아님을 늦게나마 알고 수행 방법을 바꿨지만, 어쨌든 그만큼 인간 감정의 애욕이나 집착을 끊기 어렵다는 것을 반증하는 사실이에요. 인간의 본질적인 문제지요.

최종덕 그런 사문 전통 속에 왕자였던 한 젊은이가 인간의 문제를 정면으로 돌파한 것이군요.

심재관 붓다는 기존의 사문들처럼 욕망과 집착을 칼로 도려내려
는 것이 아니라 욕망과 집착 속에 들어가서 감정을 서로 조화
롭게 만들면 된다는 생각을 하게 된 거예요. 붓다 이후 일종의
자기희생의 모티브가 등장한 것입니다.

최종덕 앞에서 말했듯이 감정은 행동을 준비하고 표현을 항상 유
발하는 의식입니다. 행동으로 혹은 표정으로 표현되지 않은 경
우라도 몸으로 드러나게 됩니다. 감정에는 두 가지 종류가 있어
요. 하나는 자기 몸에서 유발된 직접적인 감정입니다. 다른 하
나는 다른 사람, 다른 상황에 의해 공감empathy된 감정입니다.
편의상 이를 직접 감정과 간접 감정 혹은 자기감정과 공감 감
정이라고 부르죠. 공감 감정은 직접 감정으로부터 진화한 인간
정체성의 중요한 형질입니다. 예를 들어, 갓난아기가 배가 고프
면 어떻게든 엄마에게 배고픔을 표현을 해야 합니다. 표현이 엄
마에게 제대로 전달되지 않으면 아기는 슬퍼집니다. 이런 슬픈
감정을 직접 감정 혹은 자기감정이라고 말한 것입니다. 기구한
운명을 그린 드라마를 보면서 슬픈 감정을 느끼며 눈물을 흘
리는 경우가 있는데 이렇게 슬퍼진 감정을 간접 감정 혹은 공
감 감정이라고 말합니다. 현대인의 경우 감정은 간접 감정일 경
우가 많습니다. 직접 감정은 감정의 원형에 더 가깝고 감각 혹
은 느낌으로부터 쉽게 형성됩니다. 간접 감정은 사회생활을 하
기에 더 좋게 다듬어진 감정입니다. 그래서 간접 감정은 표현을
아예 자제하거나 아니면 순화해서 표현합니다.

심재관 그러면 감정 표현의 수준에서 본다면 구석기인보다 현대인이 더 절제되고 순화된 감정을 보이겠네요?

최종덕 대충 그렇게 추측됩니다. 그러나 구석기인이 감정을 조절 못했다는 뜻은 결코 아니에요. 현대인은 감정 표현을 조절하는 데 상대적으로 익숙해 있지만 그렇다고 해서 감정 조절을 잘한다고 할 수 없습니다. 감정 조절에 있어서는 오히려 구석기인이 현대인보다 더 나을 수도 있어요. '감정 표현을 조절한다'는 말과 '감정을 조절한다'는 말은 전혀 다르죠. 불교의 감정론은 바로 이 차이를 잘 보여 주는 듯합니다. 불교의 감정론은 감정 표현에 관한 것이 아니라 표현 이면에 있는 감정 조절에 관한 것이라고 심 선생님이 강조하셨듯이 말입니다. 현대인은 영업을 하면서, 협상이나 회의를 하면서, 아이를 키우면서, 부부생활을 하면서 감정 표현 조절을 하는 데 익숙해 있지만, 그럼에도 불구하고 감정 조절을 하는 데 상당한 위기를 느낍니다. 감정 표현을 잘 하다가도 위기 상황에서 불시에 감정이 폭발해 큰 사건을 일으키는 경우를 뉴스에서 많이 접합니다. 이혼, 자살, 싸움 등이 그런 경우죠. 기존의 윤리학이나 처세술 등은 감정 표현의 조절 능력에 대한 언급을 합니다. 불교의 감정론은 표현의 조절에 대해서는 관심을 두지 않는다고 봐요. 그래서 자칫 사회 윤리적인 측면이 약해 보이기도 합니다. 불교의 감정론은 감정 자체의 조절에 관한 것이라고 저는 생각합니다.

심재관 감정 표현의 조절 능력과 감정 조절 능력을 구분해 놓고 보니까, 불교의 수행론이 무엇을 해야 할지 분명하게 알 수 있을 것 같아요. 그런데 이런 차이 즉 감정 표현 조절과 감정 조절의 구분이 앞서 말한 직접 감정과 간접 감정의 차이와 무슨 관계가 있죠?

최종덕 예를 들어 보겠습니다. 아침에 늦게 일어나 서둘러 출근하려고 자동차 시동을 걸었는데 시동이 안 걸리는 거예요. 갑자기 속이 부글부글 끓어요. 자동차 바퀴를 발로 세게 걷어차기도 하고 보닛을 주먹으로 치기도 하는 거죠. 게다가 통학 버스를 탄다고 나가는 아들 녀석이 아빠에게 용돈을 더 달라고 하니까 아빠는 아이에게 화를 벌컥 내죠. 아이는 영문도 모른 채 아빠 눈도 안 마주치고 가 버렸어요. 이 상황을 잘 생각해봐요. 아무 죄 없는 자동차 문제 때문에 온 식구 감정이 다 상한 거예요. 여기서 진짜 문제는 자동차예요. 그런데 이 남자가 자기 문제인 양 화를 내고 있는 거죠. 이 남자가 화를 낸다고 자동차가 스스로 고쳐지나요. 우리는 이 상황에서 이것은 내 문제가 아니라 자동차 문제임을 빨리 알아채는 것이 중요해요. 그것이 바로 깨달음이라고 생각해요. 대단한 종교적 깨달음보다 이런 일상의 깨달음이 더 중요한 것 같아요. 그런 소소한 깨달음, "아, 이게 단순한 기계의 문제구나"라는 앎이 있으면 나는 조바심이나 화를 낼 필요가 전혀 없는 거죠. 오히려 그런 감정을 부릴 시간에 긴급 서비스를 부르는 편이 문제를 해결하는 데 더 빠를 겁니다. 이 남자가 화가 난 감정은 자세히 보면 직접 감정이 아니라 간접 감정입니다. 감정이 없는 자동차로부터 허상의 감정을 이입 받아 혼자 화를 낸 것입니다. 아침에 이 남자는 감정 표현의 조절에도 실패했고 감정 그 자체의 조절에도 실패했습니다.

심재관 불교의 핵심을 말하셨군요.

최종덕 감정 표현의 차원에서 볼 때 타협심이나 협동심을 발휘하
도록 하는 문화가 인류 사회의 특징입니다. 이 점에서 종교는
지나온 2천 5백여 년 동안 큰 구실을 했다고 봅니다. 그리고 서
구 규범 윤리학도 역시 큰 사상적 역할을 해 온 것이 사실입니
다. 저 개인적 판단으로 볼 때, 서구 계몽주의로부터 근대에 이
르는 서구 인문학 발전의 핵심은 이기적인 인간 본성에서 온
거친 감정을 정제해서 표현하는 방법을 잘 익히도록 하는 데
있습니다. 서구 근대성 즉 모더니즘은 인간의 감정 표현 조절의
정교한 방법론을 제시한 것입니다. 그 정도로 감정 표현 조절은
시민 사회 및 서구 민주주의를 형성하는 데 결정적인 기여를
했다고 생각합니다.

심재관 서구 근대성을 감정 표현의 조절 능력 향상으로 보는 관점
은 매우 신선해 보이는데요.

최종덕 그러나 서구 근대성은 감정 표현 조절 능력에 어느 정도
성공했으나 감정 조절 능력에는 무관심했습니다. 저는 이런 현
상을 현대 인간 위기의 한 단면으로 해석합니다. 그래서 서구
근대 인간학은 인간의 협동심과 타협심을 고취시키는 데 어느
정도 성공했다고 봐요. 그러한 협동심과 타협심은 인간의 이기
주의 본성에 뿌리를 두고 형성된 것입니다. 반면 불교는 표현상

의 타협심과 협동심이 아니라 감정 그 자체의 이타성을 강조한
듯합니다. 그리고 여기서 본성론에 대한 차이가 비롯된다고 생
각합니다.

심재관 붓다 이후 단순한 협동적 이타주의가 아닌 자기희생적 이
타주의의 모티브가 정착됩니다. 불교에서는 수행론의 하나로
이타주의 모티브가 설정되기 때문에 이타주의 유형이 극단적
인 형태로 나타나거든요. 불교 문학 중에 《자타카*Jātaka*》라고
하는 불전佛典이 있어요. 불전 문학이라고 보통 말하는데, 대장
경에 나온 이야기를 확장한 것으로 보시면 돼요. 부처님의 과
거 이야기를 담고 있죠. 이야기 중에 타인을 위해서 자기를 희
생하는 내용이 나와요. 예를 들어, 자신의 넓적다리 살을 베어
서 고기 반찬으로 손님을 대접했다는 이야기 등이죠. 또 다른
이야기로는, 여러 사람이 강가를 걸어가는데 갑자기 폭풍우가
쳐서 그 사람들이 다 강물에 빠져 죽게 되었어요. 그러자 그중
한 사람이 말하기를, "내 스스로 자결하니 내 시체를 뗏목 삼
아 잡고 강을 건너라"는 이야기 등이죠.

최종덕 정말 극단적인 이타주의의 표현이군요.

심재관 다른 이야기도 많아요. 한 현자가 동물들하고 같이 살고
있었어요. 그런데 가뭄이 들어 먹을 것이 없어 굶어 죽게 되었
어요. 동물들이 회의를 해서 먹을 것을 구해 오자고 했고, 다들
흩어져서 먹을 것을 찾으러 나갔어요. 그런데 토끼는 아무 것
도 구해 온 것이 없었어요. 토끼는 나무로 불을 지피더니, '현자

시여, 저는 드릴 것이 없사오니 제 몸이라도 드소서' 하고 불속으로 뛰어 들었습니다. 그 토끼가 달 속의 토끼로 되었다는 이야기입니다. 아주 오랜 시간이 지난 이후 그 전생의 토끼가 석가모니 붓다로 되었다는 것인데, 반복되고 끊임없는 희생적인 수행을 통해서 지금의 석가모니가 되었다는 이야기입니다. 희생적 보시布施의 공덕에 의해서 붓다의 깨달음이 완성된 것을 은유한 셈입니다. 불교 속 문학의 소재는 대부분 이러한 자기희생, 전적인 이타적 협력의 모습이 자주 그려지고 있어요.

최종덕 그러한 불교 문학에서 등장하는 희생적 이타성이 감정 표현의 차원일 수 없다는 것은 누구나 알 수 있죠. 감정 자체가 이타적 행위를 할 수 있도록 준비되어 있어야 한다는 뜻입니다. 서구 인간학에서 본 감정 다발의 인간의 본 모습은 이기주의 투성이라서 그 안에서 이타적 협동성을 찾을 수 없단 말이죠. 그래서 감정 표현 차원에서 상호 간 약속과 타협을 통한 협동심을 발전시킨 것입니다.

심재관 최 선생님의 용어를 따른다면 불교에서 말하는 이타심은 감정 자체에서 발로해야 하는 것이군요. 그런데 감정 그 자체와 표현된 감정이 많이 다르게 비춰지잖아요. 현실에서는 이타성보다 이기성이 판을 치는데 감정 자체에서 우러나오는 이타심이 어떻게 가능할지 저도 확신을 못해요. 비록 제가 불교의 희생적 이타심을 말하곤 있지만요.

최종덕 감정 표현의 차원은 욕망을 절제하는 모습을 갖지만, 감정 그 자체는 욕망을 낳는 원천이라고 보는 것이 서구 윤리학의 기본이라고 앞서 말했었죠. 그런 점에서 토마스 홉스Thomas Hobbes의 전통이 오늘의 서구 인간학의 주요한 통로가 된 것입니다. 불교에서 보는 감정론과 어떻게 비교할 수 있나요?

심재관 불교에서도 역시 욕망을 낳는 감정을 피하려고 해요. 그런 욕망의 감정이 완전히 사라지도록 하는 것이 아닙니다. 그건 불가능한 일이니까요. 감정이 만들어진 뿌리는 일종의 관습의 결과라고 간주합니다. 그래서 생활 속의 연습과 훈련 즉 일상적 수행을 중시해요. 모든 감정의 드러남 자체도 인과의 한 단편이기 때문에 욕망의 감정이 충만한 것은 과거의 다 그럴 만한 이유가 있었던 것이죠. 그래서 지금이라도 욕망의 감정으로부터 벗어나려면 조금씩 생활 습관을 고쳐 나감으로써 미래의 나를 새롭게 결정 지우는 것입니다.

미학

감성과 기억이
예술을 낳았다

심재관 저는 최근에 불교와 예술의 관계에 대해서 생각하고 있어
요. 다소 회의적인 생각에서 비롯된 것인데, 기본적으로 불교
미학이 성립할 수 있는지에 대한 의문이 들기 시작했습니다. 불
교 미술이 단지 종교적 체험의 표현이거나 또는 그것을 고취하
기 위한 것으로 본다면, 그것은 장식적 수단에 지나지 않는 것
이니까요. 개인의 창작 활동의 동기를 뒷받침할 만한 토대가 과
연 불교 속에 있을까 생각해 보곤 합니다. 예술가 개개인의 창
작은 매우 개별적이고 임의의 심리적 충동에 의해 시작되는 경
우가 많은데, 예술 활동 자체를 과연 불교가 인정하고 장려할
만한 무엇인가로 보고 있는가 하는 점이지요.

최종덕 그건 예술 자체보다 예술의 근거에 대한 질문이군요. 앞서
이야기한 내용 중에서 불교가 감정을 어떻게 보고 있는가를 논

한 적이 있었죠.

심재관 불교에서 보는 인간은 간단합니다. 그냥 오온의 덩어리일
뿐이에요. 물질적이고 경험적인 차원의 느낌, 감정, 판단, 의식
등의 다발이 뭉쳐 있는 것에 지나지 않으며, 결국 그것들이 씨
앗이 되어 번뇌의 그물 속에서 헤매고 있다는 이야기지요. 예
술적 대상이나 인식, 그에 대한 판단 모두가 사실은 어떤 번뇌
로 귀착된다고 볼 수 있기 때문에 그것으로 인해 근본적인 고
통이 촉발된다고 말할 수 있지요. 부정적인 이해가 대부분이라
고 생각돼요. 결국 인간의 예술적 행위도 근원적으로 번뇌와
고통의 다른 국면에 지나지 않는 것이죠. 그러니까 감정을 전적
으로 부정적으로 보는 불교에서 예술의 가치를 찾아볼 근거가
있는가 묻지 않을 수 없는 거죠. 그런데 생각해 보면 세상의 모
든 것은 오온과 그 대상들로 환원되기 때문에 미술이나 건축,
음악, 연극 같은 모든 인간의 활동들이 불교의 관점에서 보자
면 매우 보잘 것 없는 것들로 축소되어 버리거든요.

최종덕 아니, 그렇지만 불교의 역사 속에는 수많은 미술품과 건축
물이 있었잖아요. 아잔타Ajanta, 인도의 대표적인 고대 불교석굴사원 석굴
이나 보로부두르Borobudur, 인도네시아 자바섬 중부 요그야카르타 북쪽에 있
는 불교유적 건축물 같은 것도 있고, 우리나라의 석굴암이나 고려
불화 같은 걸작들도 모두 어떤 불교적 영감 속에서 등장한 문
화유산들이잖아요?

심재관 말씀하신 대로 그것들이 '불교적 영감' 속에서 등장했기

때문에 불교 미술이나 불교 건축이라고 부를 수는 있겠지요. 그렇지만 정작 그런 유산들은 실제적으로 불교 승려들이 자신들의 종교적 목적에서 탄생시켰다기보다는, 왕이나 귀족들이 불교의 영향을 받아 제작한 것이고 자신들의 세속적 성취나 영예를 위한 것들이 대부분이라고 보여요. 그런 것이 아니라면 불교의 정신을 드높이기 위한 어떤 수단의 하나쯤으로요. 장엄이라는 그럴 듯한 말을 위해서요. 설사 어떤 승려나 예술가가 불교 회화를 남겼다고 하더라도 그것은 세속적인 복덕이나 미래의 어떤 결과를 얻기 위한 수단에 지나지 않아요.

최종덕 그래도 기존의 불교 미술 사학계나 미학 분야의 연구자들이 제시한 불교 미술론이 있을 거 같은데요?

심재관 제가 아는 바로는 만족할 만한 이론이 아직 출현하지 않고 있어요. 물론 불교 미술사 분야의 연구는 굉장히 방대하죠. 개별 불교 미술이나 미술사에 대한 연구는요. 그렇지만 불교 미학은 매우 희소하다고 봐요. 불교 미학이나 불교 예술론에 대한 연구가 거의 없다시피 해요. 국내에 단편적인 글들이 몇 편 있지만, 기존의 불교 회화나 불교 건축에 대한 예술론조차도 실은 미술품이나 건축물을 결과론적으로 특정 불교 사상에 끼워 맞추는 식이었지요. 외국의 경우도 크게 차이가 없다고 봐요. 외국에서도 선불교나 화엄을 현대 미술 사조에 끼워 넣어 설명하는 정도니까요.

최종덕 불교 조각이나 불교 건축물이 특정 불교 사상에 의해 만

들어졌다면, 그건 좀 전에 얘기한 것처럼 종교적 체험의 표현이
나 종교적 장식의 범주에 들어간다고 볼 수 있지 않나요?

심재관 그렇지요. 그런데 제가 말하는 부분은 그런 차원이 아니
라, 간단히 말하면 조각이나 회화 또는 건축 자체를 과연 불교
에서 어떻게 평가할 수 있을까 하는 문제예요. 더 나아가서 저
는 종교적 이념이나 감성의 표현 자체, 예술 활동 자체를 불교
가 과연 어떤 차원에서 옹호할 수 있을 것인가를 묻고 싶어요.
예술가들의 창작이 불교에서 기피하는 충동과 번뇌의 산물이
라고 가정한다면 말이지요. 미적 감흥이라는 것도 냉정하게 말
해서 충동과 번뇌라고 볼 수 있으니까요. 물론 그것이 불교적
영성의 감화를 통해 만들어졌다고 해도 마찬가지라고 생각해
요. 물론 근대적 의미에서의 예술과 종교 미술을 조금 구분해
서 얘기할 필요가 있지만요. 그렇지만 숭고미와 장엄미를 추구
한다고 해서 그 결과가 불교적인 맥락에서 의미 있다고 얘기할
수 있을까요?

최종덕 예술의 창작이 예술가 개인의 마음에 종국에는 평화를 가
져온다면, 오히려 그건 장려해야 할 것이 아닌가요?

심재관 허를 찌르는 말씀이에요. 창작 행위도 하나의 수행으로 생
각할 수 있겠어요. 수행자들이 다양한 수행 방법을 통해서 종
교적 이상理想에 다가가듯이 예술가도 창작 활동을 통해서 종
교적 이상에 다가갈 수 있다는 얘기네요. 음, 그런데 예술가는
그 창작물의 완성도를 높이고자 하지 실제로 예술가 자신을

완성하고자 하는 경우는 거의 없거든요. 선생님처럼 그렇게 비유적으로 말씀하실 수도 있겠지만, 사실 불교 사상이나 교리 자체에서 그러한 예술적 감성의 고양高揚이나 발전을 장려하지는 않아요. 불교 교리 자체가 예술을 생산해 낼 수 있는 기반을 마련하지 못한다는 말이죠. 불교 교리적인 틀 안에서 예술론이 나오기가 기본적으로 쉽지 않다고 생각해요. 불교가 오랜동안 인간의 감정과 사고를 다스리는 데 일차적으로 초점이 맞춰져 있다 보니까, 예술을 통해서 우리가 표현하고자 하는 것 혹은 예술을 통해서 우리가 느끼고자 하는 것은 인간의 애욕, 분노, 기쁨 등과 같은 희노애락의 감정 곡선인데, 불교가 추구하는 평정심의 지향과는 맞지 않아요. 더 간단히 말하면, 불교에서는 '미美'라는 것을 어떻게 보는가 또는 볼 가능성이 있는가 하는 문제예요.

최종덕 그럼, 다른 예를 들어 볼게요. 3만 5천 년 전 구석기인이 그린 프랑스 남부 지역 쇼베 동굴의 동굴 벽화를 떠올려 보세요. 그 동굴 벽화 대부분은 사냥감 혹은 무서운 동물들 등 일상생활에 관련한 것을 표현한 것들이에요. 그러니까 예술을 너무 거창하게 생각하지 말자는 거죠. 자연을 모방하는 것에서도 예술이 시작하지 않나요?

심재관 당연히 그렇죠. 제 얘기는 불교에서 그런 것을 해석할 수 있는 어떤 교리적 근거가 있어야 하는데, 그렇지 못하다는 말입니다. 불교 안에는 감성을 적극적으로 설명하는 것도 없지만 감정의 기복을 표현하는 것 자체를 무시할 정도니까요.

최종덕 그럼, 타종교에는 있나요?

심재관 다른 종교에 구체적으로 어떻게 있는지는 모르겠지만, 다른 종교들도 대부분은 경전 내에서 당대에 존재했던 인간의 예술 행위에 대해서 각별히 규정한 내용이 없었던 것으로 알아요. 유대-기독교 전통 속에서 인간은 단지 신의 형상대로 빚어진 존재이기 때문에 당연히 인간이 신으로부터 부여받은 창작 소질을 발휘하는 것이 자연스러운 일이었을 테고요. 굳이 특정한 인간적 감성이나 신비 체험, 미적 감흥을 억누르거나 자제할 필요는 없었을 테니까요. 그런 점은 형제 종교인 이슬람도 마찬가지라고 생각해요.

최종덕 그렇지만 이슬람은 극단적으로 형상 미술을 배격하고 있지 않나요?

심재관 그것은 인간의 예술적 소질이나 창작 능력을 간과해서가 아니라, 이슬람 초기부터 나타나는 형상 미술에 대한 거부감 때문이죠. 《코란 *Qu'ran*》에 나타나는 것처럼 창작물에 생명력을 불어넣을 수 있는 이는 인간인 예술가가 아니라 알라 뿐이라고 보는 거죠. 그런 점에서는 이슬람이 유대-기독교 전통과는 약간 다른 태도를 보이지 않나 싶어요.

최종덕 그래서 이슬람 국가에 가면 인물 조각이나 회화가 거의 없는 거로군요.

심재관 전무하다고는 할 수 없지만, 거의 없다고 봐야죠. 그리고 형상 미술뿐만 아니라 음악에 대한 거부감도 사실 좀 심해요.

최종덕 그래요? 아니, 제가 방문한 동남아의 이슬람인들은 전혀 그런 모습이 없었는데요? 그런데 이슬람에서도 춤 같은 것이 허용되지 않나요? 터키 지방의 무슬림들을 보니까 홀에서 음악에 맞추어 빙글빙글 원무를 추는 것을 본 적이 있어요.

심재관 파크르faqir라고 하거든요, 그 수행자들을. 또는 수피라고도 부르는데, 이슬람 신비주의를 대표하죠. 흰 옷을 입고 고깔같이 높은 원뿔 모자를 쓰고 음악에 따라 빙글빙글 돌잖아요. 신과의 합일을 보여 주는 황홀경과 망아忘我의 모습이 멋지게 표현되고 있어요. 신에 대한 명상을 하면서 음악에 맞추어 춤을 추며 신과의 합일을 꾀하는 것이죠. 이걸 사마sama라고 하는데, 춤을 도입한 사람은 잘랄레딘 루미Jalalledin Rumi라고 중세 이슬람의 신비주의 사상가이자 시인이었죠. 제가 대학생 때 신비주의에 골몰했던 이유 하나가 이 사람 때문인데, 처음에 루돌프 오토Rudolf Otto를 통해서 이 사람의 시를 읽고 깜짝 놀란 적이 있어요. 굉장히 멋진 시였거든요.

　지금도 터키 등지에서 이 전통이 무형 유산으로 잘 보존되고 있지만, 어쨌든 이슬람 내에서도 음악이나 춤에 대한 관용도는 나라에 따라서 차이가 있을 거라고 봐요. 파키스탄 대학에 교무원으로 근무했던 제 파키스탄 친구가 있었는데, 대학 내에 음악 방송을 허용하자는 주장을 했다가 집으로 가는 길에 몽둥이찜질 테러를 당했다고 하더라고요. 이들에게 음악이란《코란》을 낭송하는 것이나 아잔Azan같이 기도 시간을 알리는 외침 같은 것이죠.

최종덕 살벌하네요. 한국에서는 극히 상식적인 일인데, 나라나 사회 분위기에 따라 예술을 바라보는 수준이 매우 다르군요.

심재관 네, 이슬람 종교 속에서 음악을 허용할 것인가 하는 문제도 인간 감정에 대한 조절이 종교적으로 필요하다거나, 이슬람만의 특별한 인간관 때문에 그런 것이 아니라, 미술과 마찬가지로 초기 이슬람의 지도자들이 단지 음악의 기능을 염려해서 제한했던 것으로 보입니다. 음악이 수반하는 쾌락과 사치, 그리고 춤, 여자, 술 이런 것들이 걱정이 된 것이지요. 음악은 이슬람보다 오래되었으니까요. 종교 집단 내에서 이것의 활용을 제한할 필요 때문이었다고 봅니다. 종교적 경건성을 유지하기 위한 규범 정도였을 거라고 생각해요.

최종덕 그에 비해서 불교는 교리적으로나 전통 수행 속에서 인간의 감정의 기복을 조절하는 것이 필요했고, 이 때문에 불교 내부적으로 예술론이나 인간 감정의 문제를 구체적으로 다루는 일들이 어려울 수 있다, 이 말이군요?

심재관 맞습니다. 불교는 인간의 사소한 감정 상태나 미적 취향 등을 다듬어서 안정시키는 것을 일차적인 수행 목적으로 두고 있기 때문에 예술적 감흥과 미감에 대한 평가가 근본적으로 위축될 수밖에 없다고 생각해요. 다른 종교보다도 불교는 인간의 감정과 심성에 대한 통제를 수행의 근본으로 삼고 있으니까요. 인도 종교들을 제외하면 다른 종교들은 이렇게 구체화된 인간 감정의 조절과 이해가 종교 수행의 중심에 놓여 있지 않다고 생각되거든요.

최종덕 그럼, 인도의 석굴 사원이나 혹은 한국에 전승된 탱화幀畵나 단청丹靑은 뭔가요?

심재관 그런 유산들이 그것을 만든 사람들이 불교에 영향을 받아서 만든 것이기는 하지만, 본질적으로는 불교의 사상적 본질과는 가까이 근접한 것이라고는 보지 않아요. 다만, 불교에 감화를 받아 교단과 승려들을 위해 제작했다고 할 수 있지만, 그것은 창작자 자신이 어떤 복을 쌓기 위한 것이거나 종교적인 사업을 벌여 왕이나 귀족 자신의 권위를 세우기 위한 것으로 볼 수도 있어요. 한국의 탱화나 단청은 조선 중기 이후에나 발달된 미술 장르인데 불교 사원을 장엄하게 치장하는 일들이 사실은 인도의 초기 불교 교리와 거의 무관하다고 볼 수 있어요. 동남아시아의 사원 지붕이나 스투파석가모니의 사리나 유골을 모시거나 특별한 영지靈地를 나타내기 위해, 또는 그 덕을 기리기 위해 세운 건축물들을 금으로 장식하는 것도 마찬가지고요.

최종덕 눈에 보이는 모순이군요. 붓다 혹은 원시 불교는 그런 겉보기 행위를 하지 말라고 했지만 후대 사람들은 붓다를 기린다는 명분으로 온갖 치장을 해대니까요. 그러나 그 결과는 예술이라는 이름으로 칭송받고 있잖아요. 후대 사람들은 반드시 그렇게 치장해야만 숭배를 잘하는 것으로 생각하니까요.

심재관 개인 감정이나 집단 감정이나, 감정은 은폐될 수 없어요. 아니면 감정을 은폐하고 있으면 반드시 어떤 방향으로든 비집고 나오는 것 같아요. 예를 들어서, 이슬람 예술을 보죠. 이슬람에서는 아시다시피 모스크이슬람교의 예배당 안에 일체의 신상이 없죠. 형상 미술에 대한 거부가 이슬람 종교에서 지배적이니까요. 우상이나 형상을 만들지 않기 때문에 조상이나 성인에 대해 그림을 그리거나 조각을 하는 등 일체의 예술적 전통이 없어요. 그러나 그들의 표현 욕구가 사라진 것은 아니죠. 그들의 감성 욕구는 그 대신 서예 혹은 건축을 장식하는 매우 뛰어난 기하학적 문양이나 독특한 건축 기법으로 나타나요. 또한 시각 문화 대신 청각 문화가 발달합니다. 예를 들어, 그들은 모스크에서 《코란》을 읽고 주로 암송하죠. 과거에는 앰프나 스피커가 없었잖아요. 지금도 사용하지 않는 곳이 꽤 많고요. 모스크에서 예배를 인도하는 사람을 이맘Imam이라고 하는데, 그가 《코란》을 암송하거나 설명을 하는 소리가 회랑을 타고 흘러서 모스크 내부의 멀리 있는 사람에게까지 들리는 아주 특수한 건축 기술을 갖추고 있죠. 인도나 파키스탄 모스크에서 이런 경험을 여러 번 했어요. 사람의 목소리가 천정을 따라 그 진동이 특정한 모스크의 구석까지 전해지더라고요. 청각을 위한 음향 장치가 고도로 발달한 건축 기법이죠.

최종덕 음성학적 그리고 음향학적 건축 예술에 해당하는군요.

심재관 그런 것이죠. 감각의 한 쪽을 막아 놓으면 다른 쪽에서 물길이 터지죠. 문명의 예술 형태도 마찬가지인 것 같아요. 초기 힌두 문명도 마찬가지라고 생각하는데, 불교가 등장하기 이전에 이들에게는 특별히 신상神像을 조각하거나 그리던 전통이 거의 존재하지 않았어요. 대신 어마어마할 정도의 음성 중심 문명이 펼쳐졌던 거지요.

최종덕 재미있는 이야기네요. 감성은 어떤 방식으로든 표현된다는 말이군요. 감성 표현을 막을 수 없다는 말을 하신 것이죠. 그런데 밀교密敎는 뭐죠? 밀교에서는 적극적인 감정 표현을 시도하잖아요?

심재관 불교는 감정에 관한 활용이 거의 없었지만 불교 밀교에서는 좀 상황이 다르죠. 밀교는 탄트리즘Tantrism이라고도 하는데, 불교뿐만 아니라 힌두교 안에도 있었던 어떤 종교 경향이나 가르침이라고 봐요. 밀교라는 부르는 것은 '공식적'이고 '공개된' 가르침이 아니라 그것과는 다른, 그렇게 공식적으로 일반인이나 평범한 수행자에게 공개 되어서는 안 되는 '은밀'하고 '비밀스런' 가르침이 종교 내부에 계속 존속해 왔던 것이지요. 밀교와는 다른, 공식적인 가르침에서는 대체로 인간적 감수성들이 자제되거나 조절되었던 것이 당연하지요. 당시 힌두 탄트리즘이나 자이나교 혹은 불교 안의 탄트리즘 경향이 나타나기 이전까지는 감각이나 감정을 활용한 수행법 같은 활용이 거의 없었어요. 물론 남방 상좌부 교단에서도 의식을 집중하기 위해 벽에다 특정한 색깔의 원판을 사용하거나 인간의 해골을 통해 무상관無常觀을 훈련하기도 했지만, 그것은 감정이나 감각의 통제를 위해 사용했던 도구들이었지요. 그렇지만 탄트리즘이 등장하면서 섹스, 고기, 술 등 그동안 승려나 수행자들에게 금지돼 왔던 세속적인 감성적 요소들을 적극적으로 수행에 끌어들이죠. 감각이 더 이상 제어하고 통제해야 하는 것이 아니었어요. 그러니까 당연히 이 밀교 수행법은 아무에게나 전수되던 것이 아니고, 특별히 선발된 제자에게 별도의 입문식을 따로 하고 스승이 따로 전승했던 것이죠. 위험하기도 했을 테니까요. 한마디로 수행자 집단 속에서도 특수반이 있었던 거예요.

최종덕 그러니까 탄트리즘도 불교인가요?

심재관 네, 불교예요. 탄트리즘은 불교 탄트리즘도 있고 힌두 탄트리즘도 있고 자이나 탄트리즘도 있어요. 다 다르지만 비슷한 탄트리즘의 경향을 갖고 있어요. 인도에서는 대략 6~7세기경부터 그런 경향이 폭발적으로 증가해요. 남아시아 중세적인 특징 가운데 하나입니다.

최종덕 그런데 그런 전통이 지금은 왜 없어졌죠? 최소한 한국의 불교에선 없잖아요.

심재관 역사적으로 고려 시대까지 탄트리즘 일부가 들어오긴 했지만 그렇게 넓게 퍼지진 않았어요. 밀교 경향은 여러 가지로 나타나는데, 샤머니즘이나 점성술 같은 요소가 불교와 결합된 형태가 고려 시대에 한때 있었죠. 그런데 중국이나 특히 일본 같은 경우는 밀교적인 전통이 굉장히 강하죠. 한국에서도 불교에서 하는 예배 의식 같은 다양한 의례 안에 탄트리즘의 영향이 부분적으로 들어가 있어요. 힌두교의 의례가 탄트리즘 영향을 타고 불교에 들어온 흔적들이 있어요.

최종덕 탄트리즘 이야기는 매우 흥미로워요. 탄트리즘을 우리가 거부해야 할 이유는 없다고 생각합니다. 미학적 관점에서 그렇다는 거지요. 탄트리즘에서는 구도의 방편으로 감성을 활용하는데, 저도 이와 비슷한 이야기를 하나 하고 싶어요. 불교 예술론을 논증하기 위해 빙 돌아가는 이야기를 해도 될까요? 감성에 관한 이야기죠.

심재관 앞서 논의한 감정의 이야기와 연결될 듯하군요.

최종덕 감성이 무엇인지를 묻기 위해 이야기 하나를 만들어 보겠습니다. 예를 들어서, 내가 지금 담배를 끊어야겠다고 생각을 한다고 합시다. 담배를 끊어야 하는 이유를 이성적으로 나열하겠죠. 현대인은 각종 객관적 매체를 통해 이에 대한 정보를 많이 갖고 있어요. 우선 건강에 해롭다, 수명도 상당히 단축된다, 담배 한 대 피면 일시적인 심리 안정은 되지만 역시 악순환이 된다, 주변 사람들에게 간접흡연으로 인한 나쁜 영향을 미친다 등등 이런 합리적이고 논리적인 근거를 쭉 나열합니다. 그렇지만 그런 것은 이성적 이유일 뿐이고, 실제로 담배를 끊겠다는 행위는 감성적 결단이 필요합니다. '끊어야지'라고 하는 감성적 결단이 있지 않으면 논리적으로 구성해 놓은 이유들을 실천으로 옮기지 못하죠.

심재관 불교의 수행법을 빗대어 이야기하시는 것 같군요. 불교 수
행도 마찬가지라고 생각해요.

최종덕 그래요. 꼭 불교 수행이 아니더라도 금연 결심처럼 일상생
활에서 결심을 많이 하잖아요. 새해 첫날에는 이 세상에 결심
투성이죠. '토익 학원에 가서 하루에 5시간씩 공부해야겠다',
'운동하러 헬스장에 빠지지 않고 다녀야겠다', '매일 아침 6시
에 일어난다' 등등 수도 없이 많은 결심을 하지만 저만 보더라
도 실제로 실천을 이루는 것은 별로 없다는 말이죠.

심재관 그럴 때마다 핑계를 대죠. 자기 자신에 대한 합리화를 만
드는 거예요. 실은 단순히 귀찮아서 하기 싫은 것 뿐이죠.

최종덕 맞아요. 우리 모두 그런 핑계를 잘도 만들어요. 그 핑계란
결국 이성적으로 만든 결심의 이유에 대해 이성적으로 결심
을 포기할 이유를 다시 들이대는 것입니다. 잘 보면 이 핑계에
는 결단의 감성이 들어온 적이 한 번도 없어요. 앞에서도 말했
듯이 우리들 대부분은 감성 연습이 제대로 되어 있지를 않아
서 이런 문제가 생긴다고 봅니다. 마음의 각오를 행동으로까지
옮기는 것은 결국 감성의 차지입니다. 감성에는 두 가지 차원이
있다고 봐요. 하나는 불교에서 말하듯 평정심에 방해가 되는
그런 감정들의 다발이에요. 우리는 그런 감정으로 인해 갈등도
하고, 애증도 느끼고, 마음의 상처도 받는 그런 희노애락을 경

험하죠. 다른 하나는 감정을 조절하거나 감정을 활용하고 감정을 멀리서 관조할 수 있는 마음의 상태입니다. 이건 앞서 말한 것과 다른 차원의 감성이며, 제가 감성이라는 용어를 사용할 땐 대부분 이런 두 번째 의미의 감성을 염두에 두었어요.

심재관 불교에서 욕망과 서원을 구분하는 구조와 비슷하군요.

최종덕 네, 그래요. 그리고 서원과 욕구는 외형적인 측면에서 비슷해 보여요. '배고파서 저 밥을 먹어야지' '추워서 따뜻한 옷을 입어야지'를 욕구라고 하는 반면, '저 수행은 힘들지만 이뤄 내야지'라고 하는 것은 서원에 해당할 거예요. 일종의 정정진正精進, 팔정도의 하나. 일심 노력하여 아직 나지 않은 악을 나지 못하게 하고, 나지 않은 선을 나게 하는 일이죠. 그 둘은 내용은 다르지만 감성의 양식은 같다고 보는 거예요. 그런데 불교는 감정의 다발로써의 욕망을 떨쳐 버리려는 과정에서 서원의 감성이 갖는 미학적 의미를 같이 버리는 것이 아닌지 잘 살펴봐야 합니다.

심재관 결국 불교에서도 미학을 구제할 수 있다는 설명을 하신 거군요. 욕망의 감정 다발과 서원의 감성을 주체적으로 구분한다면 불교 미학의 이론적 근거를 확보할 수 있다는 말이군요.

최종덕 욕망과 싸우고 벗어나려는 욕망은 종교의 영원한 숙제일 것입니다. 물론 불교의 정정진은 그런 유의 욕망이 아니라는 것을 저도 알고 있습니다만, 결국 저는 불교와 불교 미학은 모순되지 않으며 불교 미학의 근거는 충분하다고 생각합니다. 물론 초월적 신의 존재를 설정한 기독교나 힌두교와 달리 분명히 존재한다고 믿는 대상을 상상력을 통해 조각이나 회화로 표현하는 그런 예술론은 아니지만요.

심재관 저는 선생님처럼 욕망을 그렇게 나누고 싶지는 않고요. 어쨌든 세속적인 욕망이나 미적 감흥들에 대한 적극적인 수용과 해석이 뒤따라야 불교 예술론이 가능하다고 생각해요. 구체적으로 잡히는 개념이 들지 않았지만 최 선생님의 이야기는 충분히 타당할 수 있다고 생각합니다.

최종덕 교리와 미학의 관계를 다른 관점에서 볼 수 있을 거예요. 교리와 미적 소산물을 본체와 방편의 관계로 이해하면 어떨까요?

심재관 불교 미술을 방편으로만 생각해도 괜찮다는 뜻이군요.

최종덕 다 아시는군요. 그래도 차근차근 이야기 나눠 보기로 하죠. 미학의 근거를 따지기 전에 후대에 들어와서 불교 관련 예술 유적들이 많이 생겼잖아요. 아까 말한 탱화나 조각, 탑이나 불상 등의 불교문화의 예술적 유산에 대해서는 어떻게 보시나요?

심재관 대승 불교가 시작되면서 예술 관련 작품들이 등장하죠. 불교 내부에서 제작된 것도 있을 것이고 일반 신자들로부터 만들어진 것도 있을 거예요.

최종덕 불교의 교리적 측면과 무관하게 불교의 외양은 좀 더 화려해지고 웅장해졌잖아요. 붓다 생전의 말씀들은 체계화된 도그마로 정착되어 갔지만 동시에 생생한 목소리는 사라졌고요. 붓다를 기리고 널리 전파한다는 명분으로 종교 의례는 권위적으로 되고, 법당은 거창해지고 탑과 불상에는 금박이 입혀지는 등 오히려 화려해진 거죠. 그리고 우리는 그러한 화려함을 예술이라는 이름으로 부르게 되었죠.

심재관 그래요. 종교 집단에서 종교 의례, 종교 축제 또는 종교 양식들이 예술 행위와 연결되어 나타나기 시작했죠. 인도 불교 내에도 처음과 달리 후반에 많은 예술적 건축물이나 조각으로 나타나게 되죠.

최종덕 잘 아시지만 우리말에 이판사판이 있잖아요.

심재관 네, 원래 불교 용어죠. 불교 교리의 본체를 끌어가는 집단이 이판이고, 방편과 안내를 맡은 집단을 사판이라고 볼 수 있죠.

최종덕 그래요. 이판과 사판은 함께 해야만 그 판을 제대로 끌고 나갈 수 있을 거예요. 불교 교리와 불교 미학의 관계도 아마 이판과 사판의 상호 관계로 이해하면 되지 않을까요? 불교에서 감성의 문제, 넓게 예술의 문제, 미학의 문제도 그런 이중적인 문제를 안고 있을 뿐이지. 꼭 근거가 없다고 할 필요는 없지 않느냐는 거죠.

심재관 그렇죠. 저 개인적으로는 불교 미술에 대한 방편론적 이해가 훨씬 더 설득력이 있다고 봐요.

최종덕 불교의 후손들이 그런 식으로라도 불교 미학에 대한 기반을 마련해야 된다는 것이죠. 그것은 아마 불교 전문가들의 몫이 아닐까요?

심재관 최 선생님은 미학의 근거론으로 두 가지를 제시하셨어요. 하나는 욕망과 서원의 관계처럼 보듯 서원의 차원에서, 즉 서원의 감성 차원에서 미학적 근거를 찾을 수 있다는 가능성과, 다른 하나는 교리 내부에서 직접적인 근거를 찾기보다는 미학적 행위를 교리를 실현시키는 수단, 즉 하나의 방편으로 보면 되지 않겠냐는 제안이었죠. 저는 후자에 더 관심이 있어요.

최종덕 저보다 정리를 더 잘해 주셨군요.

심재관 그런데 서원의 감성 차원에서 미학의 근거를 댄다는 것은 논리적으로 맞는 말이기는 하지만 현실적으로 약간의 문제가 있다고 봐요. 예술적인 소재로써 감성은 아주 일상적인 현실 세계에서 서로 교감이 이루어진다고 생각해요. 예술 작품이 대중과 공감대를 이루려면 아주 대중적인 것이 소재가 되어야 한다는 뜻이죠. 그런데 서원의 감성일 경우, 깨닫는 사람들끼리만 통하는 감성이라서 일반 대중들이 끼어들기 어려울 수가 있어요. 예를 들어, 어떤 시인이 쓴 시 안에 아버지로부터 매를 맞고 어두운 밤중에 대문 밖에 처량하게 앉아서 별을 헤아리는 모습이 담겨져 있다고 쳐요. 이런 모습은 아주 통속적이라서 누구나 이해할 수 있는 감정의 묘사죠. 그만큼 많은 사람들이 그 시에 쉽게 다가갈 수 있을 거예요. 이런 감정을 어렸을 적에 대부분 느껴 보았기 때문에 많은 사람들이 '나도 어렸을 때 그랬어'라며 그 시에 공감하죠. 이렇게 공감 형성이 클수록 좋은 예술 작품이 된다고 생각해요. 아버지와의 갈등, 아버지에 대한 분노, 아버지와의 세대 차이 등의 감정 상태를 미학적 감정으로 끄집어내 예술로 승화시킨 것이죠. 그러나 불교는 그런 감정을 타인에게 이입하거나 타인과 공유하지 않고 그냥 덮어 버려요. 그러니 예술적 변신이 어렵죠. 물론 최 선생님은 여기서 서원 차원의 감성을 도입하면 된다고 하셨죠. 맞아요, 충분히 가능합니다. 그러나 서원 차원의 감성을 유지하는 사람들은 아주 소수라고 생각해요. 그러면 소수만의 예술만이 가능하겠죠. 그 점이 문제예요.

최종덕 서원 차원의 감성으로써 미학이 소수의 예술만 생산한다는 말을 이해하겠습니다.

심재관 좋은 시인 혹은 좋은 소설가는 그러한 감정들을 잘 보관하다가 적절하게 문학적 감성으로 변신시키는 능력을 갖고 있죠. 그런데 불교에서는 그런 감정들을 보관하지 말고 빨리 버려야 한다고 말하니까요. 거기서 불교와 미학이 충돌된다고 앞서 제가 말한 거예요.

최종덕 그래서 불교 미학이 어려워지는 것이군요. 인간의 감성을 솔직하게 다룰 수 없는 원천적인 한계잖아요.

심재관 그렇죠. 집단이나 공동체처럼 사회에 대한 배려된 감정도 마찬가지라고 생각해요. 또한 개인적인 차원에서 인간의 기본적인 욕구, 욕망 등의 감정 상태에 대한 배려가 부족할 수 있죠.

최종덕 제가 말했던 서원 차원의 감성으로 문제가 해결되는 것은 아니군요. 인간은 고통의 원인을 직시하고, 또한 직시해야만 고통으로부터 벗어날 수 있다는 것이 불교의 핵심이잖아요. 이런 불교의 핵심과 미학은 여전히 만날 수 없다는 뜻이군요.

심재관 일반적으로 예술 작품들의 중심에는 인간적인 고통이 있거든요. 비극과 슬픔, 운명과 거부할 수 없는 삶의 굴레 등 그런 고통들이 예술의 원형을 이룬다고 봅니다. 그런데 불교는 그런 고통을 최대한 벗어나려고 해요.

최종덕 우리 이야기, 미학의 근거론이 원점으로 다시 돌아간 듯해요. 저는 예술의 뿌리를 굳이 불교의 수행론에 두거나 거기에 맞출 필요가 없다는 입장입니다. 불교를 좀 더 다양하게 보자는 거예요. 불교와 관련된 모든 미적 양식들을 불교의 핵심 논리에 맞추어 판단하고 해결하지 말자는 제안입니다. 감정 다발을 떨쳐 버려야 한다는 불교의 기본 틀을 충분히 인정해요. 그런데 그 감정들을 표현하는 미적 행위들은 불교가 이루려 하는 깨달음으로 가는 방편으로 간주되어 왔잖아요?

심재관 불교의 외형이 장엄해지는 것도 사실은 한 방편이라고 설명을 하거든요. 저 역시 방편으로써 예술을 충분히 인정하죠.

불교 건축, 불상 그리고 불화들이 점점 더 정교해지고 장엄해지는 것을 방편으로 인정하고 부정하지 않아요. 그런데 불교에서는 교리뿐만 아니라 교리 이외의 예술적 표현도 다 방편으로 환원해 버리려는 경향이 있어요. 그런 관점에서는 어떤 주장도 하기 힘들죠. 불교가 미술을 어떻게 취급하느냐가 문제가 아니라 불교가 인간의 미적 감각을 어떻게 인식하고 있었는가가 중요한 거죠.

최종덕 대중들이 공감할 수 있는 인간의 기본 감정에 기초한 미학적 의미를 저도 동감합니다.

심재관 기독교하고 굳이 비교해서 말할 수 있다면, 성당이나 교회에 들어가면 그 전면에 십자가에 못 박히신 예수님을 만나게 됩니다. 그 모습 자체가 가장 인간적인 외침의 울림이고 가장 공감의 터치를 주죠. 지금 나는 고민이 많고 고통도 많지만, 고통의 최고 상징인 못에 박힌 예수님을 보고 더 없는 위안을 받게 됩니다. 고통을 느껴 본 사람끼리 통하는 묘한 공감대라고 할 수 있어요. 인간적인 위안을 얻는 거죠. 나만 고민하고 스트레스에 시달리면서 고통 받고 있는 줄 알았는데 저 위대하신 분은 나보다 더한 고통을 받았구나 하는 심리적 동질감이요. 그런 느낌 이상으로 직감적인 것이 없을지도 몰라요. 그런 모습에서 기독교가 인간의 열정Passion을 어떻게 인식하고 있는가를 저는 느끼거든요. 예수님의 생전 모습을 봐도 그렇고요. 예루살렘의 성전이 장사치들로 가득 찬 것에 분노해서 거길 뒤엎잖아요. 만일 도박판이 돼 버린 사찰을 부처님이 지금 보시면 그렇게 분노해서 뒤엎으셨을까요?

최종덕 그런 동질감이 바로 기독교 선교의 기초가 되고 있으면서 동시에 기독교 미학의 근거가 되고 있다는 말이군요. 심 선생님 설명은 설득력이 있어요. 그런데 불교는 그렇지 않다는 말이군요.

심재관 네, 미술에 의한 표현이나 소통 방식의 차이를 두고 말하자면 그렇다는 거죠. 공감력은 인간적 감수성을 전제로 하니까요. 불교 법당에 들어가면 완벽하게 자비로운 미소를 띤 부처님의 모습을 만나게 돼요. 나는 지금 힘들어서 웃을 일이 없는데 저 분은 얼마나 편하시면 저런 미소가 나올 수 있을까라는 속마음이 발동합니다. 일종의 심리적 위화감이 들겠죠. 현재의 내 입장에서는 저 분을 도저히 따라갈 수 없을 것 같은 느낌의 하나죠. 간단히 말해서 동질감이 들지 않는다는 말입니다. 물론 이런 이야기는 표현 방식의 문제이기는 하지만요. 반복해서 제가 계속 말한 것이지만, 불교는 오랜 역사 동안 인간의 정서와 정신적인 상태를 매우 치밀하게 탐색한 종교지만, 인간의 미적 감각이나 감성, 또는 그것의 표현에 대해서는 유달리 침묵하고 있다는 이야기지요. 아니면 하나의 방편으로 치부해 버리거나요. 그래서 저는 차라리 불교 예술론의 토대를 탄트라 쪽으로 가져가면 어떨까 하는 생각을 하고 있어요. 기존 불교의 교리와 수행과는 역전된 상태라고 생각할 수 있지만 적어도 인간의 감정과 의례, 상징물, 이런 것들이 불교의 종교적 목적 속에서 어떤 의미를 갖는지 분명하게 보여 주고 있다고 생각해요.

최종덕 그 얘기를 좀 더 해 보죠. 탄트라_{tantra, 힌두교·불교·자이나교 등에}서 행해지는 밀교 수행법, 또는 밀교 수행법을 담은 경전, 밀교라는 것이 정말 인간적 감정에 대해 적극적이었나요? 아까 밀교를 얘기할 때, 그동안 불교 수행에서 금기시하던 것들을 다시 수행 속으로 끌어들였다고 했잖아요. 인간적 감성을 끌어들였다는 것이 무슨 말이에요?

심재관 탄트라의 특징을 무엇이라고 정확히 말하기는 힘들어요. 워낙 탄트라 내에도 다양한 경향이 보이기 때문에 좀 더 느슨한 몇몇 가지의 특성을 얘기할 수 있을 뿐이지요. 먼저 제가 이 분야의 전문가도 아니라는 것을 먼저 말씀드리는 것이 좋을 듯해요. 뿐만 아니라 국내에서 이 연구는 극히 제한되어 있어요. 특히 힌두 탄트리즘의 경우는 거의 전무하다고 해도 될 만큼 희소하지요. 이런 상황은 해외의 경우도 마찬가지지만, 신뢰할 만한 학자들의 평에 따르면, 아마 지금까지 연구된 탄트라 문헌은 수백 분의 일에도 미치지 못했다고 하더라고요. 그렇지만, 현재까지의 연구를 통해서 몇 가지 탄트라의 특징을 짚어 내기도 합니다.

그 가운데 하나가 인간의 몸, 신체에 대한 새로운 시선이에요. 불교 초기부터 상좌 불교와 대승 불교의 전통 속에서 인간의 신체에 대한 평가는 거의 부정적이었거든요. 초기에는 신체의 땀과 고름, 가래, 피를 관상하거나 죽은 사람의 육체를 떠올리는 방법을 통해 신체에 대한 집착을 덜어내려고 했어요. 후대의 대승 불교에서도 육체에 대한 관점은 마찬가지였거든요. 그런데 탄트라에서 이러한 관점들은 역전돼요. 깨달음의 기쁨도 육체를 통해서만이 가능하다고 생각했기 때문에, 요가와 같이 육체적 수행과 단련이 중요해졌고, 육체 자체의 의미도 중요해졌지요. 인식의 변화를 위해서 육체를 단련한 것은 기존의 불교 경향과는 완전히 달라요.

육체뿐만 아니라 감정 자체에 대한 것도 적극적으로 수용되었거든요. 예를 들면, 보통 현교적 전통이라고 하는 기존의 불교 전통에서는, 분노를 불교인들이 제거해야 할 마음의 독毒으로 많이 이야기해 왔어요. 그러나 탄트라에서는 분노를 하나의 신격으로 상징화해서 그것을 깨달은 자의 속성 중 하나로 받아들이는 경향이 있어요. 가끔 티베트 불교의 탕카than-ka들을 보면 가끔 화를 내고 있는 무시무시한 신상들이 만다라 속에 그려져 있는데, 그것은 분노 자체를 형상화한 것이에요. 산스크리트어로 끄로다krodha라고 불러요, 분노를.

최종덕 분노라는 감정을 깨달은 자의 속성 가운데 하나로 보았다고요?

심재관 왜 그렇게 이야기했는지는 잘 모르겠어요. 여래의 속성으로요. 분명한 것은 이것이 대승 불교나 소승 불교 등에서 이야기하던 분노의 관념과는 완전히 뒤바뀌었다는 거예요. 이전 전승 속에서 부정적으로 묘사되던 감정들이 탄트리즘 내에서는 적극적이고 긍정적인 평가를 받게 되거든요. '분노'가 과거 전승에서는 하나의 '독'으로 취급되어 왔는데, 탄트리즘 속에서는 어떤 장애를 깨부수는 긍정적인 속성으로 평가받고 있으니까요. 마치 '독'이라는 것이 '약'과 동일한 어원을 갖는 것과 같다는 생각이 들어요. 과거의 전통과는 완전히 정반대의 해석을 시도하는 경향이 매우 충격적이에요. 이러한 전복은 섹스의 활용에서 가장 충격적으로 나타나요. 제가 언젠가 요기니 탄트라yoginī tantra에 관한 연구물을 읽은 적이 있는데, 아마 알렉시스 샌더슨Alexis Sanderson의 글이었을 거예요. 샌더슨은 현 세대의 가장 뛰어난 탄트라 학자로 평가받는 사람이에요. 그가 소개한 요기니 탄트라의 수행법 가운데 하나는 이상한 성적性的 의례가 포함되어 있었어요. 그 과정을 보면, 탄트라 수행자가 스승에게 여자를 바치는 과정이 있는데, 그 여자와 성교를 끝낸 스승은 자신의 제자에게 자기의 정액을 건네주고 제자는 그것을 혀로 받아먹어야 하는 절차가 있어요. 뿐만 아니라 자신이 바친 여성의 성기에서 떨어지는 애액愛液도 혀로 받아 삼켜야 하지요. 그리고 말하길, 이런 체액들을 '일체 여래들의 물방울들'이라고 부르거든요. 여래들의 작은 현현이라는 거지요. 그러니까 과거에는 상상도 할 수 없는 가장 금기시되던 욕망이나 행위들이 적극적으로 다시 해석되고 있는 것이죠, 탄트리즘 속에서.

최종덕 이거 굉장히 충격적이군요. 마치 의도적으로 탄트리즘에서 혁명적으로 과거의 수행 방식을 폐기한 듯 보이는데요?

심재관 저도 그렇게 생각해요. 그렇지만 이러한 변화들이 일시적으로 단시간에 이루어졌던 것이 아니고 몇몇 수행자들이 주도했던 실험 같은 것은 아니라고 봐요. 훨씬 더 오래된, 수백 년간의 축적된 수행과 체계로 이루어진 것으로요. 이런 극단적인 사례를 얘기하니, 탄트리즘을 사람들이 상당히 오해할 가능성도 있을 것 같네요. 그걸 연구하는 사람들도 마찬가지고요. 물론 이 경전의 내용들이 상징적인 내용일 뿐일 수 있다는 주장도 있어요. 탄트라 경전은 비유로 가득하거든요.

최종덕 그러니까 당연히 탄트리즘을 아무에게나 전하지 않았던 거 아니겠어요?

심재관 그렇죠. 최상위의 수행자들에게 매우 은밀히 전승되었다고 해요. 그런 이유가 있었을 게 당연하지요. 이 분야의 연구자도 당연히 이상한 사람들은 아니고, 신뢰할 만한 가장 뛰어난 학자들이에요. 그만큼 이 분야의 연구가 어렵기도 하고요. 말씀드렸던 샌더슨은 옥스퍼드 대학교의 올 소울 칼리지All Soul's College 정교수예요.

최종덕 그런데 지금 이야기를 듣다 보니까 한때 우리나라에서 이상한 기행奇行으로 유명했던 스님이 생각나네요.

심재관 중광 스님이요?

최종덕 맞아요, 중광 스님. 그분의 행적도 그런 특징을 갖지 않았나요? 밀교의 반윤리적이고 비정통적인 기행들 말이에요. 성기에 붓을 묶어서 그림을 그리고, 수간獸姦에 관한 기행도 한때 전설처럼 얘기되고 그랬잖아요.

심재관 구보타 시게코久保田成子 씨의 '버자이너 페인팅'을 떠올리게 하네요. 그렇지만 그 스님의 기행이 탄트리즘과 같은 어떤 전통이나 교의 속에서 진행되었던 것은 아니었어요. 굳이 찾고자 한다면 선불교의 탈권위적이고 탈규범화된 정신적 토양 속에서 자발적으로 시도된 행동이 아니었나 생각돼요. 밀교나 선불교나 그 방법이 무엇이건 즉각적인 깨달음을 위해서 상당히 과거와는 다른, 전복적인 방법들이 시도되었다는 것은 공통점이 있어 보여요. 윤리가 되었건 교리가 되었건 전면적인 새로운 의식의 전환을 시도했으니까요.

최종덕 선불교도 그렇다면 불교 예술론이나 불교 미학의 토대가 될 수 있는 것 아닐까요? 만일 선불교가 과거 불교의 교리적인 규범들을 뛰어넘고자 했던 전통이 있었다면요. 그리고 탄트리즘보다는 그래도 선불교가 한국 사상의 중요한 한 맥을 이루고 있으니까요.

심재관 당연히 그럴 가능성은 있다고 보지만, 선불교에서는 어떤 교학적 체계를 구성한다든가 어떤 견해를 갖는다든가 하는 일에 대해 부정적이지 않나요? 뿐만 아니라 그것을 경전적 기록으로 남기는 경우가 드물어서 불교 예술론을 발굴하는 일이 그렇게 수월하지는 않을 듯해요.

최종덕 제가 알기로 유럽이나 미국에서 1950~60년대에 많은 예술가들이나 작가들이 선불교를 접하고 그에 상당한 영향을 받았던 것으로 알거든요. 예술뿐만 신과학운동에도 상당한 영향을 미치게 되지요.

심재관 맞습니다. 잭슨 폴록Jackson Pollock같이 화폭에 정신없이 뿌려 대는 물감의 흔적들은 의도하지 않고, 방해받지 않은 의식의 흐름을 나타냅니다. 존 케이지John Cage 같은 음악가도 마찬가지였고요. 〈4분33초〉는 소리를 관객과 연주자의 관계 속에서 해방시켜서 소리 그 자체가 되도록 시도한 것이지요. 이런 당대의 사람들이 스즈키의 영향을 많이 받았거든요.

최종덕 스즈키 다이세쓰鈴木大拙를 말하는 거지요?

심재관 예, 스즈키 다이세쓰요. 그리고 그 사람 말고도 미국에서 활약했던 순류 스즈키鈴木俊隆라고 유명한 일본 선승이 또 있어요.

최종덕 선불교가 서양의 예술이나 신과학운동에 끼친 얘기는 다음에 시간을 두고 더 얘기하도록 하죠.

방
편

방편을 버린다

최종덕 우리의 관점을 확대해서 보면 문화 예술이나 문화유산 이
면에는 그것을 만들어 낸 주체 세력의 권위 상징과 권력 구조
가 깔려 있음을 보게 되죠. 바티칸 성당이나, 인도의 수많은 힌
두 유적들, 앙코르의 유적, 하다못해 전 세계 최고를 자랑하는
한국의 대형 교회나 화려한 불교 법당들 모두 규모에서 압권이
죠. 이런 종교 건축물들을 모두 선교와 포교를 위한 방편이라
고 하지만 방편이 본체를 압도하면 그것은 방편이 아니라 권력
이 되는 것이죠. 특히 불교에서도 방편을 내세워 본체를 훼손
시키는 일이 다반사에요.

심재관 좋은 말로 표현하면 장엄함이지만 실제로는 권력이나 욕
망 표현의 방식이라는 것이군요.

최종덕 방편으로써의 장엄함은 외형적인 장식에 지나지 않아요. 아무리 합리화를 시켜도 방편은 방편일 뿐이에요. 예를 들어, 물 잔이 있는데 물 잔에 꽃문양을 넣고 금박 손잡이로 치장하고 더 나아가 이 잔으로 물을 마시는 것이 아니라 장식장에 보관한다는 말이죠. 그러면 그 잔은 이미 물 잔이라고 할 수 없죠.

심재관 물 잔이 보기 흉하면 그 안에 좋은 물이 담겨져 있어도 사람들이 마시려고 하지 않을 것 아니에요?

최종덕 그렇죠. 그래서 방편이라는 거죠.

심재관 그러니까 무엇이 문제인 거죠?

최종덕 물 잔이 화려하면 그 외양의 화려함에 속아서 그 안에 독약이 담겨져 있는 데도 불구하고 생각할 겨를 없이 마시게 된단 말이죠. 방편은 원래의 목적에서 벗어나 다른 의도로 남용되는 것이 현실이며 반복된 역사였지요.

심재관 저는 방편을 다른 방식으로 생각했어요. 물잔을 멋있게 꾸며서 사람들로 하여금 쉽게 마시게끔 하는 것이 방편이죠. 거기까지는 좋은데, 갈증을 해결한 이후에도 사람들은 이 물잔을 놓지 못하고 꼭 쥐고 있는 거예요. 그래서 물잔 때문에 다른 것을 쥐어 볼 여유가 없어지죠. 자기의 갈증을 해결해 줬다는 의식 때문에 물 잔에 갇혀서 다시 집착에 빠지는 거예요. 저는 방편이 갖는 이런 문제를 지적하고 싶어요. 방편은 본체가 아니고 본체를 실현하기 위한 사다리에 지나지 않는다는 점에선 서로 일치하네요.

최종덕 네, 본체에 도달했으면 사다리를 버려야 하는데 그 무거운 것을 여전히 등에 이고 있단 말이죠. 저는 이런 방편을 집착된 방편이라고 부르는 거지요. '권력화된 방편'은 사회에 유린된 방편이고 '집착된 방편'은 심리에 유린된 방편으로 볼 수 있어요. 예를 들어서, '권력화된 방편'에 대해 제 경험을 이야기해 볼까요?

심재관 시작해 보시죠.

최종덕 제가 이탈리아 바티칸을 처음 갔을 때 그 웅장함에 놀랐었죠. 인간 예술의 극치로 보이더라고요. 전체적인 건축 양식에서부터 높은 천정 벽화의 정교함, 스테인드글라스의 화려함, 그 많은 조각물 하나하나가 엄청난 예술 작품들이죠. 그런데 그곳에서 저는 색다른 느낌을 받았어요. '와, 대단한 예술적 능력이구나!'라는 일반적인 감동이 아니었어요. 저는 그 대신 '와, 저것을 만들기 위해서 당시에 얼마나 많은 인부들이 희생되었을까?' 하는 생각이 먼저 들더라고요. 뭇사람들의 피와 땀의 희생이 있지 않고서는 만들어 낼 수 없는 건축물이거든요. 신석기 시대 혹은 청동기 시대의 종교성과 연관한 피라미드에서부터 모든 종교적 구조물들은 일반 노역자의 희생 위에서 만들어진 것이죠. 그런 점에서 청동기인이나 초기 기독교인이나 마찬가지예요. 종교적 구원의 방편이라는 이름으로 뭇사람들의 희생을 합리화시킨 것이죠. 결국 바티칸의 건축 미술은 기독교의 기본 정신에 위배되는 것 아닌가요? 방편이라는 관념은 주관적이에요. 어느 정도가 방편이며 어디부터 종교 권력의 실체인지 가르기가 쉽지 않죠. 불교도 마찬가지죠. 다보탑 정도야 소박한 방편의 전형이지만, 산자락에 대규모 벌목을 하면서 큰 절을 짓고 여기저기 금박을 입히는 행위는 아무리 예술이라고, 방편이라고 말해도, 그 안에서 진정한 감동을 받을 수가 없어요. 이율배반이죠. 방편과 원칙의 이율배반이 종교의 진짜 현실이죠. 그런 이율배반을 기독교에서 무리 없이 잘 소화하고 있는데, 불교도 마찬가지로 기독교를 따라가지 못해 안달이 나 있어요.

심재관 저는 선생님과 생각이 좀 다른데요. 음, 그것은 일차적으로 국가나 왕가의 유산이지 종교적 유산이라고 할 수 없잖아요. 물론 콘스탄티누스가 기독교를 위해 그런 장엄한 베드로 성당을 지었다고 해도 그건 왕이나 재상들 일이었어요. 물론 그걸 주문받고 일하던 사람들이 얼마나 임금을 받고 어떤 희생을 치르는지는 모르는 거지요. 그냥 그 건축물을 만든 사람들이 채찍을 맞으며 노역을 한 것이 아니잖아요. 인도의 건축왕 샤 자한Shah Jahan 역시 많은 건축물을 지었지만, 그로 인해 국고를 탕진할 정도로 돈을 많이 썼어요. 그러니까, 임금을 지불한 거예요. 국가사업이지요. 이집트의 피라미드 역시 예전에는 그런 노동을 이집트에 끌려온 노예들이 했다고 생각했지만, 최근에는 백성들에게 노동과 일감을 주기 위한 국가사업의 하나로 평가하고 있거든요.

최종덕 물론 심 선생님이 지적한 평가도 무시할 수 없어요. 그러나 제 얘기는 그런 건축물들이 현실적으로 권력의 상징으로 기능한다는 것을 무시할 수는 없지요. 그래서 사회적 시선을 무시한 미학은 허무하다고 여겨지는 거예요. 사회적 시선, 좀 넓게 말해서 역사의식을 뺀 예술은 이런 모순을 계속 낳는다고 봐요. 저는 이런 시선을 역사 미학이라고 불러요.

심재관 그런 문제의식이 필요하기는 하지만, 저는 반대로 그런 건축물을 만들어내기까지 장인들이 기울였던 신앙심과 정성을 생각합니다. 지금은 아무 이름도 남아 있지 않지만, 그 사람들이 남긴 돌 위의 선을 짚어가면서 그런 걸 느끼거든요. 그 여유 있고 미세한 아름다운 선들은 억압과 강제에 의해 결코 나올 수 없는 것들이니까요. 물론 그 신앙심의 결과물들에 의지해 권력화된 방편이 만들어질 수도 있는 것이긴 하지만요.

최종덕 조금 다른 차원에서 종교의 방편을 말해보지요. 내세 종교는 쉽게 말해서 내세에 가면 좋은 것이 있으니 현실이 좀 힘들어도 미래의 너에게 올 수도 있는 좋은 내세를 위해서 열심히 내 종교를 믿으라는 기본적인 도그마로 되어 있어요. 철학에서 말하는 유토피아론과 비슷하죠. 유토피아는 어원 그대로 '도달할 수 없는 곳'입니다. 내세도 마찬가지예요. 불교가 내세의 종교라고 많이들 말하곤 하는데, 저는 꼭 그렇지 않다고 봐요. 제가 불교를 잘 모르기 때문에 확실히 말할 수 없으나 불교가 내세주의 교리라면 최소한 불교 안의 무아론과 논리적으로 내부 충돌을 일으키죠. 불교 교리와 반대되는 말을 제가 해서 당황스러울 수도 있을 거예요.

심재관 추상적이고 만들어진 형이상학의 자아를 부정하는 것으로부터 불교가 출발했는데 다시 추상적이고 보이지 않는 내세론으로 회귀한다면 두 주제는 서로 논리적 충돌을 일으킨다는 뜻이군요.

최종덕 내세는 현세를 합리화시키는 중요한 방편입니다. 내세에서는 무엇이든지 가능하죠. 단, 현세에서 내가 어떻게 하느냐에 따라 나의 내세가 결정된다는 '인과적 내세'가 있고, 상벌의 원칙으로 현실을 지도한다는 '상벌론적 내세'가 있을 수 있어요. 또한 내세는 현세를 잊기 위한 방편이 되기도 하지요. 이런 내세를 '이상향적 내세'라고 할 수 있어요. 물론 제가 나름대로 시도한 내세의 이런 구분은 서로 명확한 차이를 갖지는 않아요. 겹치는 개념도 있고 혹은 비슷한 의미로 쓰이기도 하겠죠.

심재관 '인과적 내세', '상벌론적 내세', '이상향적 내세'를 구분하는 것이 흥미롭네요.

최종덕 내세에 가면 다 이루어지니까 지금은 힘들어도 좀 더 참고 기다리라는 주문이 많아요. 군주가 백성에게 하는 상투적인 표현이에요. 독재자가 국민들에게 금방 녹아 버리는 사탕을 던져 주는 꼴이죠. 분식 회계로 자기 배불리고, 아들 이름으로 스위스 비밀 계좌 만들어 돈 빼돌리는 사업주가 구속되는 내용들이 신문 사회면에 자주 오르내리죠. 그들이 저임금 고강도 노동으로 힘든 고용인에게 하는 새빨간 거짓말이 있어요. "이 어려운 불경기에 우리 모두 극복의 지혜를 함께 모읍시다. 조금만 참으면 경제가 좋아져서 여러분들도 잘 살게 될 것입니다." 너희들은 불평불만 일체 하지 말고 일이나 열심히 하라는 것이죠. 전형적인 이상향적 내세론입니다. 이런 이야기는 1960년대 군사독재 때부터 듣던 말이지만 지금도 여전히 통한다는 것이 슬프죠.

심재관 이상향적 내세관이 집착된 방편과 어떻게 연관되죠?

최종덕 우리가 주문에 걸려 있어서 그런 이상향적 내세론이 먹힌다는 말입니다. 그것이 바로 집착된 방편이라는 것이죠. 담배를 끊어야 하는데 끊지 못하죠. 그럴 때 우리들은 간혹 내가 피는 담배에 대해 적당한 합리화를 만들어요. 담배 한 모금에 스트레스 해소가 되어 전체적으로 따지면 건강에 더 좋다는 등의 여유 말입니다. 술 마시는 사람도 술 마시는 이유를 합당하게 만들어 놓죠. 저도 그래요. 사업주는 새빨간 거짓말을 하기 위해서 그런 일이 사실이라고 스스로에게 먼저 거짓말을 합니다. 자기 자신을 속이는 일입니다. 그런 현상을 자기기만이라고 합니다. 자기기만은 타인을 기만하는 데 성공도를 높여 주는 것이라고 진화심리학자들은 말하기도 하죠. 고용인도 마찬가지입니다. 한두 번 불평불만을 하다가 그냥 그 생활에 스스로를 적응시킨 채 나중에는 가짜를 용인하고 옹호하기까지 하죠. 관습, 관행, 습성이라는 이름으로 자신을 기만하는 것과 같아요. 방편에 눈이 멀어 내용을 보지 못하죠. 예를 들면, 인터

넷에 떠도는 소문, 억측, 댓글, 가십에 자기 인생을 맡겨 놓는 것 모두 집착된 방편의 자기기만입니다. 더 구체적인 사례를 볼까요. 성추행으로 경찰서에 잡혀 온 남자들의 공통적인 변명이 있습니다. "남자가 그럴 수도 있지 그까지 것 가지고 뭘 그리 야단이냐" "그게 그렇게 큰 문제가 되는 줄 몰랐다" "여자가 꼬리를 쳐서 할 수 없이 그랬다" 등 이렇게 변명과 핑계로써 자기 자신을 합리화시키는 일이 바로 집착된 방편의 전형이죠.

심재관 결국 선생님이 말하신 집착된 방편도 넓게 보면 자기기만의 일종이네요. 그렇게 보면 집착된 방편은 의외로 우리 일상사에 깊이 들어와 있겠네요.

최종덕 자기중심적 권위와 권력도 자기기만의 한 양태이죠. 이런 기만적 의식은 자기 내부의 의식으로 그치지 않고 남에게 피해를 줘요. 마찬가지로 집착된 방편은 단순히 방편에 그치질 않고 남에게 억압적인 의식을 강요해요. 물론 겉으로 드러나진 않지만요.

심재관 억압적이지만 드러나지 않는다. 이해를 돕게 사례를 하나 들어주시죠.

최종덕 책에서 나온 사례를 인용해 볼게요. 자기기만을 진화론적으로 분석한 학자 중에서 로버트 트리버스Robert Trivers 교수가 유명해요. 그의 책《우리는 왜 자신을 속이도록 진화했을까?*The Folly of Fools, The Logic of Deceit and Self-Deception in Human Life*》(2011)

에서 나온 내용이에요. 제가 왜 이것을 인용하냐면 1997년 괌에서 추락한 대한항공 추락 참사에 대한 이야기이기 때문이에요. 괌에서 추락해 무려 228명이 사망한 끔찍한 대참사였죠. 당시 기장이 당연히 조정키를 맡았었죠. 심한 안개로 인해 활주로 1차 착륙 시도에 실패한 후 다시 선회하는 중 코앞에 닥친 산등성이에 충돌할 위험을 부기장은 인지했어요. 부기장이 이 위험 상황을 즉각 기장에게 보고하고 즉시 선회할 것을 요청했지요. 그런데 불행은 여기서부터 시작했어요. 선박이나 비행기에서 대장의 권위와 권력은 절대적이죠. 기장은 대장이라는 자기기만 혹은 집착된 방편에 빠져 있어요. 다른 권위를 부리는 사람과 마찬가지로요. 기장은 부기장의 보고를 묵살했지요. 부기장은 묘한 위계질서와 권력 구조 때문에 더 이상 기장에게 이의를 제기하지 못했어요. 그 결과는 아시다시피 참담했어요. 물론 이 사고의 원인이 기장에게만 있었던 것은 아닙니다. 괌 공항 항공 시스템의 문제가 있었다는 것이 나중에 밝혀졌기 때문이죠.

심재관 그러나 부기장의 권고를 받아들였다면 참사는 일어나지 않았다는 점이군요. 그리고 결국 기장의 기만적 권력 의식이 사고를 유발한 요소였다는 것이고요.

최종덕 맞아요. 일반적으로 권력 구조가 강한 집단일수록 그 집단 안에서 불의의 사고 및 갈등 폭발 사태 발생률은 높다는 것이 이 책의 주장이에요. 1987년, 유인 우주왕복선 '챌린저호'의 대참사도 마찬가지예요. 발사 전날, 연료 주입구에 이상을 발견했었죠. 발사를 맡은 회사의 기술 담당 부사장은 즉시 총사장에게 보고를 하고 발사 연기를 요청했죠. 참고로 발사를 하루 연기하는 데에 천문학적인 경비가 든다고 해요. 보고를 받은 총사장이 그 부사장에게 전화로 한 말은 유명합니다. "당신은 언제까지 기름 묻힌 모자를 쓰고 지내려냐?" 일종의 승진에 대한 무언의 압력이었죠. 권위와 권력의 보이지 않는 강압이었습니다. 결국 그 다음날 챌린저호는 10억 텔레비전 시청자가 보는 가운데 폭발하고 말았죠. 저는 이러한 대형 참사의 사례를 들긴 했지만 실제로는 집착된 방편의 기만은 평범한 일상생활에서 우리들에게 더 큰 스트레스를 주고 있어요. 특히 한국 사회의 위계적 권력 구조의 문제는 우리 사회를 파국으로 만들 수 있는 심각한 수준에 이르렀다고 생각합니다. 정치권력 구조와 가부장적인 가족 구조에서부터 학교 교실에서 심각한 왕따에 이르기까지 자기기만의 사회적 증상은 위험 수위까지 팽창되어 있어요.

심재관 집착된 방편의 문제가 자기 내부의 의식에 멈추는 것이 아니라 사회적 부작용을 낳는 현실을 적나라하게 말해 주셨네요.

최종덕 한국 사회가 안고 있는 아부, 거짓말, 약자 학대, 가족 갈등, 부정부패, 남녀 불평등, 조폭 사회, 양극화 현상, 경쟁 심리 조작, 공격 성향의 팽배로부터 종교의 물신화, 이주 노동자 학대, 심각한 노조 탄압, 마구잡이식 토건 개발, 외모주의, 사학비리, 친일 세력의 부활, 핵 발전소 이권 야합, 정치적 매카시즘 체제에 반대하는 사람을 공산주의로 몰아 처벌하려는 경향이나 태도 등의 개인적 혹은 사회적 갈등 구조는 자기기만 행동의 사회적 결과에요. 이런 점에서 권력화된 방편의 심리적 원인은 결국 집착된 방편이라는 내부 의식에 있다고 봐요.

심재관 맞아요. 권력화된 방편과 집착된 방편이 하나의 의식에서 유발된다는 지적은 불교의 고집멸도苦集滅道가 말하려는 초점이기도 해요. 너무 딱딱한 주제였는데, 좀 소프트한 이야기를 하죠. 종교 예술로써 드러나는 방편론 이야기로 다시 돌아오죠. 앞서 장엄함에 대해서 말했는데, 저는 숭고함도 방편의 한 개념이라고 생각해요.

최종덕 서양 예술의 정신적 기반에서 가장 중요한 것이 아마 숭고함이 아닐까 생각해요. 이는 신학적 전통과 연관되어 있죠. 숭고함의 궁극적 모델은 신이죠. 기독교가 서구 예술 정신의 바탕이라는 점을 인정한다면, 서구 예술의 미학적 기반은 숭고미일 것입니다. 이렇게 숭고함의 기본 틀은 신의 존재로부터 형성되는데, 불교에서는 신의 존재가 없기 때문에 불교 예술에서 숭고미를 찾는 것이 처음부터 잘못됐다고 생각해요.

심재관 방편으로써의 장엄함과 서구 예술에서 나타난 숭고함을 다른 의미로 파악하시는군요.

최종덕 이건 예술 철학의 한 논쟁점이지만, 예술적 숭고함의 기반은 신의 존재이며, 신에 접근하는 통로를 신비주의로 정의하는 것은 아주 일반적이죠.

심재관 모르겠습니다. 예술 양식을 바라보는 보통 사람의 관점에서
는 장엄함이나 숭고함이 크게 다를 바가 없지 않을까 싶은데요.

최종덕 신의 숭고미는 후대 미적 추종자들에 의해서 더 풍부한
상상력의 미학으로 치장됩니다. 왜냐고요? 신은 보이지 않는
존재인 만큼 그 어떤 모습으로도 상상이 되게끔 만들어 주는
미학적 양식이 발전하죠. 그런 미학적 양식이 바로 숭고함의 기
본이라고 생각합니다. 숭고미는 결국 대상에 있는 것이 아니라
내 마음 속에 있는 것을 끄집어서 드러내 보인 것입니다. 장엄
함은 외적 양식에 존재하는 규모와 꾸밈에 있지만 숭고미는 자
아 내부에 존재하는 심리적 의식의 하나라고 저는 구분합니다.

심재관 장엄과 숭고를 구분하는 방식이 매우 독특하군요.

최종덕 이런 구분 자체는 제가 임의적으로 시도한 거예요. 즉, 그
구분이 학술적으로 정의된 것은 아니라는 뜻이죠. 방편을 설
명하기 위한 일종의 방편인 셈이죠. 장엄함은 권력화된 방편의
사례고, 숭고함은 집착된 방편의 사례로 말하려는 의도예요.
기독교는 장엄함과 숭고함의 예술 미학을 다 갖고 있지만, 불교
나 이슬람교는 장엄함을 갖고 있어도 상대적으로 숭고함은 적
다는 생각이에요. 무슬림들의 이슬람 사원 중에서 중동 지역이
나 중앙아시아와 동남아시아에 남아 있는 장엄한 모스크들이
많아요. 모스크마다 장엄한 규모와 정교한 건축술에 입을 다
물 수가 없을 정도죠. 그러나 저 개인적으로 제가 가 본 몇몇
모스크에 대해서는 숭고미를 느끼지 못했어요. 장엄하지만 구

조와 선이 매우 단순하고 색깔은 무미건조할 정도로 흰색과 회색 혹은 우윳빛 색으로 통일되어 있죠. 마치 조선 백자를 보는 느낌과 비슷해요.

심재관 이슬람에서는 일체의 우상을 배제하고 감각을 혼란시키는 화려한 색깔을 극도로 자제하기 때문이죠. 그 대신 무채색의 다양한 문양과 기하학적 균형미는 놀라울 정도예요. 그들의 건축술은 기하학적 미학의 극치라고 보면 돼요. 그러나 불교에서도 불교가 보여 주는 세계관을 건축적으로 형상화한 건축물들이 많거든요. 만다라적 우주도상 같은 것 말이죠. 그런 점에서 불교 건축은 장엄함과 더불어 숭고함을 보여 주는 것 아닌가요? 불교에서는 신비주의에 기반을 둔 숭고미의 예술이 없다고 최 선생님이 말하셨지만, 불교에서도 《화엄경》이나 《법화경》에서 우주론적인 붓다의 모습이 나타나거든요. 초월적인 우주의 빛으로써 혹은 진리의 법보로써 부처님의 이미지는 숭고함의 대상이 될 수 있다고 생각해요. 굳이 숭고함을 신이나 신적 세계와 연결시키고자 한다면요.

최종덕 제 개인적인 견해로, 붓다의 우주론적 이미지는 대중들에게 강력한 메시지를 전달하기 위한 상징이라고 생각합니다. 반면에 기독교의 신은 상징이 아니라 그 자체로 존재입니다. 불교의 경전과 기독교의 경전에서 나타나는 초월성은 겉으로는 비슷하지만, 불교는 상징적 의미의 초월이며 기독교는 존재론적 의미의 초월이라고 봅니다.

심재관 그래서 결국 불교에 대해서는 숭고미의 미학을 부여하지 않는다는 말이군요.

최종덕 네, 그렇습니다. 종교 양식에서 장엄성은 보편적입니다. 권위의 표현이죠. 그리고 앞서 여러 차례 말했듯이 권력화된 방편을 표현하는, 겉에 드러난 양식입니다. 반면에 숭고미는 예술품에 대해 숭고함을 느끼게 하는 존재론적 기반을 필요로 합니다. 숭고미의 존재론적 기반이란 해당 예술품 자체에서 생성된 것이 아니라 신에 의해 부여받은 것이죠. 최고 신의 존재를 설정하지 않은 불교에서는 자연적으로 숭고미의 근간이 없는 거죠. 물론 이런 해석조차도 기독교적인 기준에서 따진 것이긴 합니다. 한 발 더 나아가 저는 그런 숭고미도 실은 예술품을 감상하는 자아의 심리적 의식에 지나지 않는다고 간주하죠. 그런 심리적 의식에 우리는 한없이 의존하고 있어요. 인간 의식의 원형이에요. 그러한 의존이 바로 집착된 방편을 낳는다고 보는 것입니다.

심재관 집착된 방편 역시 고집멸도의 한 양상이라고 보시는군요. 그렇다면 숭고미 역시 집착된 방편의 하나일 것이고요. 방편을 오용하고 남용하는 사례로써 권력화된 방편과 집착된 방편을 이야기했듯이, 우리 대화에서 우리들은 방편을 주로 부정적으로 보았어요. 그러나 방편은 결국 사물과 사태를 제대로 보지 못하는 사람들을 위해 바로 보도록 이끌어 주는 긍정적 의미의 도구라는 점에서 불교에서 매우 소중한 개념이죠.

최종덕 동의해요. 그러나 종교 현실은 방편이라는 이름으로 너무 많은 폐해를 주었다는 점에 대해 확인을 하지 않았습니까? 본체를 직접 보지 못하고 방편에 의존하는 인간의 한계는 곧 믿음이라는 의식에 있습니다. 오히려 그런 점 때문에 종교가 부흥했을 것으로 추정합니다만. 믿음이라고 하는 것만큼 감성적 요소가 강한 것은 없죠. 믿음이라고 하는 것은 감성 중에서 가장 큰 몰입의 힘을 갖게 하는 의식의 하나죠. 몰입은 우리를 행복에 이르게 하는 첫째 요소지만, 동시에 우리를 맹목에 빠뜨리는 첫째가는 의식이기도 해요.

심재관 종교에서 말하는 맹신이 바로 맹목의 하나잖아요. 그렇다고 논리나 추론을 통해서 신앙을 갖는 경우는 없잖아요. 믿음은 논리나 추론이나 합리성을 근거로 두지 않고 그냥 믿는 거잖아요. 사랑할 때 추론, 논리로 사랑하나요? 그냥 사랑하잖아요. 그리고 몰입이 강한 사랑일수록 진짜 사랑이라고 말하잖아요. 유행가 가사처럼 사랑은 눈을 멀게 하는 거라고요.

최종덕 물론이죠. 마찬가지로 믿음을 통해 우리는 이상향적 내세를 열심히 믿도록 맹신에 빠지죠. 방편 역시 마찬가지예요. 몰입이 있지 않고서는 그런 믿음이 불가능할 정도예요. 몰입은 사랑, 행복, 높은 성취도와 자기만족을 가져다주지만 또한 맹신, 맹목, 중독, 극단의 자기 합리화에 빠뜨리기도 하지요.

심재관 우리는 지금 방편을 문제 삼고 있는데, 방편이 지나쳐서 본체를 왜곡시키는 맹신을 이야기하고 있었습니다. 다시 본래의 주제로 돌아가죠.

최종덕 방편이 지나쳐서 현실 종교의 심각한 문제가 생겼다고 쳐요. 그런데 어떤 사람이 말하기를, "그것은 종교 자체의 문제가 아니라 종교를 지도하는 사람들이 부패해서 생긴 문제이지, 종교 자체는 숭엄하고 좋은 것 아닙니까? 종교의 본질을 찾아가면 이 문제를 극복할 수 있지요."라고 반박을 했어요. 이런 반박은 겉으로 그럴 듯해 보이지만 실은 큰 문제를 안고 있어요. 이런 식의 항변은 본질과 현상을 구분하는 이분법적 가정을 깔고 있는 것입니다. 현상이 아무리 나쁘고 더러워도 본질은 언제나 깨끗하고 좋은 것이니만큼 본질을 찾아가면 된다는 식입니다. 결국 지금 보이는 현상 이면의 본질을 찾아가라는 것입니다. 이런 식의 이분법적 가정은 지금의 어떤 현상도 정당화시키고 합리화시키는 변명의 논리에 지나지 않습니다. 대체로 자기중심적 방편을 옹호하는 종교 권력자들은 이런 이분법적 논리로 무장되어 있습니다. 그래서 그들은 겉으로 드러난 문제들 일체를 일시적인 현상으로 매도해 버립니다. 그들의 권력은 본질이라는 이름으로 위장시키는 것이죠. 다른 소절에서 이야기했듯이 양파는 껍질이 곧 본질이고 본질이 곧 현상인 것이죠. 총무원 스님들이 도박을 하건 말건, 돈을 쌓아 두건 말건, 정권에 아부를 하건 말건, 이보다 더한 부패가 있건 말건, 그것은 일시적인 현상일 뿐이지 불교의 본질은 아닐 것이라는 이분법의 논리로 눈감고 넘어간다면, 불교는 더 이상 불교가 아닐 것입니다. 간단히 말해서 현상이 곧 본질인 것입니다.

심재관 양파의 비유는 아주 적절하게 이해를 도와주네요. 현상은 썩었지만 본질은 좋은 것이라는 이중성은 허위의식의 단편이라고 저도 생각해요.

최종덕 양파의 속이 따로 있는 것이 아니라 껍질들이 모여서 바로 본체를 이룬다는 말이죠. 껍질 자체가 본질인 거죠. 오늘날 현실 불교가 이렇게 썩어 있으면 그 썩어 있는 모습이 바로 불교의 본질이 되는 것이라고 저는 강조합니다. 썩어 있는 현실을 고치는 것이 우선이지 보이지도 않는 추상적인 본질을 손대려고 하는 것은 현실을 도피하는 합리화에 지나지 않는다는 말입니다.

심재관 전 완전히 거꾸로 생각하는데요. 본래의 불교라고 하는 본질은 이미 없어졌다고 생각해요. 본래의 불교는 과거에만 있었을 뿐이죠.

최종덕 그럼 저보다 더 강한 입장이네요. 하하. 저는 옛날 것에 매달리지 말자는 입장인데, 심 선생님은 불교는 없다고 보는 거네요. 없어졌다고······.

심재관 안타깝지만 그것이 현실이라고 생각해요. 게다가 불교에서도 근본주의적인 관점을 갖고 있는 사람들이 있는가 하면, 역사주의적 관점에서 불교를 이해하려는 사람들도 있어요. 역사주의적인 관점에서는 불교의 정체를 고정시키지 않고 늘 현실 속에서 변화하는 어떤 생명으로 인식하고자 하지요. 이러한 두

관점 사이에는 늘 긴장이 있어야 한다고 생각해요. 다시 말씀
드리면, 원래의 불교와 현실의 불교 사이에 어떤 다리가 만들
어져야 할 것 같아요. 그래야 현실 불교에서 개선의 방향이 보
이거든요. 초발심의 불교를 우리 안에서 기억하고 실천하지 않
는다면 지금의 종교가 어디로 방황할지 아무도 모를 거예요.

최종덕 불교는 방편을 버리자는 종교인 것 같은데, 왜 방편을 버
리지 못하고 방편에 얽매어 서로 싸움들을 하고 있나요?

심재관 저에게 묻는 질문이 아닐 것으로 생각합니다. 다 아는 이
야기이지만, 방편이란 깨달음에 접근하는 도구일뿐이라고 우리
들은 여러 차례 말했어요. 문제는 그런 방편이 내용을 압도하
고 무시한 채 방편 자체가 권력을 행사하는 것이에요. 정말 심
각한 불교의 문제죠.

진화

무시무종이라
시작도 끝도 없다

심재관 최 선생님 전공이신 진화론 이야기를 했으면 합니다. 진화론 하면 아무래도 종교와 갈등 관계라는 첫인상이 강하죠. 그것도 실상은 기독교의 창조론과 진화론 사이의 갈등일 뿐이지만요. 원래 불교와 진화론과는 별 갈등이 빚어지는 것 같지 않더라고요.

최종덕 진화론이 왜 종교와 갈등이 빚어진다고 사람들이 말하는지 그것조차도 저는 이해할 수가 없어요. 진화론은 과학의 범주이고 기독교의 창조론은 신앙의 범주잖아요. 범주가 아예 달라요. 내 눈과 내 코 중에서 어느 것이 옳은 것인지 어느 것이 더 좋은 것인지 가를 수 없잖아요. 왜냐하면 눈과 코는 서로 다른 범주이기 때문이죠. 눈은 보는 범주이고 코는 냄새 맡는 범주니까요. 마찬가지로 창조론과 진화론은 아예 다른 범주라서 서로 비교한다는 것 자체가 우스운 꼴이에요. 나는 코로 냄새 맡으면서 동시에 눈으로 멀리 있는 언덕을 볼 수 있죠. 마찬가지예요. 어떤 사람은 실험 생물학자로서 주중에는 실험실에서 초파리 날개의 진화론적 연구를 하면서 주일에는 교회에 나가 열심히 창조론 설교를 들을 수 있는 거죠. 아무 문제없어요.

심재관 진화론과 창조론은 서로 모순 관계가 아니라는 말이군요.

최종덕 무슨 관계 이전에 서로에게 관심을 둘 필요조차 없다는 말입니다.

심재관 그렇지만 우주가 처음 어떻게 생겨났는지 또는 생명이 어디서 시작되었는지 종교에서 이야기하고 있으니까요. 과학도 그것을 찾거나 그 문제에 대해 임시적인 답을 주고 있으니까 서로 다른 두 가지 답을 받은 사람들은 어리둥절할 거 아니겠어요? 불교에서는 무시무종無始無終이라고 해서 시작도 끝도 없다고 하는데, 진화는 어떤 시작이 있어야 그로부터 진화가 될 것 아니겠어요?

최종덕 좋아요, 우주의 시작부터 이야기해 보죠. 현재까지 널리 알려진 우주의 기원 모델은 빅뱅 이론이에요. 137억 년 전, 우주 물질의 빅뱅으로부터 우주가 생겨났고, 그때 퍼져 나간 물질들로부터 태양계가 형성되면서 47억 년 전 지구가 만들어졌다는 것은 논란의 여지없이 명확한 입자물리학으로 밝혀진 사실입니다. 그런 지구 위에서 조금씩 오늘의 지구 생명체가 생겨난 것입니다. 생명의 기원은 당연히 물질이죠. 문제는 물질이라는 말에 대해 많은 사람들이 알레르기성 거부 반응을 나타낸다는 점입니다. 물질이라는 말로 생명을 설명하면 생명의 존엄성과 가치가 떨어진다고 생각하거든요. 이런 생각이 오히려 생명의 존엄성을 무너뜨리는 일이죠.

심재관 그러면 물질과 생명이 어느 선에서 접점이 가능하다고 보시는 거예요?

최종덕 오늘의 지구에는 다층적 역사가 존재하죠. 지구 탄생과 함께 하는 지질학적 역사가 있고, 생명이 시작되는 생명의 역사 혹은 진화의 역사가 있어요. 그리고 동물의 역사가 있고 다음에 인류의 역사가 있을 거예요. 그리고 문명의 역사죠. 지구의 47억 년이라는 지질학적 역사의 시간을 하루 24시간에 비유한다면 생명의 역사는 아침 6시쯤에 시작됐다고 보면 돼요. 동물의 역사는 밤 9시 10분경에 시작합니다. 공룡의 역사는 밤 10시 45분 쯤 시작되었고요. 그 다음에 인류의 역사가 있어요. 인류 호모사피엔스의 출현은 불과 밤 11시, 즉 23시 59분 50초 정도로 계산되네요. 그 다음으로 우리가 향유하고 있는 문명의 역사는 23시 59분 59초 정도에 시작된 것으로 보면 돼요. 아주 오래되었다고 우리가 생각하고 있는 종교의 기원은 지구 시간으로 볼 때 거의 현재나 마찬가지예요.

심재관 인도 철학에서도 '겁'이라는 말을 흔히 쓰는데 이건 무한히 순환되는 시간의 단위거든요. 우주가 창조되고 다시 파괴되는 데까지 걸리는 한 주기를 부르는 말이에요. 사실 제 생각은 불교가 그런 표현을 했을 때, 불가지론적인 태도나 회의론적 태도를 취했다고 생각합니다. 우주 창조에 대해 아는 척을 하지 않았다고 보는 거예요. 물론 과학적 근거를 갖고 말한 것은 아니지만요. 불교나 힌두교에서도 마하칼파Mahakalpa라고 해서 수십억 년의 시간 단위를 설정하고 있지만, 끝없이 반복되는 시간을 상정할 뿐이지 특정한 우주의 시작이나 끝을 상정하고 있지는 않거든요.

최종덕 어쨌든 지구사적으로 보면 생명이 물질에서 나온 것은 당연한 거예요. 35억에서 30억 년 전쯤에 원핵세포가 만들어지고 진핵세포가 만들어지면서 한 25억년 이상의 시간이 흐른 것입니다. 세포는 자기 자신을 보전해야 하고 또한 자기 자신과 똑같은 것을 재생산해야 하죠. 그런 활동이 바로 신진대사와 번식 과정입니다. 생명의 기본적인 특징이죠. 신진대사와 재생산을 통해서 세포들은 다세포가 되는 것이죠. 다세포들이 모여 초기 단위 생명체가 될 것이고요. 그런 시간이 생명의 역사 대부분을 차지하고 있는 것이죠.

심재관 물질에서 생명이 이루어지는 장구한 시간 그 자체가 바로 생명의 존엄성을 만들어 준 장대한 사건이군요.

최종덕 오늘의 생명이 태어나기까지는 그에 수백만 배에 해당하는 시간이 소요된 것입니다. 거꾸로 말해서 그만큼 오늘의 생명의 가치는 무한한 것이에요. 제가 이렇게 한 문단으로 표현한다는 것 자체가 대단한 일이죠. 그 시간이란 어마어마한 시간이죠. 그런데 많은 사람들이 세포에서 혹은 물질에서 갑자기 생명이 만들어졌다고 생각해요. 생명의 역사에는 '갑자기'라는 말이 있을 수 없어요. 이런 장구한 시간을 무시한 채 생명을 갑자기 출현한 것으로 생각하니까 여러 가지 오해가 생기는 것입니다.

심재관 진화론에 대한 오해는 꼭 창조론자에 의해서만 생긴 것이 아니라고 봐요. 보통 사람들도 진화론을 오해하는 경우가 대부분이에요.

최종덕 진화 과학에 대해 더 이상 논란을 한다는 것 자체가 우스운 꼴이고요. 문제는 우리가 얘기하는 생명은 은연중에 포유류 같은 동물들을 지칭하는 경우가 대부분이죠. 외계 생명체 하면 모양만 달랐지 고급 지능을 가진 인격적 생명체를 연상하듯이 말입니다. 이런 고등 동물류는 말 그대로 아주 최근에 등장한 것입니다. 그런 생명체는 전 생명계의 극히 일부분이고, 저도 앞서 썼지만 고등이라는 말 자체가 인간중심적 생명관이죠. 이 말 속에는 단세포 생명체에서 점점 더 발전하여 궁극적으로 원숭이로 그리고 침팬지를 거쳐 인간으로 발전되었다는 단계적 생명론입니다.

심재관 저도 처음에는 그런 식으로 진화론을 오해했었어요. 그리고 많은 사람들이 그렇게 오해하고 있지요.

최종덕 찰스 다윈Charles Robert Darwin이 《종의 기원》(1859)을 출간하자마자 교회의 엄청난 비난이 쏟아졌어요. 그중 유명한 비난 가운데 하나가 "찰스 다윈, 당신의 조상은 몇 대 이전부터 원숭이였냐?"라는 것입니다. 요즘 사람들도 갖고 있는 대표적인 진화론에 대한 오해죠. 그런 오해된 진화론은 '정향 진화'라고 불리기도 해요. 정향 진화란 원시 세포가 발전해서 균류가 되고, 그것이 더 발전해서 파충류가 되고, 조류가 되고, 포유류가 되고, 그리고 원숭이로 발전해 침팬지가 되고, 마지막으로 사람으로 일방향으로 발전되었다는 것이 정향 진화론입니다. 정말 큰 오류예요. 진화론은 발전하는 것이 아니라 서로 갈라지면서 다양한 생명종이 새롭게 탄생하는 것입니다. 세균류와 곰팡이류가 갈라지고 다음에 버섯류가 가지치기로 갈라져 나오고 등등 이렇게 갈라지면서 오늘의 호모사피엔스까지 오게 된 것이죠.

심재관 서구 인종학자들이 아프리카 흑인들을 고대 원시인의 흔적으로 간주했었죠. 백인은 원시인으로부터 발전한 인종이지만 흑인은 원시인 그대로라는 것이죠. 그러므로 백인 우월주의의 인종학적 근거를 만든 것입니다. 흑인에서 백인으로 변화한 것을 인종적 발전으로 간주한 것이죠. 일종의 정향 진화로 본 진화론의 오해이지 않나 싶네요.

최종덕 그것은 오해 정도가 아니라 의도된 왜곡이겠죠. 한 방향으로 가는 발전론은 진화론과 무관합니다. 진화는 어떤 목표를 향해 가는 발전적 시간관이 아닙니다. 발전도 아니고 특정한 목표도 없이 앞으로 나가는 것이죠. 그래서 갈래치기 이전과 갈래치기 이후의 생명종을 비교하면서 어느 것이 더 발전된 생명종이라고 말할 수 없습니다. 예를 들어, 오랑우탄과 고릴라는 과거 어느 시점에서 갈라진 거예요. 진화 과학에서는 그런 갈래치기를 종분화라고 하지요. 오늘날 유전자 과학은 그 갈라지는 시점을 거의 정확하게 측정할 수 있어요.

심재관 그러니까 우리는 자꾸 양서류보다 포유류가 더 진화된 우월한 존재라고 생각하잖아요. 박테리아보다 버섯이 더 우월하고, 침팬지보다 사람이 더 우월하게 진화했다고 해 왔는데, 그런 생각은 심각한 오해에 해당하는군요.

최종덕 박테리아부터 하다못해 생물인지 무생물인지 잘 구분 안 되는 바이러스까지 현존하는 모든 생명종은 그 나름대로 생명의 위치를 차지하고 있는 것이지, 누가 누구보다 더 발전한 존재라는 서열이 매겨져 있지 않아요. 우리 몸속에 얼마나 많은 박테리아들이 살고 있는지 아세요? 우리 몸은 60조 개의 세포로 되어 있는데 내가 가지고 있는 세균, 즉 박테리아의 수는 그것의 5배 정도가 돼요. 모두가 함께 공존하고 있는 것이 바로 내 모습입니다. 배 속에 박테리아가 없으면 당장 소화를 못해요. 박테리아부터 버섯, 고사리, 새, 도롱뇽, 오늘날 현존하는 모든 생명종은 나름대로 의미를 지닌 진화의 소산물인 거죠. 그래서 어느 생명종이 더 우월하다고 말할 수 없어요. 그래서 세상의 모든 생명종은 서로 동등합니다. 평등하다는 말을 써도 돼요. 누가 누구를 지배할 수 없다는 뜻을 포함하죠.

심재관 그동안 제가 알고 있었던 인종 차별이나 인간 중심주의의 이론들은 진화론을 억지 해석해서 차용한 것들이군요. 진화론의 과학이 생명의 평등성을 어떻게 시사하는지 이해가 가네요. 그런데 이런 진화론적 생물의 이해는 근본적으로 불교와 같은 메시지를 갖고 있네요. 특히 생명 간의 공존 관계를 바라보는 관점이 매우 유사하다고 생각합니다. 우리가 앞에서 말했던 불교의 연기론과 매우 유사하게 보입니다. 특히 '나'의 존재가 다른 생명들에 의해 얽혀서 존속하고 있다는 이해가 바로 불교적인 메시지거든요.

최종덕 그렇기 때문에 진화론에서는 누가 누구를 지배할 수가 없어요. 그래서 공존할 수밖에 없죠. 내 몸에 있는 박테리아가 나쁜 것이라고 해서 박테리아를 다 진압하려하거나 회피한다면 결국 나도 죽는 것입니다.

심재관 진화론과 공생 관계가 이렇게 연관되는지 몰랐어요.

최종덕 그렇죠. 생명은 전부 연관되어 있는 거죠. 그 이유는 간단합니다. 첫째, 현존하는 모든 생명종은 하나의 원생명으로부터 진화한 것이기 때문입니다. 둘째, 연관성은 변이와 적응의 진화론적 결과이기 때문입니다. 이런 연관성은 생물학에서 발생생물학이나 생태학 영역에서 활발히 연구되고 있죠.

심재관 생명의 연관성을 말하면 1970년대부터 유행했던 신과학운동의 전일주의全一主義, holism를 연상하게 되는데요. 거기서는 기도 하잖아요.

최종덕 그런 오해를 충분히 받을 수 있습니다. 저 개인적으로 신비주의 경향의 신과학운동을 비판해 왔던 터라 생명의 연관성을 이야기할 때 특히 더 조심합니다. 생명의 연관성은 모종의 신비한 힘에 의해 생명계가 서로 얽혀 있다는 것이 아닙니다. 연관이 없이 고립된 생명은 이미 다 멸종이 되고 없다는 뜻입니다. 다시 말하지만 연관된 것들만 살아남은 우리의 자연이 생명성의 중요한 의미입니다. 그런 의미를 '생태적'이라고 표현하기도 하죠.

심재관 생명이 서로 연관됐다는 사실이 하나의 생명이 또 다른 생명에게 존재의 조건이 될 수 있다는 뜻인가요?

최종덕 그렇게 강한 뜻은 아니에요. 한 생명이 다른 생명의 존재론적 조건이 된다는 것은 상당히 강한 의미 아니겠어요? 한 생명이 직접적으로 다른 생명의 존재를 왈가왈부할 수는 없겠죠.

심재관 예, 그래요. 제가 질문을 잘못했어요. 한 생명이 다른 생명의 존재론적 조건이 된다는 말이 아니라 한 생명의 존재론적 조건은 모든 다른 생명의 의해 연관되어 있다는 정도로 질문한 것이거든요.

최종덕 그런 뜻이라면 긍정적이라고 대답할 수 있어요. 잘은 모르지만 그런 생각이 불교의 연기론과 비슷한 거 아닌가요?

심재관 비슷한 정도가 아니라, 바로 그것이 연기론이라고 말씀드리고 싶어요. 특정한 사건이나 존재의 발생도 기본적으로는 그렇게 파악하지요.

최종덕 그런 생각은 이미 1980년대에 물리학 전공자이신 장회익 교수님이 '온 생명'이라는 이름으로 유럽의 관련 국제 학술회의에서 크게 알려진 후 국내에서 많이 회자 되었었죠. 저는 장회익 교수님과 공동으로 대담집 《이분법을 넘어서》(2007)를 출간했어요. 그 대담에서 온 생명의 내용에 대해 많은 토론을 했습니다. 장회익 교수님 역시 온 생명의 핵심을, 한 생명이 다른 모든 생명에 연동되어 있으며 개체 생명은 그 자체로 전체 생명 즉 온 생명의 한 세포처럼 작동하는 데 두었습니다. 장 교수님은 신비적 요소를 배제하고 온 생명을 설명할 수 있다는 주장을 했습니다. 저도 그렇게 생각했습니다만, 여전히 어려운 개념입니다.

심재관 저도 온 생명론을 조금 접했는데, 그 구조는 연기론과 비슷한 측면이 있어요.

최종덕 저도 그렇게 생각해요. 그러나 우리가 오늘 이야기하는 진화론의 주제와는 좀 다른 내용이죠. 진화론에서 다루는 생명의 연결성은 우선 생명 개체의 발생학적 구조가 다른 생명 개체의 발생 구조와 비슷하다는 겁니다. 아니, 정확하게 말하자면 양쪽 구조가 동일하다고 말해도 됩니다. 발생 구조란 어려운 말이 아닙니다. 예를 들어, 파리의 신체 구조 즉, 더듬이가 머리 앞에 있고, 몸통이 있고 다리가 아래에 있는 이런 식의 몸통 배열 순서가 인간과 똑같아요. 코끼리나 그 작은 파리나 신체 구조를 배열하는 유전자는 동일합니다. 생물학에서는 그 유전자군을 '혹스 유전자'라고 부릅니다. 이런 유전자군을 발생 구조의 동일성이라고 하죠. 관련 연구는 1980년대 이후 생물학 분야의 가장 큰 프로젝트이기도 합니다. 몸통 배열이 서로 같은 것이 뭐가 대단하냐고 생각하실 수 있어요. 그러나 가만히 생각해 보세요. 눈과 코가 왜 모든 동물에게 한결같이 전면에만 붙어 있을까요? 이런 사실 하나하나가 엄청난 자연의 신비함입니다.

심재관 신비하다는 것은 절대자 신이 주는 것이 아니라 자연의 자연스러운 진화 과정 자체가 신비하다는 그 자체이군요. 발생 생물학이 그런 의미를 지니고 있는지 잘 몰랐어요.

최종덕 좀 상세히 말한다면요, 진화론은 두 가지로 이해될 수 있어요. 하나는 좁은 의미의 진화론이죠. 진화생물학과 발생생물학은 진화의 속도에서 많은 차이가 나요. 그래서 좁은 의미의 진화생물학자들은 발생생물학의 진화 속도는 진화의 과정과 다른 것으로 간주하죠. 다른 하나는 넓은 의미의 진화론입니다. 넓은 의미에서는 발생학도 진화의 한 단면이라고 간주합니다. 어떤 학자는 이를 소小진화와 대大진화로 표현하기도 하지만 그런 표현은 오해의 소지가 있어서 그냥 좁은 의미와 넓은 의미라는 구분을 하죠. 이 이야기를 더 이상 하지는 않겠어요. 너무 전문적인 주제니까요. 저의 다른 책 《생물 철학》(2014)에서 자세히 다루었고요. 어쨌든 어떤 진화론이든 최초의 한 조상으로부터 진화가 시작한다는 공통 조상 이론을 갖는데, 이는 생명종 혹은 생명 개체의 상호 연결성을 강력하게 지지합니다. 가족끼리는 서로 비슷한 외모에 비슷한 성격을 갖는다는 점에서, 즉 모든 생명은 신진대사와 자손 번식을 한다는 점에서 하나의 가족인 셈이죠. 생명종이나 생명 개체나 고립된 존재는 불가능하죠. 진화의 기제가 지금까지는 경쟁의 관계로만 간주해 왔는데 공존의 진화가 매우 중요하다는 사실입니다. 진화나 발생의 사유 구조 외에 생명의 연결성을 찾는 길은 많습니다.

심재관 그런 점에서 불교와 연관이 있네요. 불교는 연기적인 관계에 있으니까요. 이 세계의 모든 존재들이 서로 연기적이라고 하죠. 연기적이라는 뜻은 모든 사물과 사태는 고립된 존재일 수 없으며 지속적인 인과 관계로 묶여져 있다는 것입니다. 이런 연기론은 불교의 기본적이고 핵심적인 사상인데, 선생님이 얘기하신 진화론과 상당히 밀접한 관계가 있다고 보여요.

최종덕 밀접하지만 진화론은 과학이고 연기론은 종교 이론이잖아요. 그들 사이에 밀접한 연관성은 보이지만 모양이 비슷하다는 말이고 내용에서는 비교할 수가 없겠죠. 중요한 것은 사유 구조인데 내용은 다르다고 해도 사유 구조가 비슷하다는 점은 매우 흥미로워요. 저도 연기론이 무엇인지 더 알고 싶거든요.

심재관 저는 사실, 과학과 종교의 이론들이라고 해서 크게 구분하고 싶은 마음은 없어요. 그야말로 이론이라는 점에서, 인간적 삶에 지적으로나 윤리적으로 유용성이 있다면 최선이라고 생각해요. 우리 이야기를 이제 의식의 문제로 좁혀 볼게요. 불교에서는 의식과 물질을 구분하고 있거든요. 그런 점에서 진화론과 대화가 가능한가요?

최종덕 의식은 정신적인 것이군요.

심재관 정신적이라는 것도 적당한 범주로 보기는 어려워요. 그냥 심리적인 범주 정도로 생각하면 좋을 듯한데요.

최종덕 의식과 물질을 구별한다고 하셨는데, 제가 보기에는 불교에서도 의식을 물질에 귀속시키는 것이 아닌지 하는 생각이 듭니다. 의식에 휩싸여져 있는 나 자신을 알고, 또한 그런 나 자신을 직시할 수 있어야만 비로소 그것으로부터 벗어날 수 있다는 거잖아요. '나는 의식consciousness으로 위장하고 있어, 의식의 위장, 그 껍데기를 다 벗겨 내면 나는 그저 인과적으로 움직이는 한 덩어리의 물질이야'라고 깨닫는 것이 불교가 아닌가라는 생각을 저는 해요. 의식은 물질의 껍질이라는 거죠. 껍질을 벗기고 나면 아무 것도 없다는 무아의 깨달음을 불교의 핵심이라고 말하잖아요. 저는 그 말 대신에 '껍질을 벗기고 나니 인과적으로 돌아가는 복잡한 물질 덩어리구나'라는 말로 대신할 수 있다는 거죠. 즉, 껍질을 벗기면 그 안에 신비하고 정신적인 엄청난 영혼체가 있을 줄 알았는데 그게 아니라 단순히 돌아가는 물질의 복합체만 있다는 거예요. 그래서 하도 기가 막혀 '껍질 안에는 아무 것도 없구나'라고 표현한 것이죠. 그것이 불교의 무아론이 아닌가라는 저만의 소설을 써 본 것입니다. 그래서 저는 불교를 유물론이라고 해석해요. 이렇게 얘기하면 사람들이 콧방귀도 안 뀌겠지만요.

심재관 불교에서 부정하는 것은 의식 현상의 기저에 어떤 것을 상정하는 것이거든요. 그런 건 아무 것도 인정하지 않는다는 거죠. 영혼이나 초월적 주체 같은 거 말이죠. 그런 의미에서 상당히 경험주의적이고 현상론적이에요. 불교는 모든 생명체에 의식이, 식識이 있다고 보거든요. 그러니까 식이 있느냐 없느냐에 따라서 그것이 생명체냐 아니냐를 구분하는 기준이 되거든요. 그러니까 돌멩이나 식물에는 식이 없으니까 무생물로 보는 거죠. 우리가 중생이라고 말하는 존재는 바로 식이 있는 모든 생명체를 통칭하는 말이죠.

최종덕 그래요? 식물을 생명이라고 보지 않는군요. 좀 특이하네요.

심재관 네, 만일 식물을 의식이 있는 생명이라고 본다면 다른 생명을 살생하는 것이 되니까요. 불살생不殺生은 매우 중요한 수행 덕목이거든요. 아마 처음부터 불교가 이런 주장을 했는지는 확실하지 않지만 아마도 계율을 지키기 위해서 이런 교리적 해석이 나중에 등장한 게 아닌가 싶어요. 식물에 대한 관점은 인도의 종교들이 서로 달리하고 있으니까요. 어쨌든 인간은 물질과 의식 현상을 가지고 있는 존재일 뿐이지, 의식 현상을 주관하는 어떤 형이상학적 존재를 인정하지는 않아요.

최종덕 인간의 속성상 인간 자신이 물질임을 깨닫는 것은 상당히 어렵다고 봅니다. 오히려 '인간은 의식체이고 정신적인 거야'라고 스스로 오해하는 것이 훨씬 쉽다는 거죠. 이런 오해로부터 종교가 발생했는데 불교는 다른 종교와 달리 약간 삐딱해요.

심재관 대화가 너무 어렵게 빗나간 것 같아요. 다시 진화론 이야기로 돌아올까요. 다른 종교는 대부분 세계 창조설을 가지고 있어요. 일종의 창조 설화죠. 창조 설화는 창조의 시작점을 크게 강조합니다. 그리고 창조한 세계가 끝나는 지점도 있지요. 이렇게 많은 종교는 처음과 끝이 있는데 불교는 무시무종이라고 해서 시작도 끝도 없잖아요. 여기서부터 불교는 다른 종교와 차이가 생깁니다. 혹시 이런 세계 창조 혹은 창조 설화의 구조를 진화론적 사유 구조와 비교할 수 있을까요?

최종덕 창조 신화에서 시작의 이미지는 창조, 탄생, 개벽, 질서, 빛 등의 아이콘으로 입혀지고, 끝의 이미지는 파멸, 구원, 종말, 무질서, 어둠 등의 아이콘으로 전승되고 있죠. 신화와 종교가 제 전공 분야는 아니지만 신화나 종교나 이 점에서는 마찬가지지 않나 싶어요. 창조 종말의 시간관과 무시무종의 시간관은 대비적이에요. 또한 창조 종말론과 진화론 역시 대비적이요. 그러면 무시무종의 시간관과 진화론의 시간관을 비슷하게 유비시킬 수 있을까요? 실상 이런 비유 논법은 겉으로는 삼단논법 비슷해 보이지만 비논리적인 비유예요.

심재관 그렇지만 그 구조 사이를 서로 비유할 수 있잖아요. 비유
는 논리에 구속받지 않고 상상력을 통해서도 가능하다고 생각
해요.

최종덕 네, 그래요. 진화론에서도 시간의 시작과 끝은 없어요. 물
론 진화의 최초 조상이 있어야 합니다. 그것이 원핵세포가 되
든지 아니면 진핵세포가 되든지 관계없어요. 그렇지만 진화의
메커니즘 자체 혹은 진화의 시간관은 연속적이고 목적도 없으
며 끝도 없는 자연의 흐름이에요. 지구에서 원시 생명의 시작
은 당연히 있죠. 지구 형성의 시작점보다 앞설 수 없으니까요.
그런데 하나의 생명종 단위에서 시작점이 무엇인지를 묻는 질
문도 진화론에서는 물을 수가 없습니다. 왜냐하면 진화론에서
는 종과 종 사이는 명확하게 구분될 수 없으며 연속적인 변화
의 폭이 커질 때 비로소 분화된 다른 종으로 파악되는 것이니
까요. 예를 들어, 침팬지 종의 시작점이 어디냐는 명확한 가름
선이 없는 거예요. 보노보는 침팬지 종에서 갈라진 종이에요.
보노보 종이 침팬지 종으로부터 갈라지기는 했지만 유전자 상
으로 갈라졌다 쳐도 눈에 보이는 현상으로는 갈라진 것이 곧바
로 드러나지 않지요. 이런 유전자의 갈라짐이 몇 만 년 혹은 몇
십만 년 흐르면서 비로소 눈에 띄게 차이나게 되겠죠. 그 시간
은 종마다 다르지만요. 그 사이에 겉으로 드러난 현상으로써는
아직 이것이 보노보인지 침팬지인지 규정하기 어렵겠죠. 그렇
기 때문에 침팬지와 다른 종으로써 보노보의 시작점이 어디라
고 정확히 말할 수 없어요. 요약하면, 종은 변화하며 종 사이가
연속적이라는 점이 바로 진화론의 중요한 한 축이에요. 진화론

156

이전에는 칼 폰 린네Carl von Linne의 종 분류법에 따라 종을 구분했어요. 린네가 구분한 종이란 종과 종 사이가 명확하여 불연속적이며, 종은 종마다 다 결정된 실체론적 존재이며, 영원히 불변한다는 것입니다. 다윈 진화론의 혁명은 린네의 이런 형이상학적인 종 분류법을 타파했다는 데 있어요. 결국 "보노보의 시작점은 어디지?", "인간의 시작점은 어디야?" 혹은 "보노보 종의 실체는 무엇이지?", "인간의 결정론적 본질은 무엇이지?" 와 같은 질문은 고전적인 린네의 실체론적 종 분류에 의한 질문이자 형이상학적인 질문에 지나지 않아요. 혹은 창조론을 기반으로 한 질문 방식이죠.

심재관 다윈의 진화론은 종 분류에서도 중요한 기여를 한 것이군요. 최 선생님의 이야기를 들어보니 종 분류법이 린네에서 다윈으로 전환된 사실은 단순히 과학만의 문제가 아니라 존재를 어떻게 인식하느냐 하는 철학적 문제를 포함하고 있네요. 생명 종 혹은 생명 개체의 정체성identity은 불변의 본질이 아니라는 것이군요. 매우 중요한 시사점이에요. 제가 다시 선생님 이야기를 정리한다면, 첫째 변할 수 있으며 둘째 영원하지 않다는 점이 중요하다는 점이죠.

최종덕 진화의 단위가 되는 요소를 형질traits이라고 부르는데, 형질에는 두 가지가 있어요. 하나는 유전자 차원의 형질인데 이를 유전형이라고 하죠. 다른 하나는 겉으로 보이는 차이, 이를 표현형이라고 합니다. 인간과 침팬지 이야기를 다시 해 볼게요. 유인원에서 인간으로 발전된 것이 아니라는 점은 이미 여러 차례 말했죠. 유인원에서 원시 인간 종으로 갈라진 것이 현재 연구 결과에 의하면 650만 년 혹은 7백만 년 전으로 추정돼요. 그 기간 동안 원시 인류는 호모에렉투스부터 쭉 이어져서 중부 유럽에서 뼈가 발견된 네안데르탈인 등 오늘의 호모사피엔스로 갈라지면서 진화한 것이에요. 마지막으로 현 시점에서 제일 가까운 과거 대략 3~5만 년 전에 호모사피엔스와 네안데르탈인이 유럽 땅에서 다시 만납니다. 두 인간 종은 서로 다른 종이에요. 네안데르탈인은 이미 당시의 빙하 시기였던 유럽 기후에 적응한 상태로써, 호모사피엔스보다 키도 더 크고 뇌의 크기도 더 컸어요. 그런데 이유는 확실하지 않지만 네안데르탈인은 그 직후 멸종되었지요. 그리고 오늘의 우리들 즉 호모사피엔스가 생존해 있는 거예요. 그래서 어떤 학자들은 우리들의 피 속에 이미 네안데르탈인 종의 피가 섞여 있다고 주장해요. 충분히 그럴 수 있죠. 왜냐하면 중부 유럽 같은 지역에서 같은 시기를 살았으니까요. 그러니 그들 사이에 생물학적 조우가 이뤄졌겠죠. 그리고 피도 섞였으리라는 점은 단순한 상상이 아니라 실제의 모습이죠. 제 이야기의 핵심은 호모사피엔스라고 하는 생명종의 본질이 딱 이거야 하고 결정된 것이 아니라는 것을 말하려고 진화 인류학 이야기를 한 거예요. 우리는 이미 혼종이고 잡종이에요. 혼종과 잡종이 없이 오늘날과 같은 생명의 다양성은 생각될 수 없죠. 그만큼 생명의 세계에서 서로 섞인다는 사실은 중요합니다. 서로 섞이면서 시간이 흐르고 또 지역에 따라 변하면서 생명마다 정체성이 생긴 것이죠. 처음부터 이것은 호모사피엔스야, 저것은 개과에 속하는 늑대 종이야 라고 결정된 것은 없는 거예요. 세상에 고정된 것은 없어요.

심재관 그럼 DNA상으로나 외형상으로도 어떤 종의 본질을 결정할 수 없다는 얘기죠? 최 선생님의 생명종 이야기를 듣다 보면 마치 불교의 무상無常설이나 연기설 강의를 듣고 있는 듯해요. 그렇게 불교와 소통할 수 있는 면이 많다는 생각이 들어요.

최종덕 불교와 소통 가능한 영역은 진화론 그 자체보다는 지금 설명하려는 진화론적 사유 구조라고 말하고 싶어요.

심재관 당연히 그렇지요. 불교가 진화론은 아니니까요. 다만, 진화론이 갖는 총괄적인 세계의 이해 방식이 불교와 유사할 따름이라고 봐요.

최종덕 진화론적 사유 구조를 설명하면 되겠군요. 진화론적 사유 구조란 일종의 자연주의 설명 방식이에요. 혹시나 진화론적 사유 구조를 통해 심 선생님이 이야기하신 불교의 특징을 보다 더 잘 설명할 수 있으면 좋겠고요. 그러나 앞서도 말했지만 생물 차원의 진화론과 문화 차원의 불교를 직접 연관시키는 일은 유비 오류를 범하기 쉽죠. 저는 이 둘을 직접 비교하려는 것이 아니라 수사학 차원에서 불교에 대해 설명의 효과를 높이기 위해 진화론적 사유를 사용한다고 생각하면 돼요. 우선 진화론의 아주 기초적인 명제 몇 가지를 이야기하려고요. 진화론적 사유의 출발은 차이와 다양성입니다. 생명 진화가 이루어지려면 생명 개체들이 다양해야 하고 그 수가 아주 많아야 합니다. 선택의 경우 수가 적으면 그 선택은 대체로 편향적이게 되죠. 그리고 개체 사이의 차이가 조금이라도 있어야 하는데 만일 개체는 많아도 그들 모두 차이가 없다면 선택이라고 할 것도 없을 겁니다.

심재관 개체들 사이의 차이가 중요하다는 말이군요.

최종덕 예를 들어, 개복치 알은 알을 한 번 낳을 때 거의 3억 개 가까이 낳아요. 거의 방류 수준이죠. 그렇게 많은 알이 한 어미의 배에서 나왔지만 이들 염색체 서열 구조는 같은 것이 하나도 없어요. 다 다른 거죠. 진화의 기제인 자연 선택이란 바로 이런 다양한 변이 때문에 일어나는 것입니다. 그 수많은 알들 중에서 어떤 것은 생존하고 어떤 알은 다른 생물종의 먹잇감으로 희생되겠죠. 생존한 것은 다음 세대에 더 많은 알을 낳을 수 있으며 더 맘에 드는 수컷을 만날 수 있을 겁니다. 그래서 그들의 생물종은 생존과 번성에 더 유리해질 수 있는 것이죠. 그들의 알은 대부분 먹혀서 없어지지만 거꾸로 보면 주변의 생물들에게 적응의 기회를 더 확산시켜 주는 결과로 이어질 수도 있어요. 진화는 개체의 수준에서 적응하지만 생태의 수준에서는 공생을 유도할 수 있어요. 진화론적 사유 구조의 가장 큰 특징은 다양성과 변화를 세계관의 중심으로 둔다는 점입니다. 생명체는 진화하면 할수록 더 다양한 생물종들이 생겨납니다. 생명의 이러한 다양성을 생태계라고 말하기도 하죠.

심재관 진화론 하면 기린의 긴 목이 연상되거든요. 기린의 목이 길어진 것이 진화의 결과라는 것이죠.

최종덕 당연히 진화의 결과이기는 한데, 진화의 과정을 오해하는 경우가 많아요. 진화론을 잘못 알고 있는 사례를 하나 들어볼 게요. 기린의 목이 길어진 이유가 높이 있는 나무의 열매를 따 먹기 위한 의지를 갖고 대대로 이어서 노력을 하다 보니까 기린 의 목이 길어졌다는 이야기들을 합니다. 이건 진화론하고 아무 관계가 없어요. 아주 큰 오해죠. 그것이 아니라 기린들 사이에 서 목의 길이가 다양한데, 그런 기린 중에서 목이 긴 기린은 목 이 짧은 기린보다 열매를 따먹을 수 있는 확률이 높아서 번식 률이 좋게 되고 결국은 후대에 걸쳐 점차 목이 긴 기린이 더 많 이 존속하게 된다는 것이 바로 진화론의 핵심이죠. 어쨌든 다 양한 개체들이 있어야 더 다양한 후손들을 생산할 수 있고 긴 시간에 걸쳐 더 다양한 종의 분화가 가능하다는 뜻입니다. 그 래서 생명체는 그 어느 것도 고정된 종으로 남는 것이 아니라 끊임없이 진화하는 과정적 존재인 것이죠. 그래서 제가 말했듯 이 진화론적 사유의 핵심은 다양성과 변화라는 데 있다고 한 것이죠.

심재관 설명하신 대로, 종의 다양성 가운데에서 생존에 유리한 것들이 남는다는 자연 선택이 진화의 핵심적인 과정이라고 볼 수 있는 것인데, 사실 이러한 진화 개념은 역사나 사회 속에서 도 동일하게 나타난다고 생각합니다. 종교의 역사도 마찬가지 라고 보거든요. 자연선택이라는 것이 인간의 문화 환경 속에서 도 나타난다고 생각해요. 문화 환경에 따라서 어떤 종교 또는 어떤 종교 현상은 취해지고 존속하는 것이 있으니까요. 경전이 나 성경의 성립이 그렇고, 거기서 표현되는 사상이나 인물의 특징들도 어떤 것은 취해지고, 어떤 건 버려지지요. 마찬가지예요. 한 종교 내의 이단과 정통의 대립도 문화 환경에 따라 취해지고 결정된 것에 지나지 않는 거죠. 본래부터 이단이거나 정통이었던 것은 없다는 거예요. 종교사의 모습도 이런 진화의 개념으로 볼 수 있어요.

최종덕 그런 점에서 저는 종교의 진화라는 개념을 자주 말하고 있어요. 종교 안에는 이단과 정통이라는 싸움이 아주 많아요. 과연 이단과 정통의 차이가 무엇이고 그 기준은 누가 정하는지 궁금하거든요. 저는 기본적으로 이단은 없고 단지 다양한 형태의 신앙심으로 본다는 말이죠. 그래서 종교를 진화론적 사유 구조로 다룰 수 있다는 뜻이에요.

심재관 저도 전적으로 동감합니다. 예를 들어, 기독교 초기의 사례를 보죠. 예수님이 돌아가신 후 제자들 사이에서 다양한 복음서들이 만들어졌죠. 교회가 만들어지면서 예배를 위해 구전되던 가르침들이 문서화될 필요가 있었기 때문에 초기의 교회 분파에 따라 제 각기의 문서들이 만들어졌고요. 복음서들도 그 가운데 있죠. 사도들의 이름을 붙여서 그 복음서들의 정당성을 부여하고자 했던 경향도 많았던 것으로 보여요. 지금 성서 속에 들어간 복음서는 4복음서만 있지만 그 전에는 상당히 많은 복음서가 존재했었어요. 주로 교부 시대 3~4세기 때에 '선택'에서 배제된 것으로 보여요. 20세기 이집트에서 발견된 나그 함마디Nag Hammadi 문서들 속에는, 지금은 성경 안에 들어가지 않은 교회 초기의 영지주의靈知主義 문헌들이 많이 있거든요.

이런 것들이 3~4세기경에 모두 외경外經으로 취급되면서 결국 도태되었다고 봅니다.

최종덕 지금도 외경은 이단으로 취급받지 않나요?

심재관 이단으로 많이 취급되는데, 당시에도 그랬던 것 같아요. 자신들이 보아 왔던 복음서와는 내용이 너무 다르고 이상한 거예요. 당시 이레네우스Irenaeus 같은 교부들이 특히 영지주의 전통에 대해서 강력한 공격을 가했거든요. 《이단을 반박한다》와 같은 책도 쓰고 그랬어요. 전통을 만들기 위한 노력들이 이런 교부들에 의해서 만들어졌던 거예요. 그래서 27개의 문서로 만들어진 성경이 정경正經이 된 거죠. 그런데 이들의 노력만으로는 그냥 논쟁거리에 지나지 않았을 텐데, 이것이 콘스탄티노플에 의해 공인되면서 완전히 전통으로 자리 잡게 된 것이지요. 콘스탄티노플 공의회가 열린 것도 정치적 안정을 꾀하고자 했던 의도도 있었겠죠. 잡소리가 나오지 않도록 말이죠. 이런 것들이 27개 문서가 성경으로 남게 된 문화 환경이라고 볼 수 있죠. 외경은 그들 사회가 지향한 일종의 선택에서 제거된 것이고요. 외경에는 〈도마 복음서〉도 있고, 심지어는 〈유다 복음서〉도 있고요. 예수님을 팔아먹은 유다의 복음서가 있는데, 《내셔널 지오그래픽》에서 2006년경인가 다큐로 제작된 적도 있어요. 그 복음서는 이집트에서부터 어떤 경로를 통해 유럽으로 들어와 최근에 발견된 것이에요. 학자들에 의해 해명된 〈유다 복음서〉 내용 안에는 "내가 예수님을 팔아먹은 것은 맞는데, 내가 판 것이 아니라 예수님이 그렇게 시켰다"는 내용이 있어요. 예수님이 나에게 와서 "유다야, 내 제자들 중에서 네가 나의 본심을 가장 잘 알고 있다. 그러니 네가 나를 희생하게끔 해라"는 내용이 〈유다 복음서〉의 전말이거든요.

최종덕 그렇다면 유다는 나쁜 사람이 아니네요.

심재관 이 복음서를 따른다면, 유다는 예수님의 가장 충실한 제자라고 볼 수 있죠. 예수님의 희생의 뜻을 잘 이해하고 있었던 제자니까요. 역사를 연상할 수 있다면, 혹은 유다라는 인물을 상식적으로 생각해 본다면, 유다가 바보가 아닌 한 자기의 스승을 팔아먹을 수 있는 인물로 되기 어렵죠. 평생 아니 후대를 이어가며 욕먹고 비난받을 것이 뻔한데도 불구하고 자기 스승을 욕보이게 한 것이죠.

최종덕 희생양이네요.

심재관 그럼요. 그런 절대적 이타성을 감당할 수 있는 제자는 유다 밖에 없을 것으로 예수님이 생각했던 거죠.

최종덕 그렇지만 지금은 이단으로만 여겨질 뿐이죠.

심재관 맞아요. 어쨌든 기독교 초기의 외경 중에는 〈유다 복음서〉도 있고 〈도마 복음서〉, 〈마리아 복음서〉도 있고 다양해요. 〈막달라 마리아의 위대한 의문〉이라는 외경 중에는 정말 충격적인 내용도 들어 있어요. 예수님이 마리아를 산에 끌고 올라가서 옆에 세워 놓고 자신의 옆구리에서 여자를 한 명 만들어 내요. 그리고 마리아가 보는 앞에서 섹스를 하는 내용이 있어요, 옆구리에서 만들어 낸 여자와 함께요. 그러면서 예수님이 자신의 몸에서 나온 정액을 마리아게 주면서 "이것을 받아먹어라, 이렇게 해야 삶을 얻을 수 있다"라고 해요. 마리아가 기겁해 실신하니까 예수님이 일으키며 말하죠. "너희들은 나를 믿지 못하느냐? 신앙심이 얇기 짝이 없구나." 뭐, 이런 대화의 내용을 담고 있어요. 이건 성경에서 예수님이 말한 것처럼 "너희가 이 세상 일도 믿지 못하는데, 어찌 내가 천국의 일을 너희에게 이야기하겠느냐"고 질타한 것과 같은 의미를 갖는다고 봐야지요.

최종덕 그 이야기를 들으니까, 지난번 심 선생님이 얘기했던 탄트리즘이 생각나네요.

심재관 네, 저도 그런 생각이 들어요. 일전에 얘기한 요기니 탄트라의 수행법과 유사한 특징이 보이거든요. 상징과 비유를 많이 사용하니까요. 그러니까 기독교 초기에는 예수님이나 사도들을 바라보는 데 있어서 상당히 다양한 형태의 시선이 있었던 거죠. 막달라 마리아가 예수님께서 가장 아끼고 사랑한 제자라는 복음서도 있거든요. 그런 시선을 담아낸 다양하고 서로 독립적인 경전이 있었다는 뜻이에요.

최종덕 초기 경전은 마치 살아 있는 생명 개체와 같았군요. 많은 개체, 다양한 개체들 사이에서 오늘에까지 존속하게 된 개체들이 있듯이 경전도 그렇다는 것이군요.

심재관 네, 바로 그런 얘기예요. 다양한 개체들이 있었는데 거기서 몇 개만 선택된 거죠. 그래서 정통 경전이 된 거예요. 예수님을 그려낸 경전으로 엄청 많은 종種들 가운데 몇몇 종들만 선택된 거죠.

최종덕 음, 그러면 나머지는 모두 이단이나 외경이라는 것인가요?

심재관 지금의 성경이란 결국 선택되어 생존한 문서들이라고 볼 수 있어요. 당시의 문화 환경에 적응하여 생존한 것이고, 나머지 외경은 그것이 처한 문화 환경 속에 적응하지 못하고 도태되거나 버려진 것이라고 봐야지요.

최종덕 그래서 종교도 진화한다고 말할 수 있나요?

심재관 진화의 의미가 무엇인지를 먼저 설명을 해 놓아야 답변이 될 것 같아요.

최종덕 이와 관련한 진화의 의미는 우선 선택과 적응이라는 하나의 미시적 체계와, 다양성과 변이 가능성이라는 또 다른 생태적 체계를 양면적으로 포함하는 거죠.

심재관 선생님이 말씀하신 미시적 체계라면 기독교의 경전은 진화했다고 볼 수 있어요. 기독교는 나머지는 다 털어 내고 정통이라고 판단된 경전만을 남겨 놓은 것이죠. 그런 것이 바로 지금의 경전이 된 것이죠. 따라서 나머지는 모두 외경으로 간주되거나 아니며 이단의 경전이 된 것입니다.

최종덕 불교도 마찬가지인가요?

심재관 진화를 변이 가능성이나 다양성의 생태로 본다면, 기독교
보다 불교가 더 진화적이라고 말할 수 있어요. 예를 들어, 붓다
의 제자들 중 A그룹은 붓다를 a라고 해석하고 반면에, 제자들
중 B그룹은 붓다를 b로 해석해 그런 말을 후대로 전합니다. 그
러면 a경전과 b경전은 서로 경합하여 하나만 생존하는 것이 아
니라 서로에게 공존의 여지를 주는 것입니다. 불교에서는 당연
히 그럴 수밖에 없는 것이, 부처님의 가르침 자체가 목적이 아
니거든요. 그 가르침을 통해서 세속의 집착을 끊고 깨달음을
얻고자 하는 과정 속에서 부처님의 가르침이 의미가 있으니까
요. 어떤 사람은 a가 수행에 적합할 수 있고, 또 어떤 사람은 b
가 자신의 수행에 적합할 수 있으니까요. 부처님의 가르침은 하
나의 수단일 뿐이에요. 수단에 대한 관용의 폭이 넓을 수밖에
없는 거예요. 그래서 a경전은 a경전대로, b경전은 b경전대로 살
아남아 존속하는 것입니다. 연장 그릇에 연장들이 가득한 거
죠. 그런 경전을 모아 놓은 것이 바로 대장경이에요. 대장경에
는 버리는 것 없이 대부분의 경전이 다 있죠. 그래서 대장경이
엄청나게 커진 것입니다. 보통 외경이라고 불릴 수 있는, 명백히
후대의 창작물로 보이는 외경들apocrypha이라 불릴 만한 것도
그 속에 있어요.

최종덕 한 경전 안에도 여러 관점이 공존하겠군요. 그렇다면 불경

도 생태적 의미에서 진화한다고 말할 수 있네요. 생태적 공존
이라는 점에서 말이죠.

심재관 네, 그러나 공존만 있는 것이 아니라 그 안에는 갈등도 많
아요.

최종덕 경전 내부에서 서로 충돌되는 내용도 있다는 말인가요?

심재관 물론이죠. 불교의 경전들은 특정 권위에 의해 형성된 것이
기보다는 각각의 상황에 따라 형성된 것이라서 치밀한 체계성
은 약한 편이죠. 그러나 근본적인 원칙은 일관되게 드러나 있다
고 봐야겠지요. 예를 들어, 무아설이나 연기설, 윤회 같은 것은
거부된 적이 거의 없다고 볼 수 있겠죠. 물론 초기 교파 중에는
영혼 같은 존재를 인정했던 밧시뿌뜨리야Vatsiputriya 같은 학파
도 있긴 했지만요. 극히 예외적인 경우까지도 포함해서, 각각의
상황 속에서 제작된 다양한 경전들이 생태적으로 묶여 있다는
뜻이에요.

최종덕 생태적 의미의 진화에는 여러 가지 방식이 있다고 생각돼
요. 저는 경전 자체가 생태적이거나 더 좋은 교리라는 생각을
부정하고 있어요. 오히려 특정 경전을 따른 사람들, 혹은 그런
사람들의 집단이 흥성하면 그 경전의 세력이 더 커지는 것이고
그런 집단이 축소되면 그 경전도 따라서 소멸될 뿐이라고 보는
거죠. 경전 자체가 아니라 경전을 따른 사람들의 집단이 생태
적이냐 아니냐의 문제로 본다는 말입니다. A라는 경전을 따르

는 집단, B라는 경전을 따르는 집단, C라는 경전을 따르는 집단 간의 진화적 생태 관계가 성립되는 것이지, a경전, b경전, c경전 자체의 생태 관계는 아니라는 것이죠. 경전이 살아남는다는 것이 우스운 이야기라고 봐요.

심재관 당연한 말씀이지요. 그건 사람들이 경전이나 성경을 어떻게 바라보는가, 또는 경전이나 성경을 이루고 있는 언어 자체를 어떤 관점에서 보는가와 관계가 있는 것이니까요.

최종덕 특정한 경전 자체가 아니라 각각의 경전을 따르는 집단 내부에서 식량을 확보하려는 결속력, 외부 침입자에 대한 방어력, 내부자 간의 상호 신뢰도 등의 내부자 협동성 수준이 다른 집단보다 더 높기 때문이 A집단이 더 풍요롭고 더 번성할 수 있게 되고, 따라서 그 A집단이 선택한 a경전이 다른 경전보다 더 많이 적응력 있게 존속하게 될 수 있다는 겁니다.

심재관 그런데 그런 해석은 경전이나 종교의 해석이 아니라, 단지 집단생존의 모습일 뿐인 것 같아요. 저는 교단 내부의 경우에 한정해서 말하고 싶은데요, 불교의 교파도 여러 개가 있었지만 그 교파가 얼마나 존속하고 왕권의 후원을 받느냐에 따라 그들이 소유하고 있었던 경전도 잘 보존되는 것은 당연하지요.
　제가 드리고 싶은 말은, 교파들이 서로 다른 경전들을 가지고 있었다고 하더라도, 이건 물론 다른 교리와 계율 체계를 갖는다는 말이기도 하지만, 설사 그렇더라도 그들의 각기 다른 경전들이 소위 '정전Canon'이냐 아니냐를 놓고 배제되거나 소각되지는 않는다는 거죠. 불교 내에서 교파들 사이의 논쟁이 심했고 다른 경전을 만들고 했지만, 후대에 정전화 과정을 거치면서 이단으로 남거나 배제되거나 하지는 않았다는 말입니다. 이것들의 상하 위계는 만들어진 적은 있어도 배제되거나 억압적으로 삭제되지는 않았다는 말이에요.

불교는 경전이 다르다고 해서 다른 교파를 이단시한 적이 없어요. 이 말은 경전을 절대화하지 않았다는 말이거든요. 마치 계속 변화하고 증장해 온 생명과 같은 것이었지요. 석함 속에 갇혀서 미이라된 경전은 아니었어요.

최종덕 진화생물학에서 중요한 것은 생명은 고정적인 것이 아니라 변화 과정에 있는 존재라는 점입니다. 마찬가지로 문화적 요소로써의 종교도 다양한 해석이나 집단들을 관용으로 공존하도록 하는 것이 중요할 겁니다.

심재관 당연하지만 중요한 얘기예요. 인간 사회가 그렇게 되면 정말 평화로울 텐데요.

최종덕 제가 인류의 진화를 조금 더 이야기해도 될까요?

심재관 물론이죠.

최종덕 원시 인류에서 현대 인류로 오는 변화의 과정을 사례로 볼게요. 앞에서도 말했지만 첨단 유전 공학 기술로써 호모사피엔스 내에 네안데르탈인의 유전자를 추적할 수 있어요. 인간의 유전자 염기 서열과 박테리아 염기 서열이 몇 퍼센트까지 같으며 다른지도 측정할 수 있죠. 그런 정도는 이제 어려운 기술에 속하지도 않아요. 그런데 네안데르탈인의 유전자를 어느 정도까지 겹치느냐의 문제는 실제로 생명종 연구에 도움이 되지 않아요. 왜냐하면 호모사피엔스와 네안데르탈인조차도 그들의 고유한 존재 본질이 원래부터 있었던 것이 아니기 때문이에요. 실제로는 호모사피엔스와 네안데르탈인 사이에서 유전자군 염기 서열 차이의 상대적 거리가 얼마나 되느냐라는 것이 더 의미 있죠. 중요한 점은 이 세상의 모든 존재는 불변하는 고정된 것이 아니라는 거예요. 인간 종도 하늘에서 결정해 주어진 영웅이 아니에요. 나와 박테리아는 동일한 염기 서열의 구체적인 유전자를 상당 부분 공유하고 있어요. 나와 박테리아가 그럴진대 이 세상의 생명 존재 모두가 나와 연결되지 않은 것이 없겠죠. 왜 연결될 수밖에 없는지에 대한 이유는 제가 벌써 서너 차례 이야기했죠. 연결되지 않은 생명은 이미 적응하지 못하고 없어진 거예요.

심재관 그런데 종교나 신화 그리고 정치 사회적인 영역, 통틀어서 문화에도 진화가 적용될까요? 생물계 진화를 사회 문화 영역에 그대로 적용할 수 없겠지만, 종교 문제로 국한해서 이야기할 수 있는 부분이 있을 것으로 생각해요.

최종덕 앞에서도 제가 말한 기억이 나는데, 종교 역시 고정된 틀은 없다고 봐요. 종교의 본질은 없다는 뜻이죠. 영원하지도 않고요. 종교의 역사 5천 년은 인류의 역사에 비하면 백 분의 일밖에 안 돼요. 인류의 역사는 연구자마다 다소간 차이는 있지만 앞서 말한 유전자 가지치기로 볼 경우 20만 년 정도가 됩니다. 원숭이와의 분화된 역사는 7백만 년에 이르고요. 7백만 년은 고사하고라도 그 20만 년의 역사 속에 비록 원시적이지만 그런 작은 원형 지식이 쌓이고 쌓여서 과학과 종교 그리고 종교가 2천 5백 년 전에 비로소 드러났을 뿐이죠. 플라톤과 맹자, 예수와 부처가 어느 날 갑자기 나타난 것은 아니거든요.

심재관 그러나 우리 현대인은 1만 년도 안되는 문명사에 지나치게 천착하고 있는 것이 현실이잖아요.

최종덕 인간의 인간 중심적인 오만함이 여기서부터 생기죠. 근대인은 그 짧은 철학과 과학과 종교의 역사를 마치 인류 전 역사로 간주했죠. 2천 5백 년 동안의 지성사를 이루게 한 20만 년이라는 배후의 역사를 무시한 채 말입니다. 이것을 인간의 오만이라고 표현한 것입니다. 문명사 이전에 20만 년의 인류의 역사, 그리고 인류와 원숭이가 분기된 이후 7백만 년의 인류 흔적의 역사에 대해서는 함구하는 거예요.

심재관 왜 그럴까요? 그 이유가 무엇인가요?

최종덕 그 이유는 간단해요. 서양 종교의 입장에서 볼 때 인간의 역사는 종교의 역사와 같다고 생각했기 때문입니다. 그 시간 이래 봐야 기독교에서 말하는 창조의 시점인 6천 년 전입니다.

심재관 그러나 불교에서는 아주 오랜, 무한 겁의 시간을 상정하고 있잖아요.

최종덕 불교가 서양인에게 알려진 것은 1백 년밖에 안 됩니다. 그 때 서양인에게 가장 생소했던 것 중 하나가 바로 시간관이었어요. 시간으로나 공간으로나 무한 개념은 서양인에게 받아들일 수 없는 가장 큰 난제였지요. 그리고 영靈의 개념 역시 서양인에게는 어려운 것이었습니다. 서구 철학사에서 볼 때 플라톤 이래로 지식과 존재를 설명하기 위해 영과 무한은 불필요했으며 동시에 있어서는 안 되는 개념이었죠. 진화의 역사는 실제로 무한에 가까운 것이어서 아마 진화론이 불교와 좀 더 친화적이지 않나 생각합니다.

심재관 원래 이야기하려는 의미로 돌아가죠. 지금 인간 중심주의 비판과 관련한 최 선생님의 이야기는 실제로 서구 사회를 겨냥하고 말하고 있는 것이죠. 그래서 불교 입장은 이야기할 필요 없겠죠.

최종덕 복잡할 것 없어요. 결론으로 말해서 20만 년의 인류의 역사, 7백만 년의 인류 흔적의 역사, 35억 년의 생명의 역사, 47억 년의 지구의 역사, 137억 년의 우주의 역사에 대해 눈을 감아 버리고, 1만 년도 안 되는 문명과 문자 그리고 종교의 역사만을 말한다면 그것이 바로 전형적인 인간의 자만인 것입니다. 도그마와 문자를 모르는 카스피 해 언덕 너머 작은 마을의 노인들도, 페루 서쪽 4천 미터 산허리에 사는 주술사도, 영월 땅 동강변에 사는 우리 할머니도 그런 장구한 시간을 헤아릴 수 있었는데 말입니다. 현대 종교가 샤머니즘의 진화론적 후손이라는 점만 인정해도 아마 세계 평화가 올 거예요. 샤머니즘의 후손이라는 뜻은 권위를 쌓지 않고, 권력을 쫓지 않고, 차별을 하지 않고, 파벌을 만들지 않는다는 뜻이죠.

문화

동서양이 만나다

최종덕 20세기 과학기술이 급속도로 발전하면서 지금 우리는 많은 기술 문명의 혜택을 받고 있어요. 이는 분명한 사실이지요. 인간 수명이 두 배 가까이 연장되고, 통신이나 교통 그리고 위생과 복지 차원에서 과거와 비교할 수 없을 정도로 좋아졌죠. 이러한 비약적인 과학 기술의 혜택에도 불구하고 지금 현대인이 과거 2천 년 전 사람보다 행복하다고 분명히 말할 수 있는가에 대한 의문이 많이 제기되고 있어요. 누구나 다 행복해지고 싶어 하지만, 행복하다는 상태도 사람마다 생각하는 것이 다 다르죠. 어쨌든 많은 현대인들이 자신을 행복하다고 생각하지 않는다는 점입니다. 지금 미국에서 행복론이 얼마나 유행인지 몰라요. 처음에는 심리학자들 사이에 논점이었지만 최근에는 대중들에게 최고로 인기 있는 주제가 되었어요. 한국도 마찬가지죠. 요즘의 국내 서점을 잘 살펴보면 번역된 미국의 행복론 도서들이 기존의 처세술 관련 도서에 섞여서 큰 인기를 누리고 있어요.

심재관 그런 흐름은 오히려 현대인이 그만큼 행복하지 못하다는 것을 거꾸로 반영하고 있는 것 아닐까요? 우선 행복하다는 것이 무엇인지도 공감대를 이뤄야 할 것 같고요.

최종덕 두뇌의 입장에서 보면, 마약 같은 환각제를 복용하고 취한 행복한 의식과, 행복한 상황에서 느끼는 행복한 의식은 서로 구분이 되지 않아요. 그렇기 때문에 행복한 상태와 행복한 의식을 구분하는 일은 중요해요. 행복한 상태는 지속적으로 몸과 마음으로 느끼는 만족감과 편안함입니다. 단순히 일시적인 행복한 의식을 행복한 상태라고 하지는 않죠.

심재관 좋아요. 그러면 지속적인 만족감과 편안함을 행복한 상태라고 정의해도 되는군요. 편안함도 그렇지만 특히 만족감이란 상대적인 감정이잖아요. 상대적 기준을 받아들일 수 있나요? 만 원에도 만족할 수가 있지만 1억 원에도 만족하지 못해 싸우는 사람들이 우리 주변에도 부지기수죠.

최종덕 바로 그 점이 행복론 논쟁의 핵심일 거예요.

심재관 붓다의 요점을 간단히 말한다면, 상대적 행복에서 절대적 행복을 찾아가는 깨달음이라고 할 수 있어요. 아무리 물질적 풍요로움을 누리는 현대인도 그런 물질에 만족하지 못하고 항상 불안과 불만에 사로 잡혀 있는 것이죠. 행복이 상대적이기에 현대 과학기술의 많은 혜택을 받고 있는 현대인이 2천 5백 년 전 사람들보다 행복하다고 확실하게 말할 수 없는 이유죠.

최종덕 저도 상대적 행복론에 동의합니다만, 물질적 발전에 의한 풍요로운 혜택을 받고 있다는 점도 인정되어야 한다고 봅니다. 저는 특히 인간의 수명이 거의 두 배 가까이 늘었다는 점을 중시합니다. 인간 수명의 연장이 곧 행복이라고 보는 것은 아닙니다. 단지 물질적 행복과 정신적 행복을 굳이 나누어 보는 입장이 아니라는 점입니다. 정신적 행복이나 물질적 행복이나 감정 상태에서는 동일한 의식 상태거든요. 다만 기존의 말대로 정신적으로 행복하면 물질에 의존하는 정도가 자유로울 수 있듯이 물질적으로 행복한 것도 정신적 행복에 영향을 끼친다는 점을 솔직히 인정해야 합니다. 서로 영향을 준다는 점이죠.

심재관 붓다 역시 정신적 행복과 물질적 행복을 구분한 적은 없지요. 다만 일시적 행복과 지속적 행복의 차이를 강조한 것으로 보면 될 거예요.

최종덕 우리 이야기로 돌아가서 과학기술 문명의 긍정적 혜택을 인정하는 만큼 그 부정적 부작용을 직시해야 한다는 뜻입니다. 그중에서도 저는 소외 문제를 가장 중요하게 여겨요. 빈부 차에 의해 물질로부터의 소외, 보이지 않는 계급으로부터의 소외, 왕따와 같이 집단으로부터의 소외, 새롭게 문제가 되고 있는 기계로부터의 소외, 더욱 무서운 일은 자기 자신으로부터의 소외를 느끼는 현대인이 많다는 것이죠. 일종의 문명 소외라고도 할 수 있죠. 소외는 우리를 가장 공포로 몰고 가는 문명 질병이라고 생각합니다.

심재관 소외 증상에 대한 문제 제기는 저도 같은 생각이지만 소외는 반드시 현대 기계 문명의 소산물만은 아니라고 봅니다. 붓다 당시에도, 예수 당시에도 많은 뭇사람들은 소외를 느꼈죠. 요즘처럼 표현을 제대로 못 했을 뿐이지만요. 그 당시에도 혹은 구석기 시대에도 마찬가지로 인간에게서 소외는 가장 무서운 느낌이었을 것으로 추정합니다. 그래서 주술이 생겼고, 종교도 생겨났으니까요.

최종덕 동의합니다. 그러나 제가 말하려는 소외는 자연이나 사람들로부터 받는 외적 공포와는 달라요. 일종의 심리적인 내적 불안이죠. 공포를 주는 분명한 대상이 없는 데도 불구하고 심리적 불안은 더욱더 커져만 가는 것이 현대 기계 문명의 특징이라고 봅니다. 고대인들이 공포로부터 벗어나기 위해 종교를 갖게 되었듯이, 현대인들도 소외를 벗어나기 위해 새로운 문화를 원하게 된 것입니다. 바로 그런 시점, 즉 제2차 세계대전 이후 좀 더 구체적으로는 미국이 월남전에서 패배한 1960년대 후반부터 소외 증상에 대한 탈출구를 찾기 시작했다고 봅니다. 그때부터 서양에서는 반문명 운동이 일어났지요.

심재관 불교가 서구 사회에서 새로운 각도로 다시 번지게 되었던 것도 그때입니다. 1960~70년대예요. 예를 들어, 반문명운동

의 이론적 기수였던 신과학운동이 그때 시작되었죠. 당시 신과
학운동의 이론을 대표하는 과학 서적이 프리초프 카프라Fritjof
Capra의《현대 물리학과 동양 사상The Tao of Physics》(1975)이었을
거예요. 저도 대학생 때 열독을 한 책이죠.

최종덕 네, 1974년대 나온 책이에요. 그 책은 전 세계 문명사회의
지식인 혹은 뭔가 외로움을 극복하려는 사람들에 대해 희망의
빛을 비춰 주었다고 호평을 받아온 책이죠. 저도 실은 대학교
때 그 책을 보고 많은 영향을 받았으니까요. 그 책의 핵심은 두
가지로 볼 수 있어요. 하나는 서구 기계 문명에 찌든 소외된 사
람들을 위해 동양의 유불선 사상이나 힌두 사상이 희망의 빛
이 될 것이라는 소식이었고, 다른 하나는 동양 고대 사상도 알
고 보니 현대 첨단 과학의 이론들과 맞닿아 있으며 어떤 점에
서는 딱 맞아떨어지는 부분들도 아주 많더라는 정보를 제공한
데 있었습니다. 대단한 발상이죠. 지금 봐서는 상투적인 내용
같지만, 1970년대 당시로는 획기적인 아이디어였습니다. 그래서
세계의 많은 지식인들이 놀랐죠. 카프라의 책 소개를 통해서
'신과학운동'을 정의한 것으로 생각해도 돼요.

심재관 일단 서구 기계 문명이 갖는 인간성 부재라는 부작용에
대한 반작용으로 혹은 새로운 대안으로 동양 사상을 새롭게
보기 시작했다는 것이겠죠. 그러나 저는 서양이 동양 고대 사
상을 받아들여야 한다는 그들의 입장에는 문명적 반작용 외에
정치적인 배경이 많이 깔려져 있었다고 생각해요.

최종덕 정치적인 배경이요?

심재관 유럽의 68운동은 단순한 정치운동이 아니라 정치적 요인과 문화적 요인이 합쳐져서 일어난 전환기 운동으로 잘 알려져 있죠. 한편으로는 인간성 회복 운동이었다고 말해도 될 것 같아요. 억압된 소수자나 여성의 해방도 이때 제기되었으니까요. 미국에서는 1960년대 초반부터 반문명 운동을 하는 사람들에게 동양 문화에 대한 흠모가 있어 왔어요. 한국전쟁 이후 더 강해진 매카시즘, 즉 이념적 빨갱이 몰이는 무고한 사람들을 불안에 떨게 했고, 케네디 암살 사건과, 베트남 패전의 역사 등으로 1960~70년대 미국에서 정치 불신은 최고조를 달했지요. 이러한 정치적 혼돈이나 사회적 불신이 기존의 신앙 체계를 부정하게 하고, 대신 동양 고전을 흡수하는 하나의 요인이 되었다는 뜻입니다.

최종덕 매우 색다른 해석인데요.

심재관 요즘 세태와 같은 정치적 무관심하고 달라요. 정치로는 해결이 안 되고 근본적인 의식 전환이 있어야만 된다는 지식인들의 아우성이었다고 보면 되죠. 서구 사회에서 그러한 의식 전환이 바로 동양을 통해서 가능하다고 생각한 그룹이 생겨났다는 말이에요. 오래전에 어느 방송국에서 불교가 서양에 전파되는 과정을 그린 다큐멘터리를 제작할 때 제가 개인적으로 잠시 관여한 적이 있었어요. 그 다큐멘터리에 당시 히피 세대였던 패럴렉스 출판사의 편집장이 등장한 적이 있어요. 그가 대변하듯이 당시 젊은이들 사이에서 유행했던 하나의 모토가 있었답니다. '미국은 나쁘고, 동양은 좋은 것'이라는 문명 공식이라네요.

최종덕 1960년에 시작된 새로운 이분법이네요.

심재관 당시의 젊은 세대들이 동양을 제대로 알고 동양을 흠모한 것이 아니죠. 단지 미국의 정치 불신이 쌓이고 쌓여서 그 반작용으로 동양을 막연하게 동경한 것이라고 보면 돼요. 미국 정치에 대해 팽배해진 불신이 곧 미국이나 서양이 아닌 다른 것을 찾게 된 것입니다. 그때 미국 사회에서 조용히 활동하고 있었던 극소수의 동양의 사상가, 정신적 지도자, 종교 지도자들의 모습이 크게 부각된 것입니다. 예를 들어, 스즈키 다이세쓰는 불교 학자이면서 선불교 승려였고, 앨런 와츠Alan Watts도 동양 문화를 전파하는 데 큰 기여를 했어요.

최종덕 불교가 미국에 실질적으로 그리고 대중들에게 전해진 것은 그리 오래된 것이 아니군요.

심재관 그렇죠. 1960~70년대부터 대중적으로 알려진 셈이에요. 전파의 기원을 굳이 따지자면 시카고에서 1893년에 개최되었던 세계 종교 박람회라고 보면 되죠. 당시의 시카고 세계 종교 박람회는 역사적인 사건이었어요. 그때 남방 불교를 대표해 참석한 스리랑카의 아나가리카 달마팔라Anagarika Dharmapala가 미국에서 처음으로 설법한 거예요. 그리고 그 설법 이후 한 미국인이 처음으로 불교에 귀의한 사건도 일어납니다. 비록 극소수였지만 미국 사람들이 불교를 처음 접하게 된 기회였죠. 지식과 학문으로써가 아니라 실제의 종교로써 말이에요.

최종덕 재미있군요. 고전 문헌도 마찬가지예요. 1800년대에 동양 고전들이 많이 번역되어 서구 사회에 소개되었죠. 불교 경전에서 노자, 장자의 도가 그리고 논어 등의 유교 경전들이 많이 번역되었지만 일반 대중 속에 들어온 것은 아니었죠. 실질적으로 일반인들이 접한 것은 심 선생님 말대로 정치 사회적 위기에 봉착했던 20세기 중반부터예요. 서구의 인간 위기를 해소하기 위한 대안이기보다 일종의 반작용으로 동양을 모색한 것으로 저도 생각합니다. 동양 사상은 서구인에게 있어서 신비로움 그 자체였습니다. 동양 사상의 내용을 구체적으로 알기도 전에 반작용으로 수용했기 때문에 그렇게 비춰졌을 것입니다. 그런 신비로움에 이론적 근거를 제공한 것이 심 선생님이 바로 앞서 말한 《현대 물리학과 동양 사상》이라는 책이었죠. 물론 그 책 한 권이 그 모든 것을 담당한 것은 아니죠. 다만 나름대로 의미 있었던 책이라고 말하는 거예요. 서구 사회는 그들의 사회병리적인 증상을 치료하기 위한 치료제로써 동양 사상을 선택했기 때문에 약장사가 뻥튀기 허풍을 부리듯, 동양 사상도 초월적인 그 무엇으로 뻥튀기 되어 신비주의의 옷을 입고 서구인에게 보여 졌습니다.

심재관 앞에서 얘기했듯이, 그런 '선택'이 이루어진 것도 그때의 문화 환경 때문이라고 생각합니다. 최 선생님은 주로 번역으로 소개된 문헌을 중심으로 이야기하셨는데, 저는 책이나 경전이 아니라 서구인들이 동양의 정신적 지도자를 직접 만나게 된 계기를 말하고 싶어요. 1960~70년대부터 비록 소수이기는 하지만 서구인들이 인도와 네팔에서 히말라야까지 혹은 일본으로 정신적인 전통을 유지해 왔던 영적 지도자들을 직접 만나러 갔습니다. 이 점은 경전을 통해서 동양을 접근한 것보다 훨씬 의미가 크다고 생각해요. 그들은 지식으로써가 아니라 직접 체험을 통해 동양의 정신을 배우려고 했던 선구자로 볼 수 있죠. 영적 지도자들처럼 노력하고 수행했던 사람들이라는 거예요. 지금 불교학계나 인도학계에서 활동 중인 원로 서양 학자들이 그 당시 직접 체험한 당사자들이었거든요. 그리고 그들은 당시 히피 세대의 한 그룹이기도 했어요. 물론 유럽이나 미국으로 정신적인 지도자들이 들어오기도 했습니다. 특히 중국이 1959년 티베트를 점령하면서 많은 티베트의 정신적 스승들이 미국과 유럽으로 건너 오게 됐는데 이것은 향후 불교가 전파되는 데, 결정적인 역할을 했다고 생각합니다. 왜냐하면, 경전보다도 실제로 그 가르침을 구현한 어떤 인물의 실존이 더 강력한 영향력을 미치는 법이니까요. 자신들의 문명과는 완전히 다른 인간형이 앞에 나타났다고 생각해 보세요. 겸손하면서 매우 높은 지적 수준을 갖추고 있고, 유머도 풍부하며, 강력한 정신적 세계를 펼쳐 보이는 사람을요.

최종덕 지금 심 선생님이 히피 세대라는 말을 썼는데, 미국의 1960~70년대 당시 히피 운동과 불교의 수용 과정이 서로 연관되어 있겠네요. 미국에 들어간 불교, 힌두교가 미국 사회에서 어떻게 전개되었는지 좀 더 말씀해 주시죠.

심재관 당연히 연관이 있습니다. 전통적인 동아시아 불교와 미국으로 정착된 불교 사이에는 약간의 차이가 있었어요. 동아시아 불교는 인도로부터 전승된 지 2천 년의 역사적 변천을 거쳐 오면서 초기 불교와는 다른 특색을 지니고 있지요. 좋게 말해서 지역적 특색이 있는 것이고요, 실제로는 동아시아에 불교가 정착하면서 토착 종교와 혼합되거나 새로운 사상적 문화적 변화가 일어났죠. 이는 문화 전승에서 발생하는 아주 일반적인 현상이죠. 다른 종교, 다른 지역에서도 마찬가지라는 뜻이에요. 한편 20세기 초반부터 서양에서 받아들인 불교는 초기 경전의 가르침과 남방 계통의 상좌 불교의 불교 양식을 받아들인 경우도 많아요. 그렇기 때문에 서구 현대 사회는 극동 아시아에서 토착된 형태의 변형 불교가 아니라 오히려 원형에 가까운 불교를 받아들이게 된 거예요. 20세기 초반에 서양에서 진행되었던 아카데미 불교, 대학과 연구소에서 진행된 불교 연구도 이런 원형에 가까운 불교 찾기에 한 몫을 하게 되지요. 샤머니즘과 같은 토착적 요소가 깔끔하게 제거되고 프로테스탄트의 특성이 훨씬 많은 불교 원형의 줄기를 접하고자 했죠.

최종덕 아주 흥미로운 불교 역사입니다. 그렇지만 제가 알고 있기로는 일본의 선불교를 통해서 들어간 불교도 서구에서는 큰 비중을 차지하지 않나요? 티베트 수행법과 티베트 경전을 통한 서구의 불교와 다르다는 뜻인가요?

심재관 일본 풍의 불교는 미국에서 한때 유행하기도 했지만 유럽을 포함한 서구 사회 전체로 보면 큰 비중이라고 할 수 없어요.

전에 얘기한 것처럼, 스즈키 다이세쓰나 슌류 스즈키 같은 인물들을 통해서 선불교가 서구 사회에 퍼지게 된 영향력은 무시할 수 없죠. 그렇지만 동아시아 선불교 전통이 가지고 있는 법맥法脈의 강조, 화두話頭의 신비스러움, 의례적이고 권위적인 사원주의의 군더더기 같은 것들이 서양 사람들에게 잘 먹히지 않은 거예요. 서구 지식인들이 받아들인 불교의 대세는 역시 경전을 통해서 접한 불교의 기본적인 정신성과, 교리에 얽매이지 않는 자세, 티베트 불교의 승려들이 보여 주었던 높은 지식과 자비로운 삶의 태도 같은 거였어요. 그래서 그들이 수용한 불교가 오히려 한국이나 일본 같은 동아시아 불교보다 훨씬 원형에 가까울 수 있는 거죠. 서구 불교 지식인이 볼 때 동아시아 불교는 원래의 불교와 다르게 보일 수밖에 없었어요. 동아시아, 너희가 믿고 있는 불교는 원래 경전 속의 불교와 너무 다르고 혹은 틀리다고 말하는 서구인들이 생기는 거예요.

최종덕 충분히 이해됩니다. 한국화된 불교, 중국화된 불교, 또는 일본화된 불교가 경전에 그려진 불교와 너무 다르다고 느낀 것이군요.

심재관 네, 느낌 정도가 아니라 사실이 그렇죠. 예를 들어, 일본 승려들이 결혼하는 것을 서구 불교 지식인들은 이해할 수 없었죠. 법당 위에 산신각을 세우고 구병시식救病施食하는 한국 불교를 보고 질문을 많이 해요. 정말 불교 맞느냐고요? 냉정하게 말해서 그게 엑소시즘의 한 형태거든요. 한국의 승려가 질병 치료한답시고 어떻게 무속인이 하는 행위를 똑같이 할 수 있는지 서양학자들은 의심을 갖는 거죠. 지역에 토착화되는 과정에서 변질된 불교보다 초기 원형에 가까운 불교가 서구인에게 더 어필했던 것입니다. 더 편한 거죠.

최종덕 그런 현상은 왜곡이기보다는 토착화 과정에서 생기는 자연스런 변형이 아니겠어요.

심재관 물론이죠. 다만 서구인이 본 불교는 동아시아 전통 불교와 다르다는 점을 강조한 것이에요. 불교를 보는 이런 차이는 서구 사회에서 신앙으로써의 불교보다 마음의 치료제로써 불교를 받아들이는 형태로 나타나게 돼요. 아마 미국 불교의 많은 신자들의 믿음의 형태는 법당에 가서 기도하는 형태보다 일종의 명상의 형태로써 불교를 생각하는 형태가 많다는 거죠. 미국의 한국 동포들 말고 미국인의 경우를 말하는 거예요. 그리고 유럽은 미국보다 더하죠.

최종덕 결국은 서구인에게 불교는 마음의 위안과 치료제로써 역할 위주였던 셈이군요. 물질적으로는 발달했지만 기계 문명의 서구 사회 깊숙이 잠재된 여러 가지 불안 증세들, 예를 들어 이혼율의 증가, 사회 폭력의 증가, 자살률의 증가, 빈부 차의 증가, 인간 갈등의 증가 같은 사회적·인간적 불안 요소들을 치료하기 위한 방책으로 불교를 찾는 것인가요? 철학에서는 이런 불안 요소와 불만 요소들을 포괄적으로 소외라고 부르기도 하는데, 소외를 극복하는 방편으로 불교를 찾는 것인가요?

심재관 다 그렇다고는 할 수 없지만 대체로 맞는 말인 것 같아요.

최종덕 한국에서도 지식인들 사이에선 불교를 서구 사회처럼 받아들이는 경우가 많았어요. 저도 한때 그랬으니까요. 또 하나 질문은, 1960~70년대 미국이나 유럽인들이 심리적 치료제로써 불교뿐만 아니라 힌두교나 도가 철학을 많이 찾지 않았어요?

심재관 예를 들면, 한국에서 팔리어 경전을 접한다든가 남방 상좌부 전통의 수행을 한다든가 하는 일이 과거에는 거의 없었어요. 대략 1980년대 정도부터 팔리어 경전에 대한 이해가 조금씩 있었고, 1990년대 들어와서야 비파사나 수행불교의 명상 수행법이나 팔리어 경전에 대한 번역과 수행이 본격화된 것이 아닌가 싶어요. 선불교 중심의 한국 불교 풍토에서 이런 경향이 일어났던 것은 여러 이유가 있을 텐데요. 아마 선불교의 메시지가 당대 사회에서 너무 뚱딴지같고 개인의 신앙을 잡아 줄 수 있는 교리적 구심점이 취약했던 것이 아닌가 싶어요. 불교가 무엇이다 또는 이렇게 수행해야 한다 라고 분명히 말해 주어야 하는 부분이 있는데, 이런 부분에서 선불교가 좀 취약하지요. 학자나 연구자들 사이에서도 한문 불교가 주는 답답함과 두루뭉술한 이해보다는 초기 경전에 대한 관심과 연구를 시작했던 것도 이런 전통적인 불교의 한계 속에서 새로운 돌파구를 찾고자 했던 것으로 보여요.

미국의 경우에는 불교 말고도 힌두교의 구루Guru들에게 심취한 사람들도 상당히 많았어요. 당시에는 그 분야의 전문가들을 제외한다면, 특별히 불교다 힌두교다를 크게 구분해서 선호한 것이 아니거든요. 비틀즈와 교류가 많았던 요기 마하리쉬 마헤쉬Yogi Maharishi Mehesh가 인도 강변에 가서 젊은 서양인들과 같이 노래 부르고 즐기는 사진을 쉽게 볼 수 있어요. 마헤쉬는 1970년대 초 우드스탁 페스티벌Woodstock festival에 나타나기도 했어요. 롤링스톤스의 믹 재거Mick Jagger도 이런 사람들과 가까이 했죠. 라마나 마하라쉬Ramana Maharishi나, 비베카난다Vivekananda 라고 유럽이나 미국에서 힌두교를 선교하고 펼치던 그런 승려들도 있었어요. 불교인들뿐만 아니라 티베트 승려들, 힌두교도들 다양한 동양의 정신적인 지도자들이 많이 들어왔었죠. 앨런 긴즈버그Allen Ginsberg나 비트 세대Beat generation의 작가들을 포함해 거의 모든 이들이 직간접적으로 이런 이들의 영향을 받았어요. 지두 크리슈나무르티J. Krishnamurti나 오쇼 라즈니쉬Osho Rajneesh 같은 명상가들도 전 세계적으로 따르는 젊은이들이 많았죠. 전 세계적인 후폭풍이 조금 늦긴 했어도 그런 이들의 영향이 한국까지 대단했어요, 1980년대까지요.

최종덕 불교건 힌두교건, 도가건 관계없이 그 당시에 정신적 구원을 필요로 했던 미국인에게는 동양 사상 전반이 색다른 치유책으로 받아들여졌다는 점이 중요하군요. 저도 그렇게 생각해요. 동양 사상의 유입은 서구 사회의 문명적 위기, 정치사회적 불안 요소와 딱 맞아 떨어진 것이죠. 그 한 예로써 히피의 등장이 그런 맞아떨어짐을 잘 보여 준 것이라고 생각해요. 이런 생각은 심 선생님이 처음부터 주장하신 입장이었죠. 저는 거기에 보태어 바로 그런 점 때문에 서구인이 동양 사상을 더욱더 신비로운 무엇으로 여겼다는 사실을 강조하고 싶습니다.

심재관 정신적인 치유제로써 그렇죠. 그것이 정신적인 체제든 정치적인 체제든 새로운 것을 갈망하던 힘이 상당히 강했으니까요.

최종덕 1960~70년대 반문명 운동의 깃발을 들었던 히피의 등장과 불교의 서구 유입 과정은 매우 연관된 배경을 가지고 있다는 사실을 저도 중요하게 생각해요. 그들에게 순수함, 원형, 자연이라는 키워드가 가장 중요했다고 봐요. 그들을 하나의 정체성으로 설명하는 것은 불가능하죠. 그들 중에는 하드락 그룹도 있었고, LSD를 복용해 환각 상태를 즐기는 그룹도 있었지만, 자연에 귀의해 갈댓잎으로 집을 짓고 유기농으로 농사하는 그룹도 있었고, 일본 선승이나 인도의 그루를 따라 정신 수양에 몰두한 사람도 있었지요. 나아가 반전 평화 운동과 여성 평등 운동을 이끈 그룹도 있었어요. 물론 그들 사이에는 문란하고 사이비 종교 같은 양상을 보인 그룹들이 있어서 보수 계층에 의해 집중 비난을 받기도 했고요. 그러나 대체적으로 앞서 말한 순수함, 원형, 자연이라는 의식을 안에 깔고, 밖으로는 반전통과 반문명anti-culture 운동을 지향했어요. 반문명 운동은 철학적으로 포스트모더니즘의 흐름으로 볼 수 있었지만, 당시로는 일종의 실천 운동으로써 이론적 대안보다는 실천적 대안을 갈구한 결과라고 할 수 있습니다. 그때 불교나 힌두교와 같은 동양 사상을 만난 것이죠. 그래서 그들은 동양 사상을 이론이 아니라 실천 모델로써 접근했습니다. 그러니 자연스럽게 동양에 대한 신비스러운 동경을 갖게 된 것이죠. 제 요점은 1960년대 서구 사회는 동양 사상 일반을 지나치게 신비로운 것으로 알고 수용했다는 점이에요.

심재관 당연히 처음에는 그렇게 신비적으로 받아들였겠지만, 그 신비함은 오래 가지 못하죠. 남녀가 데이트할 때도 마찬가지예요. 한반도에 불교가 들어온 역사를 보더라도, 처음에는 신비한 기적으로 이해하다가 나중에 점점 신비로운 껍질이 다 벗겨지게 됩니다.

최종덕 물론이에요. 미국이나 유럽 사회도 현재는 동양을 더 이상 신비롭게 보지 않잖아요. 동양 종교가 미국에 처음 들어간 1960~70년대에 국한해서 말하는 거니까요. 저는 동양을 신비주의로 본다는 사실을 문제 삼는 것이 아니에요. 신비화의 사회적 경향이 정치적 무관심과 개인화된 행복론으로만 몰고 간다는 사실에 주목하는 거죠. 예를 들어, 이제 정치적 운동을 그만하고 명상을 통해서 세상을 바꿀 수 있다는 꿈같은 선전이 늘어난다는 이야기죠.

심재관 어쨌든 개인의 안심 인명을 추구하는 경향은 그 당시나 지금이나 마찬가지잖아요? 불교가 다 그런 것은 아니지만 분명 그런 요소를 포함하고 있죠. 그런데 저는 동양 종교에 대한 서양의 신비화 경향들을 단지 부정적으로만 보지는 않거든요. 결국 그런 신비화가 촉발이 되어 대중화가 되고 저변 확대가 되었어요. 그리고 천천히 이론적으로 그리고 인식론의 차원에서 신비성을 떨쳐 내고 냉정하게 지적 체계를 연구하게 된다고 생각해요. 감성적 저변 확대는 이성적 이론 연구의 기반이 된다는 뜻이죠. 그래서 저는 그들의 신비화를 나쁘게만 생각하지 않아요.

최종덕 저는 시대적인 문제에 초점을 두는 데 반해, 심 선생님은 긴 역사 속에 놓인 문화적 흐름에 초점을 두는 듯해요. 하여간 우리 이야기를 최대한 수렴해 보기로 해요. 제가 바로 앞서 말한 신비화의 사회적 경향에 대해 다시 말하려고 해요. 신비화된 동양을 핑계 삼아 정치적 무관심과 개인화된 행복론으로 몰고 가는 사회적 경향을 저는 '사회적 신비주의'로 불러요. 1970년대 사회적 신비주의가 바로 신과학운동과 깊이 연관되어 있다는 것이 제 견해이고요.

심재관 그럼, 미국에 수입된 동양 종교들이 신과학운동에 영향을 미쳤는데 그걸 긍정적으로 보시지 않는다는 말씀이네요.

최종덕 네, 저는 부정적으로 봐요. 신과학운동을 문화 사조의 한 흐름으로 보는 것이 제 생각입니다. 그리고 그런 문화 사조는 사회적 신비주의의 한 단편이라고 논증한 것이 제 박사 학위 논문의 한 장이었어요.

심재관 그럼, 1970년대 당시 신과학운동이 등장했을 때 학계에선 그런 것을 걸러 내는 거름망이 없었을까요?

최종덕 신과학운동은 문화 운동이었지 학술 활동은 아니었어요. 신과학운동이 처음 나왔을 때 저 역시 열광했을 정도로 대중적인 의미가 충분히 있었죠. 그래서 이론적인 엄밀성과 사회적인 중립성에 대한 논평은 한참 뒤에나 생기게 되었어요. 그나마 신과학운동의 대중적인 인기에 비하면 비교가 안 됐죠. 신과학운동은 지식 사조라기보다는 대중적 문화 운동이었죠.

심재관 그럴 거라고 생각해요. 그러면 과학계에서는 오히려 걱정할 필요가 없었던 것이 아닌가요?

최종덕 신과학운동은 제가 자주 말했듯이 문화 운동이었지 과학 운동이 아니었어요. 그래서 당시 과학계에서는 신과학운동이 무엇인지도 몰랐고 관심도 없었죠. 그러나 사회문화적으로 현대 문명에 소외를 느꼈던 사람들에게 큰 영향을 줬죠.

심재관 바로 그 점에요. 그러니까 제가 생각하기에 서구 기독교가 가지고 있던 문화 체계에 구멍을 낸 것이 신과학운동이었다고 봐요. 기독교 입장에서는 동양 종교와 현대 과학을 접목시킨 신과학운동을 수용하기 어려웠지요. 기독교의 종교 전통과 이질적이니까요. 그런 점에서 오히려 신과학운동은 신선한 대중 운동이라고 평가할 수 있지 않을까요? 최 선생님 우려는 충분히 이해하지만 기독교도 할 수 없었던 일을 신과학운동이 했잖아요. 현대 과학을 동양 사상과 비교하는 일은 일단 그 진리 여부와 무관하게 새로운 시도였다고 가볍게 받아들여도 되지 않을까요? 마치 어떤 대중가요가 한 시대를 풍미했던 것처럼 신과학운동의 유행을 바라다 볼 수 있다는 거죠.

최종덕 신과학운동은 과학계와 아무 관계가 없어요. 그건 문화적인 운동이니까요.

심재관 그 문화적인 운동을 특별히 거부감 있게 바라 볼 필요가
있을까요?

최종덕 동양을 아전인수격으로 해석하는 일만 벌어지지 않는다
면 신과학운동을 긍정적으로 볼 수 있다고 봐요. 신과학운동
이 대중들에게 당장의 피해를 주는 것은 물론 아니죠. 앞서 여
러 차례 말했듯이, 1970년대 신과학운동은 그 당시 유행했던
히피 운동과 연관이 되고 유럽 68운동의 기저인 반전-평화운
동과도 연관됩니다. 1950~60년대 이후 철학에서는 포스트모
더니즘의 사조가 일어납니다. 포스트모더니즘이란 모더니즘에
대한 반대급부의 철학 사조입니다. 모더니즘이 이성을 중심으
로 과학, 기계, 논리, 합리성에 기반을 둔 지식 체계라면, 포스
트모더니즘은 그런 이성으로부터 탈피하려는 반작용이라고 보
면 됩니다. 그래서 포스트모더니즘은 이성주의, 과학적 결정론,
기계주의, 기술만능주의, 자본 제일주의의 모순들이 극대화된
상태에서 대안으로 등장한 것입니다. 앞서 이미 강조했지만 신
과학운동도 이러한 포스트모더니즘의 흐름 안에서 나온 것입
니다. 그래서 신과학운동의 경향 역시 이성에 대한 비판적 대안
으로 평가받았었죠. 그런데 이성을 극복하는 것이 아니라 이성
으로부터 도피하는 양상이 나타난 것이고요, 나중에는 신과학
운동이 덥석 주술적 신비주의와 손을 잡은 것입니다. 신과학운
동의 어두운 측면이 여기에 있습니다. 저는 이런 부분을 사회
적 신비주의라고 부른 거죠.

심재관 글쎄요. 이성으로부터 도피하는 것이 무엇을 이야기하시

는 것인지 정확히는 모르겠지만, 어쨌든 그것은 신과학운동 자체의 문제가 아니라 그것을 해석하는 사람들의 문제였잖아요?

최종덕 신과학운동 자체는 잘못이 없다고 얘기하지만 결과론적으로 볼 때 신과학운동이 그러한 주술적 요소를 이론적으로 지지한 것입니다. 구체적으로 한쪽으로는 서양, 과학, 기독교, 이성, 기계라는 키워드를 배치하고 다른 쪽에는 동양, 감성, 인간, 도교, 힌두교, 불교 등의 키워드를 대치시켜 놓은 것이죠. 이런 이분법적 대치를 성공적으로 재해석한 것이 바로 신과학운동이었습니다. 조화와 공존을 주장하는 신과학운동은 기존 서구 사회에서 해결할 수 없는 문제들을 동양의 키워드에서 다 해결할 수 있다는 환상을 제공해 주었다는 점입니다.

심재관 저는 그렇게까지 부정적으로 생각하지는 않아요. 서구인이 1970년대에 보여 줬던 동양 사상에 대한 관심을 순수하게 받아들일 수도 있다고 봅니다. 서구의 동양에 대한 열정을 그런 사회적 신비주의로 퇴색시킬 필요까지는 없다고 봐요. 그리고 특별한 역사적 증거도 없잖아요?

최종덕 물론 구체적으로 꼭 집어내기는 쉽지 않지만 간접적인 자료와 증거는 정말 많아요. 우리 역사 속에서 위기 상황은 항상 신비주의 현상과 결탁하곤 했죠. 동학 혁명이 일어나는 즈음해서 조선조 말기에 해당하는 그 시기에 혹세무민하는 사이비 종교들이 많이 생겨났죠. 그것은 중국의 청말 시기에도 마찬가지였었어요. 또 재미나는 일은 영국에도 19세기말 즉 빅토리아

말기에도 마찬가지로 혹세무민의 신비주의 증상들이 여기저기서 나타났죠. 예를 들어, 사라진 연금술이 기이한 형태로 다시 등장하고 마찬가지로 주술사들이 다시 횡행하여 대중들을 현혹시키는 사건들이 생기죠. 저는 그런 사회적 신비주의 현상이 세기말 현상의 중요한 특징이라고 간주해요.

심재관 그런 상황이라면 저도 사회적 신비주의라는 현상에 대해서 동의해요. 정치적 혼란기에 그리고 세기말 증상의 하나로 사회적 신비주의 현상이 있다는 것도 인정하죠. 그러나 서구 사회가 동양 고전이나 동양 종교를 전적으로 신비화시켜서 수용했다는 점에서는 생각을 달리해요. 물론 그런 측면도 어느 정도 있을 수 있겠지만 동양이 서양으로 소개된 통로와 양상은 다양하다고 생각합니다. 그렇게 신비화시켜서 수용한 서구인도 있었겠지만, 거꾸로 동양을 서양화시켜서 수용한 사례가 더 많다고 봐요. 동양 언어를 서양 언어로 번역할 때 단순 번역 수준이 아니라 아예 각색한 정도까지요. 예를 들어, 서구인이 윤회론이나 업보설을 받아들일 때 혹은 공空 개념이나 신神이나 태극 개념을 해석할 때 그들에게 이해되는 방식으로 바뀌어 진다는 점입니다.

최종덕 네, 물론이죠. 저도 예를 들자면 19세기에 《노자 도덕경老子道德經》이 영어나 불어로 번역되는데, 노자의 중심 개념인 '무위無爲'가 '야훼Yahweh'로 번역되는 일이 생겨요. 중국 발음상 비슷한 소리로 들릴 수도 있지만 의도적인 오역이나 지나친 의역이라고 봅니다. 야훼는 유다의 신인데, 그러면 노자 사상 전체가 야훼의 복음으로 바뀌게 된단 말이죠. 이런 사례는 한두 가지가 아니에요. 그중 한 사례를 든 거예요. 서양이 동양을 받아들일 때 그들은 그들의 색안경으로 본단 말이죠. 결국 신비화시켜서 수용하건 서구화시켜서 수용하건 관계없이 그들의 관점에서 받아들였다는 점에선 같다고 봐요.

심재관 그러나 그런 수용 태도는 서구만 그런 것이 아니라 한국 혹은 동아시아가 서구를 받아들이는 과정에서도 비슷하게 나타나죠. 그것은 지역에 관계없이 외래문화를 수용하는 문화 이동의 보편적 현상이라고 생각해요.

최종덕 아, 그러고 보니 심 선생님 이야기가 더 맞는 것 같군요. 그러나 제 이야기의 핵심은 서구가 동양을 신비화시켜서 수용했다는 단순한 사실을 보고하는 데 있지 않아요. 어떤 사회, 어떤 시대이건 신비화 현상 혹은 사회적 신비주의, 문맹 정책 혹은 문맹화 현상, 더 나아가 문자 독점 혹은 정보 독점이 있어왔고, 그런 주도적 양상은 모두 소수만이 권력을 보전하기 위한 통로였다고 생각해요. 대체로 고대 사회에서 문자나 상징은 일반 부족 혹은 백성에게 엄격히 제한된 정보였지요. 그것은 소수 권력 집단이 권력을 안정화시키는 방법으로 전승된 것이죠. 중세 때도 마찬가지로 라틴어로 된 성경을 소수의 성직자만이 음송하는 것은 엄청난 종교 권력의 수행이었어요. 현대인도 그래요. 고위 공무원들이 그들만이 갖는 개발 계획에 관한 사전 정보를 통해 부동산 갑부가 되는 사례를 신문에서 흔히 볼 수 있잖아요.

심재관 그래서 최 선생님이 앞서 제기했듯이, 인도 영화 산업의 뿌리를 신비주의 산업으로 간주하신 거군요.

최종덕 뿌리라고 말할 수는 없지만 서로 연관이 되고 있다고 봅니다. 지난번 이야기를 다시 되풀이 해본다면, 브라만 사상이 가지고 있는 본체론적 형이상학이 지금 당장 괴로움에 빠진 하층민의 현실을 구제하기는커녕 임시방편의 마취제 구실만 하고 있다는 점을 심 선생님이 먼저 제시했고 저도 전적으로 동의했지요. 그런 형이상학의 결과는 결국 상층민이나 권력 그룹에게만 유리하다는 거예요. 브라만 사상이 발리우드 인도 영화를 통해 무의식적으로 대중들에게 전이되는 것은 아닌가라고 추측해요. 물론 이런 추론은 분명한 논거를 가지고 있지는 않아요. 그렇지만 결과론적으로는 충분히 추정할 만해요.

심재관 저는 다만, 힌두교의 형이상학이 사회적 불평등을 정당화시킬 수 단서로 그렇게 해석할 수 있겠다고 이야기한 것이지요. 그건 하나의 해석의 가능성일 뿐이고요. 그리고 영화가 사람들에게 영향을 끼치는 것은 당연한 거죠. 인간은 이야기를 만들고 즐기는 동물이에요. 요즘 문화 콘텐츠가 유행하면서 스토리텔링 논의가 많아졌는데, 인도인들은 아주 오래 전부터 스토리텔링과 스토리 리스닝을 좋아했어요. 상상의 판타지를 꾸며내고 그 이야기를 실제처럼 믿고 따르기도 하죠. 그런 이야기 본성은 종교가 다양해지는 사고의 지평선이에요. 대리 만족이라도 좋고요. 요즘 한국 영화에서도 개인의 복수에 대한 영화가 유행하잖아요. 왜냐하면 실정법이 현실을 못 따라 오니까 개인

의 무의식이 영화에 투영된다고 봐요. 그래서 그런 영화가 흥행
을 계속하죠. 제 핵심은 굳이 신비주의 병증의 사례로써 인도
영화 흥행을 설명할 필요가 없다는 뜻이죠.

최종덕 그건 저도 인정해요. 인도인뿐만이 아니라 보통 사람들 안
에 이야기를 즐겨 하는 모습이 있다고 봐요. 위스콘신 대학교
매디슨 인문학부 존 닐John D. Niles 교수가 쓴 《호모 내런스Homo
Narrans》(2010)의 책 내용과 심 선생님 이야기가 아주 비슷해요.
인간은 원래 '호모 내런스이야기하는 인간이라는 뜻으로 인간은 누구나 이야
기 본능을 가진 존재임을 함의'라는 동물이라는 거죠. 저도 호모 내런
스의 본성은 인도인에게만 있는 것이 아니라 인간 모두의 본성
이라는 생각이에요. 그래서 인도 영화 산업의 흥행 요인을 호
모 내런스라는 조건 외에 다른 데서 찾아 본 것이죠. 그 외적
조건을 저는 사회적 신비주의라고 본 것이에요. 인도에서 해피
엔딩의 판타지 같은 영화가 많이 만들어지는 이유라고 보는 거
예요. 인도 기층민으로부터의 불만을 잠재우기 위한 하나의 수
단이라는 거죠. 물론 이것은 사회적 기제의 일환이기 때문에
그런 수단을 사용하는 특정 집단을 꼬집어 낼 수 없다는 점이
제 해석의 약점이에요.

심재관 그건 너무 지나친 작위적 해석이라고 생각해요. 최 선생님
이 사회적 신비주의라고 부른 영향력 그 안에 모종의 형이상학
적 음모가 있다고는 생각하지 않아요. 호모 내런스로서의 인간
본성은 물론 인간의 보편적 본성이지만, 제가 공부한 바로는
인도인이 특별히 더 이야기를 많이 좋아하는 민족이에요. 물론

이야기를 많이 생산해 내기도 하죠. 인도 문학의 방대함은 상상하기 어려울 정도로 풍부하고 깊어요. 인도가 가지고 있는 신화, 설화에서부터 수많은 신들에 대한 교리와 전승 민담 등의 이야기와 그 자양분은 어마어마할 정도예요. 중국이나 중앙아시아 및 중동아시아를 포함하여 주변 국가들의 전승 이야기들, 많은 것들이 인도의 영향을 받았다는 연구 성과도 꽤 되죠. 상상을 초월할 정도의 많은 양의 신화들이 현대 인도 문학의 기반이 될 뿐만이 아니라 현대 영화의 소재가 되고 있어요. 그래서 인도 영화 산업의 흥행은 단지 현실 사회적인 요소이기보다 역사문화적인 요소에 기인한다는 생각이에요.

최종덕 그래요. 어머어마한 인도인의 문화적 유산이 영화 속에서 살아 움직인다는 점을 충분히 이해하겠습니다. 하지만 문화적 유산과 관계없이 지금 현대 인도인은 아주 고된 삶을 살고 있는 것이 분명하잖아요. 아무리 인도의 문화와 전통을 옹호한다 하더라도 계급 사회가 보여 주는 처절한 삶의 피폐함을 변명할 수 있을까요? 인도의 고유한 문화를 이해하지 않고 수드라 계급이나 아니면 계급에도 못 끼는 하층민들 현실을 함부로 말하지 말라는 인도 전문가들의 소리를 들었습니다. 저는 그런 인도 전문가들의 소리를 인정하지 않아요. 왜냐하면 고된 삶을 살아가는 삶의 고통은 고유한 관습이나 전통 혹은 문화나 역사와 무관하게 똑같이 고통일 뿐입니다. 그런 고통이 현실인데도 불구하고 많은 문화 전문가들은 거기에다 고유한 전통이니 문화니 하는 수식어를 갖다 붙여서 그럴 듯하게 맥락을 맞추고 있어요. 고통은 물리적으로 그냥 고통입니다. 현실 사회적인 조건이 더 중요합니다.

심재관 고된 삶은 아프리카에도 있고, 중국과 인도, 그리고 한국에도 있어요. 그리고 대체로 그 불편한 시선은 타인들의 관점에서 그려지고 있어요. 인도라고 하는 나라의 이미지가 상당히 파편적으로만 외국에 전해지고 있어요. 실제로 인도는 우리가 알고 있는 것과 많이 다를 수 있어요. 선생님은 지금 인도 하층민의 삶의 고통에 대해 이야기하셨는데, 하층민의 고통은 인도만이 아니라 빈부 격차가 점점 커지는 한국도 예외가 아니라고 봐요. 제 의견은 인도의 이미지를 폭넓게 보자는 것이에요. 한국에 소개된 인도 관련 정보는 지나치게 편향되고 일방적이에요. 인도 관련 다큐멘터리도 극단의 상황에 처한 사람들을 주로 소개하고 있어요. 예를 들어, 평생 빨래터에서 일하는 사람, 평생 인력거를 맨발로 끄는 사람, 평생 화장실 청소만 하는 사람 등등 극한의 노동자들을 소재로 한 영상물이 한국에 많이 소개돼요. 왜냐하면, 그게 보여줄 거리라고 생각하는 거예요. 정말 유치한 일이지요. 물론 그런 현상은 한국만도 아니죠. 그런데 인도의 일상적인 사람들이 어떻게 살고 있는지 우리는 잘 몰라요. 다큐 영상에서는 자극적인 모습들이 비춰지죠. 어린이들의 매매춘, 길거리에서의 성폭행, 아니면 거꾸로 한국의 부자보다 몇십 배 되는 인도 부자들 등 극단을 다루고 있는데, 지극히 평범한 중산층을 다루는 일은 아주 드물어요.

최종덕 저도 인도의 일상 문화를 폄하하려는 뜻은 전혀 없어요. 문화 다양성이 제 공부의 주요 줄기인데, 인도 문화 혹은 인도 사람들의 다양성을 무시하는 것은 절대 아니에요. 제 말의 요점은 문화와 전통이라는 포장된 이름으로 심각한 지경에 이른 계급 불평등이나 빈부 차에 의한 고통을 모른 척하고 넘어갈 수 없다는 데 있어요. 고통은 인도건 미국이건 한국이건 아프리카건, 홍수로 인한 방글라데시 사람들의 고통이나 대지진으로 인한 일본 사람들의 고통이나 할 것 없이, 그 처절함에서 같아요. 인간이면 누구나 겪을 수 있는 고통을 직시해야 한다는 것입니다. 고통은 공통의 감정이고 아주 구체적인 신체적 상처입니다. 다수의 고통을 밑에 깔고 소수의 권력이 만들어지죠. 그리고 권력 집단은 자신들의 권력을 더 강화하기 위해 각종의 이데올로기와 포장된 형이상학, 그리고 초자연적 미신과 사회적 신비주의가 동원된다는 말이죠.

심재관 그럴 수도 있다고 생각합니다. 다만 그런 사회적 신비주의의 문제를 인도 사회에만 적용시키는 것 같은 인상을 주시거든요. 그런 점은 인정하기 어려워요.

최종덕 그런 인상을 주었다면 제 이야기를 수정하지요. 앞서도 말했지만 인도인의 고통에 대해서만 꼬집는 것이 아니라 사람들의 보편적 고통에 대해서 말하는 거예요. 그런데 우리 이야기의 소재가 불교나 인도 상황이어서 자연스럽게 인도의 문제점만을 지적한 것 같은 인상을 준 것도 사실이에요.

심재관 최 선생님의 이야기는 충분히 일리가 있다고 생각해요. 그러나 또 하나 의문이 있어요. 사회적 신비주의에 대한 실증적 연구가 받침이 되고 있는지, 그리고 그런 사회적 신비주의의 힘이 구체적으로 어느 정도까지 영향을 미칠 것인지, 그런 점에 대해 약간 의문이 들어요.

최종덕 1981년 한국의 신 군부 독재가 권력을 장악하고, 그들은 부랴부랴 '국풍 81'이라는 거대한 문화 이벤트를 개최했어요. 당시 황량하던 잠실 땅에 전통문화를 재현한다는 명분으로 전국의 농악, 탈춤, 민속극 관련 전통 연희자들을 불러 모아 대중매체의 엄청나 선전을 통해 만들어 낸 관제 쇼였죠. 전형적인 사회적 신비주의의 흥행을 시도한 것이었죠. '국풍 81'은 눈에 두드러지게 보이는 사회적 신비주의의 양태지만, 보이지 않는 신비주의 산업이 현대 사회와 충돌하고 있어요. 다만 실증적으로 집어내기 어려운 점이 있음을 실토할 수밖에 없어요. 다시 말해서 심 선생님이 지적하셨듯이 제 이야기의 실증적 받침이 약해요. 그러나 사회과학에서 이와 연관한 연구는 이미 많아요. 다만 제가 말한 사회적 신비주의라는 집중된 주제로 수렴된 연구 성과와 다른 것이라서 제가 써먹지를 못하고 있는 형편이죠.

심재관 그런 주장을 무시하는 것은 아니지만, 대중들의 지적 수준이 그렇게 무지하지 않다고 생각해요. 종교적인 성향도 그렇게 단순하게 읽어 낼 수 있는 것이 아니고요. 사회학자들은 오히려 종교적인 심성을 잘 읽어야 할 필요가 있다고 봐요. 어쨌든 국풍 81 이야기라면, 저도 정반대의 사례를 들 수 있어요. 국풍 81은 말씀하셨다시피 당시의 관제 쇼라고 볼 수 있어요. 그런데 그거야말로 단순한 쇼였죠. 그런데 당시 1980년대 군부 독재의 시절에 가장 유행했던, 대중들에 의해서 선택되었던 정반대의 경향이 있었어요. 이건 아주 오래 지속된 어떤 흐름과 같은 것이었다고 생각해요. 다름이 아니라 명상과 단전호흡에 대한 대중들의 취향이었어요. 그건 의도한 것이 아니었죠. 당시 도학道學 관련의 소설이나 크리슈나무르티, 라즈니쉬 같은 인도 명상가들의 서적이 불티나게 팔렸어요. 어느 서점에 가거나 베스트셀러들이었죠, 모두. 이건 대중들이 만들어 나가는 보이지 않는 하나의 힘이에요. 정치적으로나 사회적으로 혼란과 억압이 지속될 때 양 극단의 경향이 둘 다 존재한다고 봐요. 혁명과 폭동으로 기존 질서를 전복시키려고 하거나, 아니면 정반대로 그런 사회의 움직임을 거의 도외시하거나 무시한 상태로 자신이 기대하고 꿈꾸는 사회를 찾아가죠. 당시에 마치 미국의 히피 운동처럼 사회 한 쪽에서는 민주화 운동이 존재했고, 한쪽에서는 명상 운동과 자연적 삶과 생태적 농업을 꿈꾸는 유토피아 운동이 지속되었던 거예요. 어느 한 쪽이 다른 쪽을 비난할 수는 없어요. 이 두 극단의 대중적 움직임은 결국 동전의 양면처럼 같은 것이라고 봐요. 이건 삶을 바라보는 대중들의 감수성과 그로 인한 선택의 문제니까요. 이런 자발적인 대중의 움직임을 당연히 사회적 신비주의라고 규정하신 건 아니라고 봅니다.

이번 문화 꼭지에서 종교, 권력, 이데올로기에서 현실의 고통과 욕망의 의식에 이르기까지 많은 소재의 이야기를 나눈 것 같아요. 이야기를 나누면서 서로 간의 지평선 차이를 감지했지만 그래도 서로 공감한 논점을 다뤘다는 점에서 의미가 있었습니다.

최종덕 좋아요. 다음 시간에 또 이야기하기로 하죠. 저도 많이 배
웠어요. 감사합니다.

종교

무엇이 종교인가

심재관 우리나라 사람들이 최근 들어 경제 문제에 대해서 지나치게 많은 관심을 쏟아서 그런지 종교 문제는 저 뒷전에 놓여 있어요. 그리고 한국에서는 특별히 종교가 표면적으로 문제시 되는 것 같지 않아요.

최종덕 종교가 뒷전에 놓여 있는 것으로 보이지만 뒷전에서 사람의 심리를 마술적으로 지배하고 있죠. 정치를 비판하는 사람은 많지만 종교를 비판하는 사람은 많지 않아요. 종교를 비판하는 것은 정치를 비판하는 것보다 더 무서운 일이거든요. 미국 사회나 많은 이슬람 국가에서 종교를 비판하는 일은 정치 생명을 포기하는 일과 같아요. 그런 점에서 이슬람 국가와 미국은 비슷해요.

심재관 종교를 비판하는 이야기로 넘어가기 전에 종교 자체의 특색에 대해 더 이야기하시죠. 우리는 이미 불교에서 말하는 종교와 기독교에서 말하는 종교가 서로 다르다는 것을 논의했어요. 종교라는 용어 자체가 중국이나 인도와 같은 다신론적 동양 사회에서는 없었던 것이니까요.

최종덕 종교를 의미하는 비슷한 표현도 없었나요?

심재관 종교라는 말에 해당하는 다른 말이 있다면 '다르마dharma'라는 뜻이 있죠.

최종덕 그것은 '율법'이라는 뜻이잖아요. 기독교로 말하면 도그마dogma와 같은 것 아닌가요? 보통 우리가 붓다의 말씀만 다르마라고 하나요? 아니면 성인들의 이야기를 다르마라고 하나요?

심재관 모두 다르마라고 부를 수 있어요. 우주의 법칙, 세상이 돌아가는 법칙을 다르마라고 부를 수 있어요. 율법이나 법칙 등의 이름으로도 쓰곤 하죠.

최종덕 불교에서 말하는 법이나 우리가 말하는 법칙이나 비슷한 거네요. 종교이기 위해서는 법칙을 설명하는 교리가 있어야겠죠.

심재관 종교이기 위해서라기보다는 단지 필요성에 의해서 만들어진 것이지요. 집단도 마찬가지고요, 종교공동체도요.

최종덕 브라만 계급을 말하나요?

심재관 아니요. 브라만 계급은 인도 사회 내의 종교적 직능자로
서 존재한 것이고요. 전문 종교 기능인으로요. 사회적 계급으
로 사회 안에서 그 역할을 담당했었죠. 이런 브라만 말고 사회
를 떨쳐 버리고 기존 사회 질서를 벗어던진 집단이 있어요. 그
들을 통칭해서 사문이라고 불러요. 슈라마나ṡramaṇa를 한문으
로 음사音寫한 말인데, 이들은 완전히 사회의 관습적 체제를 포
기한 사람들이에요. 요즘의 노숙자보다도 더 심각하게요. 사회
적 의무나 책임도 지지 않는다고 봐야죠. 가족을 떠나 처자식
을 먹여 살릴 의무를 벗어던진 사람들이지만, 삶 전체를 종교
적인 수행에 전념하기 위해 노력하는 사람들이죠. 일정한 거처
를 두지 않고 수행을 위해서라면 어디로든 갈 수 있는 구도자
였어요. 물론 기식寄食은 사회 활동을 하는 세속의 사람들에게
의지하는 거죠. 이런 떠돌이 비렁뱅이 구도자들이 집단들을 형
성하기도 했는데, 그중 하나가 불교일 뿐이에요. 그중 또 다른
하나가 자이나교고요. 그러다가 또 어떤 사람이 저 쪽에서 한
소식 했다더라 그러면, 이쪽에서 수행하던 수행자들이 우르르
저쪽으로 몰려가곤 했던 거예요. 이런 독특한 반사회적 수행자
들의 움직임이 아주 오래전부터 하나의 전통으로 인도 속에 있
었던 거죠.

최종덕 그것은 붓다가 열반하고 난 다음의 상황이었나요?

심재관 아니요. 붓다 살아생전, 아니 붓다 이전부터 그런 사문의

전통이 있어 왔죠.

최종덕 살아생전에도 그런 집단이 많이 있었나요?.

심재관 있었지만 그들 스스로 불교라고 자칭하진 않았죠. 그냥 새로이 등장한 한 현자를 따라다니며 함께 수행하는 수행자들의 집단이었죠.

최종덕 제가 어느 누구를 진심으로 좋아한다면, 저도 역시 그 사람을 따라 다니게 될 거예요. 예를 들어, 강원도 원주에는 무위당 장일순이라는 생명 사상의 큰 스승이 계셨었어요. 한국에서 협동조합 운동 초기에 조합을 정착시킨 분 중 한 분이에요. 넓게 말해서 한국 생명 사상의 뿌리를 내리신 분이셨죠. 그리고 문인 화가로서 명망이 높은데 그의 문인화 안에 담긴 글자 한 자 한 자가 모두 우리들에게 깊은 가르침을 주고 있어요. 그렇다면 이런 가르침이 있고 따르는 사람들이 있으니까 결국 이것도 종교의 하나겠네요?

심재관 그럼요. 종교 대부분의 출발은 그렇게 시작되죠.

최종덕 그렇다면 종교 지도자라고 불리기 전에는 현자일 뿐이겠네요.

심재관 맞아요. 붓다는 지혜로운 자이며, 존경하는 선생님이죠. 승려들끼리는 고참 여부를 떠나서 '아부소avuso', '친구여'라고 불렀지만, 스승에 대해서만큼은 '바가반Bhagavan', '존경하는 선생님'이라고 불렀어요. 선생님은 깨달음을 얻은 사람이었지, 초월적인 권능을 행사하는 절대적 존재는 아니라는 점입니다. 사문의 전통 내부에는 사회적 구속을 벗어던지든지 자유로운 사상가들이나 종교적 수행자들의 다양한 움직임이 있었기 때문에, 그 속에서 같이 수행하다가 먼저 깨달음을 얻은 동료를 주변에서 쉽게 보게 되는 것이죠. 과거에 동료였다가 지금은 자신의 스승이 되는 거예요. 그러니까 절대적 권위를 갖는다기보다는 그의 가르침이나 그의 정신적 태도에 동감하게 되는 것이죠. 그런데 이게 사실 더 어려워요. 왜냐하면, 그 사람의 일거수일투족을 다 지켜보던 친구였는데, 내가 갑자기 그 사람의 제자로 될 수 있겠어요? 웬만해서는 그 사람의 가르침에 완전히 동화되지 않는 이상 한때 동료였던 사람의 제자가 되기는 더 힘들죠. 타인의 마음을 완전히 흔들어 놓을 정도의 강력한 정신의 성취가 아니라면 누구라도 금방 가짜라는 것이 들통날 테니까요. 그만큼 가까운 사람을 회심回心시키는 건 더 어렵죠. 고대 인도의 사문 전통은 다양한 방랑 수행자들을 통칭하는 것인데, 사문이 정신 수양의 안테나를 늘 세우고 다니는 사람들이라고 보면, 이런 정신적인 동반자가 많았던 토양 자체가 불교가 생기는 데 있어서 중요한 기반을 이룬 것으로 볼 수 있어요. 주변에서 붓다의 깨달음을 이해하고 받아들이는 일, 그런 붓다의 의미를 알아볼 수 있는 사람들이 그 당시에 있었다는 것이 중요하다는 말이죠. 사문이라고 하는 집단은 이런 점에서 아주 특이해요. 세속 사회와 관계 맺는 방식도 그렇지만요.

최종덕 사문의 존재가 상당히 중요했군요. 그들이 사회로부터 구속을 받지 않았다는 뜻은 일용할 양식을 충분히 구비하고 있었다는 뜻인데요.

심재관 사문을 받아들이는 당시의 전통은 매우 특색이었어요. 일반 사람들도 사문의 존재와 사문의 관행을 충분히 인정했기 때문에 세속의 대중들은 사문들에게 먹을 것에서 잠자리까지 제공해 준 것입니다. 사실 이런 반사회적 존재를 사회가 보호하고 있었다는 것이 더 중요한 점입니다. 지금 같으면 사회 체제에 굴복시키려 하거나 편입시키려고 무던하게 애쓸 테고, 지금 우리 현대인의 편견으로는 보통 그들을 '빌어먹는 사람들'로 간주하거나 무위도식하는 사람들로 폄하하겠지요. 자기들의 정신 수행을 한다는 명분으로 하는 일 없이 세금도 안 내고 사회적 책무도 지지 않는 사람들이라고 핀잔하겠죠. 그런 현대인의 편견과 다르게 당시 사람들은 사문을 적극 보호하고 후원했다는 점이 중요해요. 그런 정신적인 수행을 위해 출가한 사람도 대단하지만, 그런 사람들을 존경하고 인정하고 지원해 준 일반 대중들의 사회적 의식도 상당한 수준에 있었다고 생각해요. 고대 인도 문명의 의미는 단지 오래되었기 때문이 아니라 정신사적으로 아주 클 것입니다. 인도의 사문의 의미를 현대에 다시 새겨 볼 필요가 있어요. 현대인의 관점이라면 사문들은 비렁뱅이나 부랑자로 보였을 거예요. 그런 비렁뱅이들이 길거리에 수십 수만 명이 된다고 생각해 보세요. 오로지 길에 앉아서 명상이나 하고 밥때가 되면 밥 달라고 탁발托鉢을 한다고 상상해 보세요. 어떤 왕은 군대를 풀어 그런 사문들을 모조리 없앨 수도 있었겠죠. 그들을 모두 잡아들여서 한국의 군사 독재 시절처럼 강제 교육과 체벌을 통해 사회로 귀속시키고 세금 노동자로 만들려고 하겠죠. 그러나 당시 인도에 그런 무자비한 왕은 없었어요. 이런 사회적 여건이 오랜 기간 동안 사문의 전통을 지켜 주었고 그런 사문의 전통이 있었기에 불교가 탄생한 것이죠. 반대로 이런 정신적인 집단은 세속 사회의 시민들에게 정신적 안정과 평화의 자양분을 선사하게 되는 것이죠.

최종덕 인도 제국의 왕이었던 아쇼카Ásoka 왕은 이런 전통을 확고히 자리 잡게 해준 사람이었죠?

심재관 아쇼카 왕뿐만이 아니에요. 인도의 왕들이 개인마다 특정 종교에 대한 취향이 있었겠지만, 특별히 다른 종교를 심하게 배제했다거나 그런 일을 했던 것은 거의 없어요. 대부분 사문들을 후원하고 거처를 마련해 주는 등 보시하고 절을 세워 줬죠. 물론 이는 불교에만 해당한 것은 아니었고 자이나교든지 힌두교든지 관계없이 종교를 장려했어요. 그들을 세금을 내야 하는 노동자로 만들지는 않았다는 점은 고대 인도 사회의 중요한 역사적 조건이었어요.

최종덕 그런데 그 비슷한 시기에 중국에서도 공자, 맹자가 있었고 장자, 노자가 있었단 말이에요. 보통 제자백가라고 하잖아요. 그 그룹도 집단이 있었고 가르침도 있었지만 그들을 종교 집단이라고 간주하지는 않는데, 무슨 차이가 있을까요?.

심재관 저는 거의 차이가 없다고 봐요. 인도에서도 그 당시에는 사문들의 그룹을 종교라고 부르진 않았죠. 지금은 종교라고 부르지만요. 나중에 가서 만들어진 차이라고 봐요. 시간이 흐르면서 인도 사문들은 기억 속의 스승님에게 초월적 지위나 신성神性을 부여하곤 합니다. 스승이 남긴 생활 규칙도 계율로 고착되고 이런 일들이 우리가 아는 종교화의 기본 단계겠지요. 스승에 대해 예를 올리는 것도 없었을까요? 그것은 왜 종교로 보지 않죠? 아마 차이가 있다 하더라도 상대적인 차이일 뿐이겠죠.

최종덕 제자백가 역시 일단 최초 선생님이 있었고 추종하는 사람들이 있었고 교리에 해당하는 기본 텍스트가 있었단 말이죠. 공자와 논어를 떠올리고 노자와 도덕경을 떠올리면 돼요. 그렇지만 우리는 공자나 맹자 혹은 노자나 장자를 종교적 지도자라고 하지 않잖아요. 그냥 현자, 성인이라고 부르죠. 저는 마찬가지로 예수나 붓다도 현자나 성인이었지 종교적 지도자가 아니라고 생각하는 것입니다. 종교적 창시자이기는 하지만 후대 사람들이 만들어 준 이름이지 예수, 붓다 스스로는 그렇게 생각하지 않았다는 말입니다.

심재관 성자라고 부르면 종교 지도자가 될 수 없는 걸까요? 공자나 노자도 그렇게 부를 수 있다고 생각해요, 종교를 무엇으로 보느냐에 따라서요. 선생님께서 하는 말은 종교 지도자가 신성을 가졌느냐, 신적 권위를 가졌느냐 하는 의문으로 해석되는데요.

최종덕 맞습니다.

심재관 처음에는 스승이고 선생님이었던 사람들이 후대에 의해서 그렇게 추앙될 뿐이죠. 예수님도 처음엔 제자들이 '랍비rabbi'라고 불렀고 후세 사람들이 '메시아messiah'로 부른 것이죠. 초기 교회에서는 예수님을 신의 아들이 아닌 단지 피조물인 인간으로 보기도 했어요. 그리스의 신학자 아리우스Arius, 250년 추정~336년 추정가 그랬는데 나중에 이단으로 찍히죠. 성자들을 어떤 존재로 보는가는 중요한 문제인데, 기독교는 다른 종교에 비해 신성의 부여가 심하게 진행된 경우라고 봐요. 불교도 부처님에 대해 신격화가 진행되지 않은 건 아닌데, 재미난 것은 그렇게 신성화가 진행된다고 해도 불교에서는 신격화로 가는 강한 경직성이 없다는 거예요. '넌 그렇게 보는구나 그러나 난 이렇게 본다' 정도예요. 그렇다고 해서 이단으로 찍어낸다거나 하는 일은 없어요. 다른 종교의 성자들도 정도의 차이가 있을 따름이지 다 이런 신성화의 과정을 거쳤다고 봐요. 불교 신자들의 상당수는 아직 인간 스승 붓다로 많이 기억하지만 신성화의 과정이 비교적 일찍부터 존재했었고요. 분파分派의 과정에서 붓다를 어떻게 볼 것인가 하는 문제가 등장하지요. 마찬가지로 이슬람의 무함마드Muhammad, 570~632의 경우도, 처음에 그가 죽었을 때 제자들이 그를 신성화해야 되는 게 아닌가 우왕좌왕하는데, 결국에는 그를 인간으로 간주해야 한다고 결정하죠. 현재에도 인간 예언자로 간주할 뿐이에요. 이슬람에서는 예수님도 무함마드와 같은 예언자로 보지요. 다 인간으로 간주해요. 이것이 변한 바는 없어요. 신의 말씀을 전하기 위해 선택된 사람들이지요.

최종덕 교회나 절에서는 이런 식의 의견에 대해 이단이라는 식의 반박을 하지는 않나요?

심재관 물론 일반 신자들의 입장에선 당혹스러울 수 있지만, 저는
오히려 그런 사실을 교회나 절에서 직접 대놓고 이야기를 자주
해야 한다고 생각해요. 이제 일반 대중들도 종교를 보는 눈이
많이 넓어진 것 같아요. 그래서 이런 역사적 사실에 대한 솔직
한 소통이 자주 있으면 좋다고 생각해요.

최종덕 현대 문명인이 종교를 접근할 때에는 대부분 복을 구하는
기복 종교로 접근하거나 혹은 극심한 고독과 소외로부터의 탈
출 혹은 구원에 관심을 두었기 때문에 그런 역사적 인식을 기
대하기가 쉽지 않아요. 사람들은 종교를 통해 당장 자기 개인의
이익을 추구하죠. 물론 그 이익에는 다음 생애에나 종말 이후
에나 올 구원이라는 방식의 이익을 포함하겠지만요. 사람들은
종교적 절차나 의식을 통해서 심리적 이익을 구하고, 반면 종교
권력자는 사람들로부터 지속적인 권위를 보장받는 것이죠.

심재관 제가 처음에 말씀했다시피 종교가 무엇이냐에 대한 이야
기를 다시 해야 할 것 같아요. 종교 본질론에 대한 질문 같은
것 말입니다.

최종덕 집단이 있고, 그 집단의 지도자가 있으며, 또한 그들이 성
전의 도그마로 사용할 텍스트가 있으면 종교가 성립되겠죠.

심재관 그러면 북한 사회도 종교라고 볼 수 있겠죠. 박정희에 몰입

하는 사람들의 집단도 종교가 될 수 있어요. 거기도 가입 절차가 있고, 강령이 있고, 집회와 의례가 있을 수 있는 거죠. 존경하거나 숭배하는 누군가가 있는 거고요. 그를 따르는 신자들이 있으니까요.

최종덕 그런 요소는 충분하지만 여기서는 주로 기성 종교를 말하기로 하죠.

심재관 정해진 기준은 없다고 생각해요. '종교'라는 것도 독립된 실체를 가리키는 말이 아니라, 머릿속에 있는 어떤 자의적인 정의를 위해서 그 단어를 사용한 것에 지나지 않는다고 봐요. 다시 말해서, 그 단어의 실체는 없고 자의적인 정의만이 있다고 봐요. 시대와 지역에 따라 그 정의도 많이 달라지고요. 예를 들어, 불교를 종교로 간주하지 않는 종교 이론도 있죠. 왜냐하면 초기 종교 학자들은 자기들이 생각하기에 종교라고 하는 것은 하느님을 믿는 아브라함의 종교만을 종교라고 보았으니까요.

최종덕 나중에 종교의 범주를 포용력 있게 다루게 되면서 무엇을 종교로 정의해야 하는지 우리가 한번 진지하게 생각해 봐야 하는 거죠.

심재관 종교를 종교답게 하는 요소가 있는지에 관한 의문이기도 하죠. 종교의 본질이 규정되어야 한다는 것도 일종의 선입관일 수 있어요.

최종덕 그래도 종교라고 부르는 것 속에는 그들이 가지고 있는 텍스트가 윤리적인 행동 지침을 포함해야 한다고 봐요.

심재관 윤리적 규범이 있어야 한다는 기준이 초월적인 절대자가 존재해야 한다는 조건보다 더 포괄적일 수는 있겠다고 생각이 들어요. 초월적 존재가 기준이라면 불교는 종교가 될 수 없으니까요. 윤리적인 지침은 논어에도 북한의 도덕 교과서에도 있어요. 그렇지만 어쨌든 그것도 종교의 본질일 수는 없지요. 아니면 그 모든 것이 종교적인 것이 거나요.

최종덕 저는 종교에 비판적이지만 스스로 종교적일 순 있어요. 많은 사람들이 저처럼 생각하죠. 종교는 없어도, 즉 특정 종교 집단에 속하지는 않아도 스스로 종교적이라고 할 수 있다는 거예요. 사람들이 위기에 처하면 자신을 도와 달라고 간절하게 기도를 하죠. 평소에 기도하지 않더라도요. 저는 그런 마음이 바로 '종교적'이라고 말할 수 있다는 것입니다. 기도하는 마음이 종교의 중요한 요소 혹은 기준이라고 생각하죠. 더불어 모종의 외경심이 있어야 해요. 외경심은 공경심과 공포심이 합쳐진 마음이에요. 바로 그 공포로부터 벗어나려는 마음이 종교의 요소이기도 하죠.

심재관 그런 외경심이 종교의 시작이라고 보기도 해요. 그렇지만 그것은 주로 유일신의 전통을 고려할 때 그런 것이고 종교의 요소로 보기에는 부족하죠. 우리가 더 많은 종교 현상들을 관찰할 때, 초기 종교 학자들의 관찰은 너무 왜소해 보여요. 우리가 먼저 '이런저런 것이 종교다'라고 정의를 내리지 말고, 먼저 종교의 다양한 형태를 비교하는 것이 더 중요하다고 봅니다. 먼저 개별적인 각각의 종교들을 경험해 보는 것이 좋다고 봐요. 하나의 종교만을 알고 있거나 아예 종교를 접하지 않았다면 자신의 견해만으로 재단하기 일쑤니까요. 초기 종교 학자들이 유일신의 관점에서 다른 종교를 바라보았을 때 당연히 거기에 따르는 한계가 있었던 거예요. 내가 한국의 김치에만 길들여져 있어서, 다른 민족의 저장식 야채 절임은 다 먹을 수 없는 쓰레기라고 말한다면 정말 큰 문제일 거예요. 다른 나라의 야채 절임도 그 사람들을 먹여 살린 음식이었던 것을 모르는 거예요. 기독교만을 종교로 알고 있으면 다른 종교를 우상 숭배나 미신으로 폄하하는 것에 지나지 않는 것과 같아요.

최종덕 제가 문제 삼는 것이 바로 유일신 개념입니다. 또는 유일신의 종교이죠. 저는 거대 종교의 사회적 권력을 비판하는 데 그치는 것이 아니라, 그 근원인 신의 존재 자체를 부정하고 있어요. 일종의 무신론자이죠. 무신론이면서도 충분히 종교적일 수 있다는 것입니다. 이런 마음이 자연이 인간에게 준 축복이죠. 신이라는 선험적 존재를 생각해 낼 수 있는 인간의 마음이 대단한 것이라고 생각해요. 그런 형이상학적 존재를 생각해 낼 수 있다는 것은 인간의 문화를 철학적으로 확대하는 기초가 되었다고 생각해요.

심재관 그럼에도 불구하고 신의 존재는 여전히 인간이 만들어 낸 가공물이라고 보시네요.

최종덕 신은 원래 있었던 주어진 존재가 아니라는 것이 저의 기본적인 생각이에요. 신 없이도 종교가 가능하다는 생각도 중요하고요. 이런 생각 위에서 종교의 사회적 권력에 대해 비판적입니다. 종교 집단을 권력 구조의 수단으로 보기 때문이고, 나아가 신의 존재 자체가 인간이 만들어 낸 생각의 산물이라는 거죠. 물론 그런 생각의 산물이 인간의 존속과 보전에 도움이 되었고 인류 번창에 도움이 되었기 때문에 종교가 존속된 것이라고 보는 것이죠.

심재관 그런 합리주의적인 종교 해석이나 정교 비판은 18세기부터 이미 등장했지요. 종교 해석에서 낯선 관점은 아니에요. 당연히 그런 사람도 있는 거죠. 그렇지만, 종교의 단점만을 본다면 어쩌겠어요. 그건 마치 한 종교인이 다른 종교를 배타적으로 보는 것과 마찬가지라고 생각합니다. 그 전에, 아까 선생님께서 "종교적 마음 자체가 자연이 인간에게 준 축복"이라고 말씀하셨는데, 그 자연은 뭔가요? 저는 선생님께서 말하는 자연이나 신이 다른 것이 아니라고 생각돼요. 수만 수억 년 된 지층과 암석들이 어울려 있는 광경을 보면 종교적 경이감이 일 때가 있거든요. 지평선 끝까지 펼쳐진 아무 것도 없이 뻗어 나간 고원 지대의 아름다움 같은 것이나, 기괴한 암석 지대 같은 곳을 지날 때. 강력한 자연재해 속에서도 자연의 어마어마한 힘을 느끼지요. 물리적인 자연 그 자체를 신으로 보는 것도 신앙의 다른 형태라고 볼 수 있어요. 그것이 개인이나 사회에 어떤 기능을 하고 어떤 형태를 갖게 되느냐를 읽어 내는 것이 중요하다고 봐요.

최종덕 좋아요, 어쨌든 불교도 유일신을 믿지는 않더라도 인간과는 다른 존재로서 신을 인정하고 있는 것 아닌가요?

심재관 음, 기본적으로 불교는 절대적인 존재, 모든 것을 주재하는 초월적 신을 결코 인정하지 않아요. 불교가 가장 꺼리는 단어는 '절대'와 '불변'이에요. 그러나 불교도 무조건 신을 부정하는 것은 아니에요. 다만, 그 신들을 절대적인 어떤 존재나 힘으로 인정하는 건 아니고요, 그저 중생의 범위 안에 있는 존재예요. 구제해야 할, 번뇌를 갖는 가엾은 존재요. 인간이나 신이나 모두 깨달음을 향해 가야 하는 동반자 관계예요. 물론 인간이 갖지 못하는 어떤 능력이 있지만.

최종덕 그거 재미있네요. 아니, 그런데 한국 내 절에 계신 스님들은 점치는 것도 공부하잖아요. 점쟁이처럼 하지 않으면 절 운영이 쉽지 않다고 해요.

심재관 그것도 신자들과의 관계를 고려한 배려라고 볼 수 있어요. 점뿐만 아니라 절에서 구병시식이라고 귀신을 물리치는 일도 하고요. 그런 엑소시즘은 불교 내에만 있는 것이 아니라 가톨릭에도 있어요. 구마驅魔 사제라고 각 교구마다 한 명씩 과거에는 있었거든요. 바티칸에서 교육시켜요. 그러니까 악령이 씌운 사람을 고쳐 주는 전문 사제지요. 그건 스님이나 신부님이 과거 샤먼들이 하던 역할을 대신하게 된 것 뿐이에요. 원시 사회 내에서 주술사나 샤먼들이 했던 역할이 있었겠지요. 그 바통을 다른 종교가 등장하면서 계속 유지했던 것이죠. 예수님도 그런 퇴마사 역할을 했던 모습도 있고, 부처님도 마찬가지였어요. 거대 종교 내에는 토착 종교의 특징이나 샤머니즘 같은 성격을 포용하는 경우가 꽤 있어요. 한국 불교만 그런 것이 아니라 모든 종교들이 샤머니즘과 밀접하게 연관되어 있어요. 한국의 개신교가 불교나 샤머니즘과 상당히 멀리 있다고 보는 사람들이 있지만, 저는 꼭 그렇게 생각하지 않아요. 부흥회에 가면 수일에 걸친 통성 기도와 찬양으로 몸을 떠는 신자들을 보는 경우가 있어요. 망아忘我 상태에서 방언을 하는 경우도 있고, 접신의 상태와 매우 유사한 경험을 하는 사람도 있어요. 그런 트랜스 상태를 본다면, 무당의 굿판과 무엇이 다른가도 생각해 볼 필요가 있어요. 현상은 동일하지만, 종교라는 색깔과 이름 때문에 경험을 다르게 해석할 수도 있는 것이죠. 실제로 구병시식과 굿판에서 신병神病 걸린 사람을 치유하는 현상이 같아요.

최종덕 종교 내의 그런 모습들을 굉장히 긍정적으로 보시는군요.

심재관 긍정적으로 본다기보다는 종교의 다양성과 변형의 역동성을 이해해야 한다는 것이죠, 진화의 개념처럼요. 불교가 귀신을 인정하지 않는 것은 아닌데, 그것을 절대적인 존재로 보지는 않아요. 마찬가지로 불교는 신을 인정하지만, 신의 존재나 인간의 존재 나아가 동물의 존재 사이의 차이를 크게 보질 않아요. 그들의 차이는 거의 백지장 하나에 지나지 않아요.

최종덕 아주 흥미로운 이야기네요. 그러면 신과 인간의 차이가 무엇인가요?

심재관 불교에서 인정하는 동물, 인간, 신, 이런 존재들은 궁극적
으로 독립적이고 영원한 존재가 될 수 없어요. 서로 상호 교환
가능하고 언제든지 서로 윤회하는 존재이며, 그래서 그 존재의
차이가 별로 없는 거죠. 저 벌레가 신으로 다음 생애에 출현할
수도 있고, 인간이 또 저 벌레로 되거나 신으로 될 수도 있다
고 봅니다. 존재의 위상이 고정되어 있는 것이 없어요. 신의 존
재도 마찬가지예요. 물론 우리가 사는 찰나의 현생에서는 저기
기어 다니는 애벌레의 존재보다 인간의 존재가 조금 더 오래가
겠지만, 현생이라는 시간 자체가 불교 관점에서는 변화하는 순
간들의 연결일 뿐이지, 그 어느 것도 불변의 의미가 있는 것은
아니거든요. 신이나 인간이나 벌레나 다 일정한 시간을 두고 윤
회하는 존재들이죠. 번뇌와 욕망으로 인해 윤회의 고통을 반복
하는 거예요. 중요한 것은 현생에서 어떤 행위를 하는가, 어떻
게 삶의 번뇌를 잠재울 수 있는가 하는 점이지요. 엄밀히 말해
서 불교에선 내세를 중요하게 여기는 다른 종교와 달리 현생을
중요하게 여기죠.

최종덕 그러면 불교에서 말하는 지옥, 아귀, 축생, 아수라阿修羅, 인
간, 천상신의 존재는 어떤 의미를 갖나요? 그리고 거기서 말하
는 신은 뭐죠?

심재관 계속 말씀 드린 것처럼, 신은 인간하고 비슷한데 인간보
다 다른 공간에 거주하면서 약간 더 능력이 많은 존재일 뿐입
니다. 예를 들어, 초능력을 발휘하고 숨기도 할 수 있는 하늘에
있는 존재죠. 인간을 도와줄 수도 있지만 질병과 같은 해를 끼

칠 수도 있어요. 불교나 힌두교에서 바라보는 신이라는 존재는 인간의 존재와 위상이 비슷해요. 신도 욕망을 가지고 있고 그 욕망으로 인해서 신들도 역시 업도 짓고 윤회하는 존재예요. 아수라도 마찬가지로 그런 유의 존재예요.

최종덕 어쨌든 영어로는 'God'이잖아요.

심재관 불교에서는 소문자 'god'으로 쓰죠.

최종덕 그러면 'god'에 's'를 쓸 수 있네요. 복수로요.

심재관 그럼요. 잡신들이 많으니까요.

최종덕 그러면 불교에서 말하는 신은 'gods' 중 하나군요.

심재관 그럼요. 초월적이고 전지전능하고 무한한 시간을 뛰어넘는 그런 선험적 존재로서의 신이 아니라 인간처럼 함께 역사 속에서 활동하는 개구쟁이에 지나지 않는 존재죠. 영문 표현 자체가 중요한 건 아녜요.

최종덕 아주 재미난 표현이에요. 절에 가면 산신 할머니나 산신령을 모시기도 하잖아요. 우리네 샤머니즘 아닌가요?

심재관 그럼요, 산신각山神閣, 절에서 산신을 모신 전각이라고 하는 것도 불교가 우리 땅에 들어오기 전부터 있었던 산악신앙의 변화예요. 산신령의 신앙을 불교가 흡수하고 수용하는 과정에서 만들어진 거죠. 불교가 토착 종교 혹은 기층 종교에 대해 배타적이지 않았기 때문에 오히려 이 땅에 더 잘 토착화할 수 있었죠.

최종덕 불교의 융합된 특징이 잘 드러나네요. 그리고 아수라는 어떤 존재인지 궁금해요.

심재관 아수라는 혼란과 악을 일으키는 신들을 통칭하는 말이에요. 특정한 하나의 신을 가리키는 말은 아니에요. 여러 악신들을 포괄하는 말이죠. 이들과 경쟁 관계에 있는 또 다른 신들의 무리가 있는데, 이들을 데바deva라고 부르죠. 마찬가지로 이 개념도 여러 신들을 가리켜요. 아수라는 원래 데바하고 맞서서 늘 싸움을 벌이는 그런 존재였어요. 데바나 아수라는 원래 인도 고유의 것이 아니라 인도-유럽계 공통 조상을 가지고 있었던 개념이에요. 조로아스터교의 아후라와 같은 겁니다. 이 종교와 혈통적으로 같다는 뜻이죠. 북서부 인도로 이동한 인도-유럽계의 아리안 민족의 영향이 들어와 있는 거죠. 인도-유럽계 사람들이 중앙아시아로 이동하면서 한쪽으로는 인도 북부로 유입했고 다른 쪽으로는 지금의 이란 지역으로 들어가죠. 이란으로 들어가서 형성된 종교가 조로아스터교, 북부 인도에서는 초기 힌두교가 형성된 것이죠. 베다Veda교라고도 불러요. 이렇게 조로아스터교와 힌두교는 원래 하나의 뿌리를 갖는 종교였어요. 언어 구조도 비슷하고 단어도 같은 것이 아주 많아요. 조로아스터교에서도 데바나 아후라라는 단어를 그대로 사용하고 있죠. 뜻은 정반대지만요. 결국 아수라라는 신은 아리안 족의 원형을 가지고 있었지만 불교로 수용되면서 새롭게 응용되어 독특한 의미로 변형된 것입니다. 이렇게 불교는 고착적인 개념 보다는 변용적인 개념으로 새롭게 의미를 변화시키고 있어요.

최종덕 한국 불교 얘기를 해 보죠. 해방 이후 특히 1950년대 이후 한국 불교가 정치권력과 밀접하게 연관되었다는 점은 누구나 아는 사실이고요. 좀 냉소적으로 말해서 한국 불교는 지나치게 권력과 돈에 의해 너무 쉽게 타락한 것이 아닌가 해요. 조계종 총무원이 권력 기관이 된 것은 이미 오래된 상식이 되었고요. 권력형 스님들이 고스톱치고, 축재蓄財하고, 대형 술집을 운영하질 않나, 파벌 싸움은 기본이고, 불교의 물질적 탐욕은 끝이 없을 정도에요.

심재관 그런 스님들은 이미 세속의 기업인이자 정치인인 셈입니다. 그들을 중이라 부를 수 없어요. 그들은 권력을 위해 무슨 일이라도 할 거예요. 반성은커녕 아마 더 많은 비리들이 나오겠죠. 하기야 그런 스님들만이 아니라 인간의 본성 안에 모든 욕망이 있는 것 아닌가요?

최종덕 그렇게 말씀하시면 현실 불교의 문제점을 눈감고 희석시키는 결과에 이르는 것이죠. 종교를 빙자해서 권력을 정당화하는 그들의 권력욕을 지나치면 결국 한국 불교는 퇴락할 것이라고 봅니다. 앞서도 말했지만 집단의 공동체적 행복보다 소수 권력자의 행복만이 추구될 때 그 종교는 소멸된다는 사실을 여러 차례 말했었죠.

심재관 어쩔 수 있겠어요? 문 닫아야지요. 그 종교 집단의 주체들이 스스로 폐문을 한 것이니 누구를 탓할 것도 없고, 스스로의 책임이지요.

최종덕 결국은 집단이 가지고 있는 양면성이죠. 집단을 포기하면 종교가 안 되고요. 집단을 운영하려면 권력 구조가 형성되는 것이죠. 집단에 따라오는 권력 형성 자체를 부정하는 것이 아니라 권력의 집중이나 편중이 문제인 거예요. 앞서 무위당 장일순 선생님 이야기가 나왔는데, 무위당 선생님이 유언으로 남기신 말 중에는 "내 이름으로 무슨 일을 하지 말라"였어요. 그 의미는 집단을 만들지 말라는 의미였거든요.

심재관 장일순 선생님을 저도 20대 초에 뵈었었는데, 그 전에 제가 10대 말에 접했던 인도의 명상가 크리슈나무르티가 있었어요. 저에게 큰 영향을 주었다고 생각하는데, 그분이 헬레나 블라바츠키H. P. Blavatsky 같은 이들이 주도하던 신지학회神智學會에 의해 발굴돼서 영적 지도자로 나타난 인물인데, 나중에 별의 교단이라는 종단을 만들라고 요청받았으나 스스로 탈퇴하고 해체하죠. 그분은 종교 집단이 개인의 영성 수련에 부정적 영향을 미치게 되리라는 걸 알고 있었을 거예요. 소위 종교 집단에서 지도자가 어떤 역할을 하고 어떤 영향을 미치리라는 것을 알고 있었다고 생각해요. 불교도 어쩔 수 없이 교단이라는 조직을 만들기는 했지만, 집단 안으로 모여서 수행을 하기는 해도 수행의 과정은 철저하게 개인에게 달린 문제입니다. 혼자 수행하고 혼자 깨닫는 것 자체가 사실은 더 중요한 덕목이었던 거죠. 그런데 집단의 권력에만 힘을 쏟으면 수행은 물 건너 간 일이 되겠지요. 한편으로는, 집단의 운영과 내부 운영자들이 정신적으로 건강하다면 집단을 통해 그 최초 성자들의 목소리를 오랫동안 기리고 후대에게 전하는 것이 당연히 후세의 인류에게 도움이 되겠지요.

최종덕 지금도 산속 선방에서 홀로 수행하시는 스님들이 많을 것 아니겠어요? 과연 한국의 현실 불교를 끌고 가는 사람들은 그렇게 홀로 수행하시는 스님들인가요 아니면 총무원에서 운영을 잘하는 스님들인가요?

심재관 당연히 홀로 수행하시는 분들이 불교를 끌어가는 것이죠. 그분들이 본래 불교가 지닌 근간을 이루는 것이니까요. 총무원 있는 사람들은 행정 일을 보는 거예요. 근간의 구실은 안 된다고 봅니다. 조계종이라는 조직은 껍질이고 이름에 불과해요. 물론 거기 스님들의 역할을 무시하는 것은 아니죠. 그러나 그곳이 불교의 내용을 말하는 것은 아니에요. 조직을 운영하기 위해 어쩔 수 없이 일하는 사람들이죠.

최종덕 사판승事判僧, 절의 재물과 사무를 맡아 처리하는 승려도 필요로 하죠?

심재관 그럼요, 지금 시대에는 없으면 공동체가 원활히 운영되기 힘드니까요. 그런데 제 생각에 불교에서는 다른 종교와 달리 사판승들이 없어져도 존속이 가능해요. 그 점이 불교의 특색이기도 하죠. 저는 처음으로 돌아가서 사문의 전통을 다시 회복하는 것이 옳다고 봐요. 좀 더 구체적으로 말하면, 사찰이나 종단의 운영, 소유 같은 일은 재가 신자들에게 완전히 맡기고 모든 승려가 수행에만 전념해야 한다고 봐요.

최종덕 아니, 그럼 일반 신자들에게 그 많은 불교의 사지寺址나 사찰 같은 어마어마한 부동산을 사회에 환원한다고요?

심재관 소유나 관리를 종교 법인에서 맡고 그 조직에 일절 스님들이 관여하지 않는 거죠.

최종덕 그러다 신자들이 팔아먹으면요?

심재관 그럼, 더 잘 된 거죠. 거지 쪽박 차는 건데, 그게 본래 사문의 진면목이에요. 아무 것도 갖지 않는 것. 본래 그래서 출가한 거 아녜요? 세속적인 재물의 필요나 가족의 속박이 수행에 방해가 되니까요.

최종덕 그럼, 어디서 자고 어디서 뭘 먹어요?

심재관 자는 건 그대로 사찰에서 잘 수도 있지만, 오래 그 사찰에 머무르지 않도록 해야지요. 떠돌아다니게요. 거기에 정들거나 애착이 생기지 않도록요. 사찰이 본래 스님들 것이 아니잖아요. 나라와 국민들이 지어 주고 시주받은 거지. 먹는 것도 빌어먹는 것이 좋다고 봐요. 사찰에서 남들이 해 주는 유기농 현미밥 드시는 것보다. 어디서 먹을 지, 어디서 잘 지, 이런 거 걱정하려면 뭐 하러 중이 됐는지 몰라요. 옛날 티베트의 쫑카파 Tsong-kha-pa 스님이 그런 말을 했어요. "수행자가 산에서 굴러 내려오는 일만 없으면 먹을 것이 산으로 굴러 올라간다"고요. 수행자가 굶는 경우는 없다는 얘기죠.

최종덕 그럴 수 있을까요? 정말 이상향의 세상을 말하고 계시군요.

심재관 지금 한국 불교의 문제점은 스님들 자신이, 자기가 누구인지 몰라서 그래요. 아마 자신들이 본래 어떤 존재였는가를 확실하게 고찰한다면 현재 불교의 문제들이 없을 거예요.

최종덕 고대 인도 사문의 전통이 오늘날까지 성공적으로 계승된 적은 없어요?

심재관 제 생각으로는 지금 인도의 자이나교를 불교가 다시 벤치마킹할 필요가 있다고 생각해요. 자이나교가 초기의 사문의 모습을 상당히 잘 보존하고 있는 것이라고 생각해요.

최종덕 자이나교요? 불교 당대에 존재했던 자이나교요?

심재관 네, 지금도 인도에 존속하고 있어요. 이 자이나교도 고대 인도 사회 사문의 전통 속에서 등장한 종교지요. 여기는 종단의 재산이나 관리 운영에 대해 승려들이 거의 관여하지 않아요. 재가 신도들이 다 알아서 하지요. 물론 신도들에게 때때로 조언을 주기도 해요. 완전히 분리되어 있어요. 그렇지만 승려들은 완전히 철저한 고행과 수련에만 몰두하고 끊임없이 이 사원에서 저 사원으로 이동해요. 사원에 오래 있으면 애착이 생기니까, 걷다가 길바닥에서 그냥 자요. 하루에 20~30킬로씩 걸어서 이동한다고 하죠. 무소유와 불살생을 중요한 덕목으로 삼기 때문에 신자들이 이들을 대하는 태도도 각별하고, 신자들의 생활 습관도 아주 반듯해요. 좀 너무 지독하다 싶을 정도로 이들은 무소유와 불살생에 대해 주의해요. 그러니까 세속의 신자들이라고 해도 매우 정직하고 건전한 사회인의 자세를 보여 주거든요.

최종덕 조계종이나 한국 불교에서 그렇게 할 수 있을까요? 신자들에게 집 내주고 땅 내주기 겁낼 것 같은데요?

심재관 스님들이 뭘 모르는 거죠. 겁이 많은 거예요. 두려운 거죠. 만일 그렇게 하고, 탁발하면서 수행에만 전념한다고 생각해 보세요. 오래 지나지 않아 더 흥성할 거예요. 그런 진정성이 사람의 마음을 완전히 바꾸어 놓는 거거든요. 그러니까 그 종교의 본래 정신을 찾는 것이 중요하죠. 깨달음의 최초 역사, 즉 초발심을 잊지 않는 것은 불교에서 가장 중요한 일이에요. 그런데 그런 자신의 역사를 모르거나 스스로 포기하는 경우가 오늘의 한국 불교의 문제를 낳았다고 봐요. 출가가 과연 무엇인지를 스스로 질문하는 일이 우선해야 할 일인 듯해요.

최종덕 문제는 간단해요. 조계종부터 스스로 해산하고 없애면 한국 불교의 많은 문제들이 풀릴 것이라고 저는 확신해요.

아홉 번째 주제

집단

종교는 집단이다

심재관 최근에 과학이 종교를 바라보는 시각은 어떤가요?

최종덕 근래 생물학자 중에서 대중에게 가장 잘 알려진 사람은 아마 에드워드 윌슨Edward Wilson과 도킨스일 거예요. 윌슨은 사회생물학과 통섭으로 유명해졌고, 《이기적 유전자 *The Selfish Gene*》(1976)로 유명해진 도킨스는 설명이 필요 없을 정도죠. 두 사람 다 진화생물학자이면서 대중적 글쓰기의 달인이라고 볼 수 있어요. 진화생물학은 모두 그렇듯이 신의 존재와 같이 초월적인 어떤 존재를 만드는 일에 부정적이죠. 당연합니다. 137억 년의 우주의 역사, 47억 년의 지구의 역사, 30억 년의 생명 세포의 역사, 20만 년의 호모사피엔스의 역사, 그리고 아주 최근사에 해당하는 1만 년의 문명의 역사를 거쳐 오면서 우리 인류는 의식과 사유의 능력을 갖게 되었고, 의식과 사유의 진화적 소산물 중 하나가 바로 신의 존재라고 보는 것입니다.

심재관 인간의 사유가 확장되어 초월자를 생각하게 되었고, 초월
자로서 신의 존재는 진화론에 의해 거절된다는 말이군요. 그렇
다면 현세에 존재하는 종교는 무엇이라고 생각하세요?

최종덕 저는 신의 부재와 종교의 존재는 다른 문제라고 생각합니
다. 다시 말해서 신의 존재를 설정하지 않아도 종교는 충분히
가능하다는 것이죠.

심재관 당연히 그렇게 주장할 수 있다고 봅니다, 실제로 그런 종교
들이 있으니까요. 그럼, 진화생물학에서도 그런 태도를 가질 수
있나요? 신 없는 종교 말이죠.

최종덕 앞서 든 두 생물학자 윌슨과 도킨스 모두 신의 존재를 부
정하지만 종교에 대해서는 서로 다른 생각을 가지고 있어요.
집단 공동체로써 종교의 역할을 어느 정도 기대하는 것이 윌슨
의 생각이죠. 최근 이런 윌슨의 생각은 도킨스로부터 강한 비
판을 받기도 했어요. 그 비판의 요점은 집단의 특성을 마치 유
전적 요인에서 비롯된 것처럼 윌슨이 생각했다는 것이죠. 도킨
스가 보기에 유전적 요인은 개인에게만 작용되는 것이지, 집단
에는 해당될 수 없다는 것이에요. 그런데 윌슨은 사회성 동물
인 개미 개체군의 생물학적 집단 특성을 통해서 인간에게도 집
단 특성이 강하다고 보는 거지요.

심재관 그게 종교와 무슨 상관이 있죠?

최종덕 인간의 집단성이 바로 종교를 만들었다는 거예요. 집단의 존속을 더 강하게 하기 위해 종교가 필요하다는 거지요. 물론 윌슨이 이렇게 분명한 논리로 집단성을 주장한 것은 아니죠.

심재관 결론만 보자면 그건 새로울 것이 없는 주장인데요. 초기 종교 학자들이 자주 했던 얘기니까요. 그런 사람들은 생물학자이기 때문에, 그런 주장 뒤에는 어떤 과학적 증거가 있었을 거 아니에요?

최종덕 네, 집단과 종교의 상관성에 대한 윌슨의 주장은 그 과학적 증거를 가지고 있지 못했어요. 그래서 다른 생물학자로부터 많은 비판을 받은 거죠.

심재관 그러면 그것으로 종교와 생물학 관계는 도킨스의 승리로 끝난 것인가요?

최종덕 아니에요. 그렇지 않아요. 윌슨과 성이 같은 데이비드 슬론 윌슨David Sloan Wilson이라는 진화생물학자가 있어요. 에드워드 윌슨이나 도킨스처럼 잘 알려진 학자는 아니지만, 한국에도 그의 책이 두 권이나 번역되었을 정도로 나름 중요한 학자이죠.

심재관 무슨 책인가요?

최종덕 한국어 제목으로 《종교는 진화한다*Darwin's cathedral*》(2004)
라는 책이에요. 상당히 유명한 책인데, 종교는 나름대로 존속
할 가치와 이유가 있다는 주장을 담은 책이죠. 책 제목에서 암
시했듯이 종교 자체가 의식의 진화된 소산물이며, 문화적으로
적응된 살아 움직이는 유산물이라는 거예요. 여기서 살아 움
직인다는 뜻은 종교 집단을 하나의 유기체로 본다는 것이죠.
그는 종교 집단이라는 말을 사용하여, 집단은 개인들의 단순한
집합체가 아니라 그 이상의 유기적 존재라고 말해요. 종교를 믿
는 사람들, 개개인도 중요하지만 집단 전체가 가지는 구성력이
마치 유기체의 힘처럼 작용한다는 거예요. 그래서 신의 존재 여
부와 관계없이, 종교는 나름대로 우리 인류에서 문화적인 효용
가치가 충분히 있다는 거예요.

심재관 저도 그 학자가 쓴 《진화론의 유혹*Evolution for Everyone*》
(2009)을 잠깐 들여다본 적이 있어요. 생물학자 글이었고, 더구
나 제가 종교학 이론서들을 신뢰하지 않는 편이라 성의 있게
읽지는 않았지만요. 말씀하신 대로, 데이비드 슬론 윌슨은 《진
화론의 유혹》을 쓰게 된 동기가, 자신이 인체나 꿀벌과 같은 유
기체로 종교 집단을 봐야겠다는 영감을 얻어서 시작했다는 얘
기가 있었어요. 어쨌든 진화론자 대부분이 그렇듯이 도킨스는
신 존재뿐만 아니라 종교 자체를 강하게 비판하는 사람인데,
데이비드 슬론 윌슨의 입장은 완전히 다르군요.

최종덕 완전히 다르다고 확신하기는 어려워요. 모두 진화생물학자
거든요. 집단에서 이타적 행위를 많이 하는 개체들이 많을수

록 그 집단은 더 많은 풍요를 가질 수 있다는 거예요. 인류 문명사에서 개인의 이타주의를 증가시키도록 변화하는 문화 양상들이 나타나는데, 데이비드 슬론 윌슨에 따르면 그런 문화 양상 중에 대표적인 것이 종교라는 거예요.

심재관 최근에 《이타주의는 존재하는가》라는 책을 냈던데, 그 사람은 종교나 문학까지 진화론의 틀로 해석하고자 하더군요. 진화론적으로 볼 때 집단의 번영과 발전을 담보할 수 있는 것이 구성원의 이타적 행위이고, 그것을 잘 조장하는 것이 종교라는 관점이죠. 보통 종교가 갖는 사회적 측면 효과 정도라고 보여요. 아무튼 개인의 이타주의와 집단의 종교성이 연결되는 지점이 매우 흥미롭긴 하지만, 사실 집단 내 개인의 이타성이 나타나는 방식은 다양하잖아요. 순수한 동기로 우러나온 이타적 행위가 있는 반면에 훗날 보상을 기대하고 하는 이타적 행위도 있을 것이고요.

최종덕 심 선생님이 지적하신 대로 이타적 행위의 기준은 애매하기 때문에, 인간 본성을 따져 보는 진화생물학에서는 '이타성' 대신에 '협동성'이라는 말을 더 자주 사용하죠. 협동이라는 말은 직관적으로 볼 때 집단의 공동 이익을 염두에 두고 한 말이에요. 협동이 이루어지려면 개인들이 서로 모인 집단의 이익 가능성을 서로 합리적으로 약속한다는 전제를 필요로 하죠. 이것이 진화생물학에서 협동성을 보는 관점입니다.

심재관 저는 이타성이라는 표현이 더 와 닿는데요. 협동성이란 표

현은 이익을 위한 의도성이 더 크게 느껴지니까요. 어쨌든 협동
성과 종교는 어떻게 연관이 되나요?

최종덕 네가 나에게 혜택을 베풀면 나도 너에게 혜택을 줄 것이
고, 그 거꾸로도 마찬가지고요. 네가 나를 배반하면 나도 너를
배반할 것이며, 그 거꾸로도 마찬가지라는 것입니다. 이것이 진
화생물학에서 말하는 소위 협동 이론입니다. 그리고 이러한 협
동 이론이 가장 잘 들어맞는 문화적 영역이 바로 종교라는 것
이죠. 종교는 이런 점에서 협동이 오랫동안 가능한 시스템을
발달시켜 왔죠.

심재관 그건 거래 이론 아닌가요? 이타성이나 협동 이론으로 본
다는 게 납득되지 않는데요? 그러면 인류 역사에서 생겼던 수
많은 종교 갈등은 어떻게 설명이 되죠?

최종덕 간단합니다. 협동이 안전하게 유지되려면 집단 내 구성원
과 집단 외 구성원 사이를 구분해야 한다는 것입니다. 집단 외
구성원은 배신을 할 가능성이 높기 때문에, 집단 내 권력은 집
단 외 구성원들을 자기 집단에서 배제합니다. 그런 현상이 종
교 갈등으로 드러나는 것이죠.

심재관 너무 동떨어진 이야기 같아요. 처음의 이타성에서 협동성
으로, 다시 협동에서 거래의 의미까지 나왔으니까요. 게다가 집
단적인 이기주의도 보이니까요. 그리고 집단 단위와 종교가 일
치하는 것도 아니기 때문에 종교 갈등을 설명하는 것도 획일적

이라고 보여요. 저는 다른 종교에 익숙하지 않으니 불교적으로 생각해 보면, 이런 이타성은 각 개별 종교에서도 거의 수용되고 있는 것이 아니라고 봅니다. 오히려 불교적으로 이러한 발상은 역순으로 일어나거든요. 처음에, 의식의 순도가 떨어지는 사람들에게는 거래의 형태를 통해서 이타성을 촉구하게 되지요. '너 남에게 무조건 베풀어라. 그럼 너 도솔천에 태어날 수 있어' 뭐 이런 형태 말예요. 또는 기독교에서 '겉옷 달라는 사람에게 내복까지 내줘라, 그래야 네가 베푼 만큼 너도 대접을 받는다' 이런 말이거든요. 이런 걸 굳이 표현한다면, 협동성으로 설명할 수 있는 대목이라고 생각돼요. 그런데 불교에서는 이게 졸렬하고 아둔한 인간을 구제할 때 하는 말이라는 거예요. 진짜 하고 싶은 말은 이런 거라고 봐요. '야, 웃기지마. 그런 거 없어. 뭘 베풀어, 베풀긴. 사실은 베푸는 너도, 은혜 받는 사람도 없어' 그런 구분이 없다는 거예요. 기독교도 마찬가지라고 봐요. "왼손이 하는 일을 오른손이 모르게 하라"고 하잖아요. 이건 개인적 수행의 요청이에요. 그리고 이런 요청 속에는 집단이나 구성원 사이의 구분이나 배제 같은 것은 다소 먼 이야기죠. 물론, 데이비드 슬론 윌슨의 주장이 개인적 인성의 계발이라는 측면보다는, 특정 종교가 어떻게 집단에 적응하는지 또는 집단에 의해서 어떠한 종교가 취사 선택되는가에 관심이 있었던 것으로 보이지만요.

최종덕 좋아요. 종교의 개인주의적 측면도 중요하다는 것은 인정하죠. 데이비드 슬론 윌슨처럼 문화적으로 효용 가치가 있기 때문에 종교가 진화했다는 말을 다시 생각해 보죠. 앞서 말했듯이 종교는 윤리적인 지침서로 의미가 충분하며, 사회 공동체를 묶어 주는 강한 끈이 된다는 것입니다. 그는 자신의 책에서 수많은 종교 사례를 들거든요. 유대교, 힌두교, 동남아시아의 토속 신앙들, 기독교의 칼뱅주의 등 많은 사례를 들면서 신의 존재를 말하지 않으면서도 종교는 충분히 가능하다는 것을 주장하죠. 즉 개인의 구원보다는 공동체의 번영이 더 중요하다는 것을 강조하는 거죠. 그리고 진화론으로 그런 현상을 잘 설명하고 있어요.

심재관 그 책은 불교도 다루고 있나요?

최종덕 한두 줄 거론했지만 거의 없다고 봐야죠.

심재관 데이비드 슬론 윌슨의 생각이 불교에도 적용되는지 궁금하군요. 우선 '인간의 윤리적인 지침서로써의 종교'가 무엇인지 이야기 하고 싶어요. 종교가 윤리적인 지침서로써의 효용성이 있기 때문에 여태까지 종교가 존속해 왔다는 그의 주장이 과연 무엇인가요?

최종덕 기독교 십계명을 보면 기본적으로 윤리적인 준칙이잖아요. 사람을 죽이지 말고, 속이지 말고, 도둑질하지 말고, 강간하지 말라는 준칙들은 전부 윤리적인 기준이죠. 이런 윤리적 준칙은 실제로 당시 사회를 유지하기 위한 사회적 규범이기도 합니다. 이런 사회적 규범을 잘 지키는 개인들이 많은 공동체가 그렇지 못한 공동체보다 더 성공적으로 번영한다는 것입니다.

심재관 특정한 종교의 윤리적 규범이 당대 사회의 흐름 속에서 받아들여지고, 또 선택되었기 때문에 그로 인해 특정 종교가 진화할 수 있었다는 점은 동의를 해요. 그런데 저는 데이비드 슬론 윌슨의 이야기 전체에 동의하지 않아요. 왜 그러냐면 윤리적인 차원에서 효용 가치는 분명히 있지만 종교 집단 말고 다른 집단도 그런 윤리적인 가치를 지향해 왔죠. 고대 중국사를 봐도 제가 말하는 사례는 많아요. 예를 들어, 중국 춘추 전국 시대 수많은 제후 국가들이 있었잖아요. 그 나라들은 나름대로 사회적 집단이며 의식적 공동체였죠. 그 나라 중에서 어느 나라가 더 살아남을 수 있느냐의 문제는 단순히 군사 전략의 차원이 아니라 공동체의 집단적 윤리 의식과 연관돼 있단 말이죠. 그러니까 꼭 종교 집단이 아니라 다른 공동체에서도 윤리적 효용 가치는 집단의 존속 가치로 작용한다는 말입니다. 그래서 데이비드 슬론 윌슨의 입장에 전적으로 동의하기 어렵다고 말한 거죠.

최종덕 꼭 종교만이 인류 사회를 윤리적으로 만들어 주는 것은 아니라는 말은 중요한 지적입니다.

심재관 저는 진화론을 폄하하기 위해 이런 말을 한 것이 아니라, 종교를 윤리 차원에서만 볼 것이 아니라 구원과 행복 차원에서 보아야 한다는 것을 말하고자 한 것입니다.

최종덕 심 선생님 견해를 충분히 이해합니다.

심재관 이 지점에서 의문이 드는 것은 종교 집단에서 특별히 보이는 현상이 하나 있는데, 그것은 바로 자기희생의 행위인 것입니다. 자기를 희생하면서 남을 돕거나 구하는 절대적인 이타주의의 종교적 인물들이 우리 문명사에 많이 있었다는 사실입니다. 예를 들어, 내가 죽어서 저 사람을 살릴 수 있는 정도의 희생을 하는 사람들 혹은 그런 분위기가 종교적 집단 외에서 상시적으로 실현될 수 있는지 의심이 들거든요. 희생적 행위의 동기와 자극은 대부분 종교 집단에서 유발된 것으로 봅니다.

최종덕 전 그렇게 생각하지 않아요. 종교 집단 외에도 자기희생적 행위는 충분히 있어 왔다고 봅니다. 일본군의 가미카제제2차 세계대전 때 폭탄이 장착된 비행기를 몰고 자살 공격을 한 일본군 특공대 공격 방식도 그가 속한 집단 내부에서만 본다면 전형적인 이타적 희생 행위거든요. 그런 행동들을 설명할 수 있을까요?

심재관 오히려 가미카제에서 보여준 일본 군인들의 행동은 실제로 종교적 현상이라고 봐야 합니다. 물론 종교적 순교도 자기희생이고, 가미카제 부대원의 행동도 자기희생이며, 2001년 도쿄 지하철역에서 취객을 구하다 숨진 한국인 유학생 이수현 씨의 의로운 희생도 자기희생의 범례이지만, 그 각각의 동기와 이유는 전혀 다르죠. 가미카제의 행동은 희생적이지만 강요되고 의식화된 결과일 거예요. 이수현 씨의 의로운 행동은 결과가 아닌 동기 차원에서 진정한 희생정신의 발현이라고 봐요. 종교적 순교는 무엇일까요? 순교가 아니더라도 종교 집단에서 이루어지는 많은 희생적 행위는 종교만의 독특한 특성에서 우러나온 것이 아닐까요?

최종덕 민속학자이며 문화 인류학자인 에밀 뒤르켐Emile Durkheim은 종교는 곧 집단의 특성이라고 얘기한단 말이에요. 예를 들어, 할머니가 장독대에서 숯을 걸어 놓고 정화수를 떠놓고 손주가 아프지 않기를 기도하는 모습은 뒤르켐이 보기에 종교적인 것이 아니에요. 그런데 그 할머니가 무당집에 가서 그 무당집의 관례에 따라 혹은 교회에 가서 그 교회의 예배 절차에 따라 손주의 건강을 기원하는 행위는 종교적이며 종교 집단의 독특한 특성인 것입니다.

심재관 선생님의 말은 제 생각을 보충해 주는 논리적 근거가 되죠. 바로 그런 종교 집단의 고유성이 바로 제가 말하려는 종교 내 희생정신과 이타성을 불러일으키는 윤리적 힘으로 된다는 말입니다.

최종덕 무슨 말인지 이해하겠습니다. 종교는 집단을 중시하고, 그렇게 집단을 중요시하는 전통이 종교로 진화했다는 거죠. 집단의 공동체주의가 가장 잘 발휘된 것, 그것이 바로 종교라는 말입니다. 데이비드 슬론 윌슨이 말한 것도 바로 이 점입니다.

심재관 동의합니다. 그렇다면 유대교와 힌두교는 그런 특징을 잘 보여 주고 있다고 봅니다. 유대교는 공동체를 벗어나면 존립이 어려울 정도로 집단주의를 크게 강조하죠. 그 집단주의 때문에 아마 3천 년 가까이 존속할 수 있었던 것이고요.

최종덕 인도의 힌두교도 그런가요?

심재관 힌두교도 마찬가지죠. 공동체성을 강조하는 종교일수록
율법의 규율이 더 강한데요. 율법은 사회생활에서 개인 생활에
이르기까지 적용되는데, 일상생활의 영역까지 율법을 적용하여
규제하죠.

최종덕 집단의 규범이 개인의 일상생활을 일일이 다 간섭할 수 없
잖아요.

심재관 아니에요. 모든 생활 영역은 율법에 의해 통제됩니다. 종교
적으로요. 관혼상제를 포함한 일상의 대소사들, 태어나서 종교
에 입문하여 생일 잔치하고, 결혼하고, 제사 지내는 모든 일상
생활들이 예외 없이 율법에 의해 치러지는 것입니다. 그런 관습
과 규범들이 강하거든요. 사소하지만 재미난 경우가 있는데, 유
대인에게는 우유하고 고기를 섞어 먹지 말라는 율법계율, 규율, 관
습이 있어요. 그래서 유대인들은 치즈버거를 못 먹어요. 그만큼
음식에 대한 규율이 얼마나 까다로운지를 알 수 있다는 거죠.
생활의 모든 일상사를 지배하는 것이 그들의 종교적 규율인 것
이에요.

최종덕 유대인들은 정말로 그것을 다 지키나요?

심재관 그럼요, 물론입니다.

최종덕 힌두교인들도 그렇다는 말입니까?

심재관 힌두교도 마찬가지거든요. 그들의 신분 계급마다 조금씩 다르지만, 보수적인 힌두교도라면 지켜야 할 일상의 규율이 있는 것입니다. 소고기나 해산물을 먹지 않는 음식의 규율, 제사하는 규율, 아기가 태어나면 반드시 해야 할 의례, 결혼에 대한 복잡한 규율과 의례들, 이런 일상생활의 규범들이 다 규정화돼 있죠. 이렇게 종교 중에서도 집단성이 강하다면 아마 유대교와 힌두교를 가장 먼저 들 거예요.

최종덕 종교가 일상을 통제한다는 말이 무슨 말인지 알겠어요. 개인은 그 집단의 계율을 반드시 엄수함으로써 종교의 집단성이 존속되는 것이군요. 만약 어떤 개인이 집단의 규율을 거부한다면요? 그것이 가능한가요?

심재관 유대인들도 여러 계층이 있어요. 자유주의 유대인과 보수적인 유대인 층이 분명히 있죠. 보수적인 유대인들은 미국에 사는 자유적인 유대인들을 진짜 유대인이 아니라고 비난할 정도예요. 그리고 혈통을 매우 중시하죠. 보수주의 유대인은 모계가 유대인일 경우에만 순수 유대인으로 인정할 정도니까요.

최종덕 사회적 관습이라는 것이 얼마나 단단하게 고착된 것인지를 이야기하기 위해 저희 집 제사 지내는 일을 예로 들어볼게요. 일 년에 겨우 두 번 지내는 제사와 두 번의 차례상 올리는 것도 쉽지 않아요. 저의 집의 경우, 부모님 돌아가신 지 10년이

넘었으니 이제 제사를 그만 지내고 명절 차례만 지내자고 형님에게 말했으나, 제 의견은 거절되었어요. 전통과 관습을 벗어나는 일은 정말 쉽지 않죠. 일 년에 열 번씩 제사 지내는 집안에 비하면 아무 것도 아니지만요. 집안 사람이 모여 일 년에 열 번씩 제사를 지내려면 얼마나 힘들겠어요.

심재관 제사를 준비하면서 물리적으로 힘든 것보다 가족 구성원 사이의 심리적 갈등들이 노출되는 것이 더 심각하다고 해요.

최종덕 맞아요. 큰댁에서 치루는 제사 준비가 만만하지 않으니, 제가 형에게 이렇게 말한 적이 있어요. 제사 지내는 것은 좋으니, 상차림을 아주 간소하게 하자고 했지요. 그랬더니 형이 처음에는 반대했던 거예요. 형이 열린 사고를 하는 분이지만, 일상의 관혼상제 전통과 관습을 벗어나는 일은 어려운 선택이라고 생각한 거죠. 그러니 유대교나 힌두교는 오죽할까요.

심재관 그럼요. 개인은 집단이 정한 규칙을 준수하는 대가로 집단 안에서 자신의 존재가 보존되기를 원하는 것입니다. 이것이 초기의 종교 생성 과정이죠. 거꾸로 말하면 그런 집단의 규칙을 지키기 싫으면 개인의 존재를 인정받을 수 없다는 결론이 나오는 것입니다. 그런 현상은 오늘날 개인이 왕따 당하는 것과 심리적으로 같은 것이죠. 그런 심리적 스트레스와 개인들이 갖는 미래에 대한 불안감은 집단성에 의해 해소되거나 치료되기도 하지요. 그것이 종교의 중요한 역할이기도 합니다.

최종덕 원시 사회에 있었던 불안감과 공포심은 그 모양만 바뀌었을 뿐 현대 문명사회에서도 극에 달하고 있다고 봅니다. 과학 지식이 확산되어 이제 자연 현상에 대한 불안감은 많이 줄었지만, 그 대신 물질 권력에 대한 소외감이 더 확산되고 있다는 점입니다. 현대인들도 집단에 대한 향수를 여전히 가지고 있단 말이죠. 지식인들에 의해 문명사회의 문제가 지적될 때마다 떠오르는 키워드들이 있죠. 개인주의, 소외, 물질화, 권력의 자본화 등입니다. 현대 사회는 이런 문제들을 해결하기 위해 집단주의 양태를 따르는 경우가 많습니다.

심재관 집단주의라고 말을 하시니까 상당히 비판적인 어투로 들립니다. 집단주의라는 말 대신에 공동체주의라는 말을 사용하면 어떨까요?

최종덕 좋아요. 어쨌든 개인의 소외가 늘면 늘수록 공동체에 대한 필요성이 더 늘어 간다는 말입니다. 공동으로 같이 잘 살자는 말은 좋아요. 그런데 종교적 공동체가 가지고 있는 문제점은 자신의 공동체 외에 모든 다른 공동체를 공동의 적으로 간주한다는 점입니다.

심재관 마치 적대적 공동체와 같군요. 기업 간 적대적 M&A Mergers & Acquisitions, 기업의 인수와 합병라는 경제 용어가 떠오르니까요.

최종덕 적절한 말을 하셨어요. 지나온 역사를 보면 서로 다른 종교 공동체는 거의 적대적 성향을 보였단 말이죠. 이 점은 종교의 부정적 역사라고 보입니다. 우리는 종교가 지닌 양면성을 다 봐야죠. 공동체주의는 개인의 소외를 해소하는 좋은 접근 방법이겠죠. 공동체를 통해 협동성이 이루어지고 협동성을 통해서 윤리적 인간이 실현될 수 있고, 개인 차원의 윤리 가치의 확산은 결국 집단 차원의 번성함을 가져다 줄 것이고요. 그래서 공동체주의는 좋은 거라고 생각해요. 종교 공동체주의도 그런 점에서 강력한 순기능을 가지고 있을 것이에요.

심재관 또 다른 한편으로 종교 공동체주의는 다른 종교 공동체를 적대적으로 대한다는 것을 지적하시려고요?

최종덕 네, 맞아요. 종교 공동체는 관용에 대한 이중적 잣대를 가지고 있어요. 집단 내 개인에게는 관용과 공존을 강조하는 강한 규범이 있는 반면, 집단 외부자에게는 관용 대신에 적대성을, 그리고 공존 대신에 포섭을 적용하는 것입니다. 집단 외 개인에게 "당신이 우리의 공동체 안으로 들어올 경우에만 당신은 구원을 받을 것입니다"라고 외칩니다. 앞서 심 선생님이 말했죠. "왼손이 하는 일을 오른손이 모르게 하라"고요. 이런 헌신적 이타성도 자기 공동체 내부의 구성원끼리만 해당하는 말이죠. 이것이 종교의 양면성이죠. 다시 말하지만 자기 집 울타리에 들어오면 만사형통이고, 울타리 밖의 존재는 모두 이단이나 악마가 되는 것입니다. 남들은 저의 이런 단순화한 기준을 지나친 종교 비난이라고 할 수 있지만, 종교성의 기초라는 점에서는 부인할 수 없는 것입니다. 현실 종교에서 실제로 어떠한지 심 선생님의 이야기를 듣고 싶은데요.

심재관 저의 견해로는 세계 종교의 의미는 그런 적대적이고 배타적인 종교 공동체주의를 탈피하는 데 있다고 봅니다. 다시 말해서 종교 공동체의 배타성이 많고 크면 원시 종교에 가까운 것이고, 보편성과 공존성이 많고 크면 세계 종교가 될 수 있다는 거죠. 고대 인도 전통에서 불교가 탄생한 이유도 실은 기존 사회의 배타성에서 벗어나고자 했던 붓다의 염원에 있었습니다. 당시의 배타적 전통과 폐쇄적 관습으로부터 보편적인 불교가 탄생되었고, 따라서 우리는 불교를 세계 종교라고 부를 수 있는 것입니다. 거꾸로 말해서 만약 불교의 어느 공동체가 타 집단에게 배타적이고 적대적이라면 그 공동체가 믿는 불교는 원시 미신과 같은 거예요. 마찬가지로 예수도 당시 유대 사회의 선민의식과 같은 배타적 전통에서 탈출하려 했고 그로부터 기독교가 탄생한 것이죠. 결국 불교의 탄생이나 기독교 탄생의 연원은 같습니다. 배타성, 적대성, 폐쇄성에서 공존과 관용으로 전환한 혁명적 변화였던 것입니다.

최종덕 전적으로 동의합니다. 그런데 그 말을 거꾸로 돌린다면 만약 어떤 종교 공동체가 타 집단 혹은 타 종교 공동체에 대해 공존과 관용 대신에 배타적이고 적대적이라면 그 종교는 종교가 아니라 미신이 된다는 사실입니다.

심재관 결국 종교는 도덕성을 포함해야죠. 종교와 미신의 차이는 도덕성을 갖느냐 아니냐의 차이가 아닐까 해요. 물론 제 스스로 말했듯이, 불교에서는 그 도덕성의 의미가 좀 다르지만요.

최종덕 종교를 가장한 미신이 주변에 득실거리는데, 그 차이를 구
분할 수 있는 기준은 현실적이어야 한다고 생각해요.

심재관 하지만 법의 테두리를 벗어나지 않는다면 저는 그 기준에
대해 매우 조심스럽게 접근해야한다고 생각합니다.

최종덕 1920년대 백백교白白敎 사건을 한 사례로써 이야기해 볼게
요. 일제 아래 백백교라는 신흥 종교는 마치 영화에 나오는 것
처럼 교주 '전용해'라는 사람을 우상화하고 소수의 권력을 옹
호하는 교리를 만들고, 시녀를 바치게 하거나, 개인 재산을 탈
취하는 등 철저한 감시체계와 비밀 유지를 해 왔죠. 이를 거역
하는 사람들을 살해했고, 나중에 경찰 조사에 따르면 약 340
명 정도가 살해 당한 사건이었어요. 제가 인터넷을 찾아보니까
백백교 사건은 전 세계적으로 신흥 종교의 10대 사건 중에 하
나랍니다.

심재관 종교의 형태를 빙자해서 부도덕과 반륜의 행태를 보였던
신흥 종교는 우리 역사에서도 많이 나타났었죠. 그런데 제가
하려는 말은 미신이라는 이름으로 개인의 자유가 침해될 소지
를 만들어서는 안 된다는 얘기였어요. 제3자가 보아도 뻔히 혹
세무민하는 집단이 있더라도 법으로 보호될 필요가 있으니까
요. 문제는, 위법하지는 않더라도 종교인들이 보여 주는 권력과
욕망의 집착 같은 것들이 너무 쉽게 눈에 보이니까 안타까운
거지요. 종교인이 아니라 비즈니스맨이니까요.

최종덕 저도 그런 말을 하려고 했던 거예요. 소위 말하는 도덕 종교에서도 인간 사이의 갈등들, 사회적 권력의 욕망들이 종교의 교리에 가려져 있을 뿐이죠. 종교는 사회적 집단의 특성을 그대로 가지고 있으며, 집단에서 욕망이 문제되듯이 종교에서도 여전히 욕망이 문제된다는 말이죠. 문화관광부 2011년도 종교 통계가 나온 것이 있는데요. 목사, 신부, 스님의 숫자를 비교한 것이 있어요. 2008년에서 2011년 4년 동안 어떻게 변했냐 하면 2008년도 목사 수는 9만 5천 명이에요. 2011년에는 14만 8천 명인가 돼요. 그렇게 늘어났죠. 신부는 4천 5백 명에서 4천 6백 명 거의 비슷하고요. 불교 스님 수는 4만 5천 명에서 4만 4천 명 정도 줄어들었어요. 개신교 숫자가 많이 늘어난 것이 특이하죠. 우리 사회의 현실을 잘 보여 주는 단편이기도 하고요. 우리의 종교적 권력 구조와 깊이 연관되어 있다는 말이죠. 이런 현실은 사회학자나 종교학자만이 아니라 일반인도 직관적으로 알 수 있는 부분이죠.

심재관 아니, 목사가 많이 생기면 좋은 일 아닌가요? 하하하. 신학대 졸업하면 목사가 되지 않나요? 통일된 과정을 거쳐야만 자격을 얻는 신부나 스님보다 목사되기가 쉬울 거예요. 스님, 신부, 목사는 훌륭한 일을 많이 하시겠다는 각오로 시작하신 것일 텐데, 그것 가지고 뭐라고 할 순 없잖아요.

최종덕 그 숫자를 가지고 무슨 말을 하려는 것이 아니라, 돈과 권력이 몰리는 쪽으로 종교 편향도 생긴다는 것을 반증하는 듯해요.

심재관 그런데 요즘은 그 숫자가 하도 많다 보니 교회 운영하기도 어렵다고 하더라고요. 어려운 목사님들이 많아요. 얼마 전에는 경찰이 온 국민을 공포에 떨게 했던 보이스 피싱 일당을 검거했는데, 그 총책이 목사라네요. 교회 월급이 적어서 그런 범행을 저지르게 되었다고 경찰에서 답했다나요. 하기야 도박과 성매수를 일삼던 어떤 스님들의 행태는 한술 더 뜨고요.

최종덕 말만 도덕 종교지 미신과 물욕의 권력이 그대로 종교 이미지를 차지해 버린 것이죠.

심재관 이 모든 것이 욕망의 특성에서 오는 듯해요. 소속감과 파벌 의식, 집단의 무임승차 등이 종교 집단에도 그대로 적용된다는 말이죠.

최종덕 그렇죠. 목사나 스님들도 역시 사회적 권력 구조 안에 들어와 있어서 그들 공동체 권력 구조에 순응하지 않으면 일하기 쉽지 않죠. 목회 활동 못하는 목사가 많은 것하고도 연관이 되겠죠. 종교의 공동체적 특성은 뒤르켐이 여러 번 설명했었죠. 목사, 스님 간의 선후배 구조나 계열의 질서를 무시할 수 없는 것이 종교 구조의 특성이라는 말이거든요. 군대 조직과 같은 가톨릭 신부의 구조도 마찬가지죠.

심재관 구원이나 깨달음이 종교의 궁극적 목적인데, 이런 목적은 철저히 개인에 의해 수행되는 것이거든요. 그런데 그 종교인들의 집단은 구원이나 깨달음과 거리가 먼 권력의 특성을 갖는다는 말이죠. 눈에 드러나는 모순이죠.

최종덕 종교만의 모순인가요? 제 생각에 그런 모순은 종교가 세
속화되는 과정에서 필연적으로 생긴 결과일 수 있어요. 그런데
불교는 그런 모순을 깨기 위해 시작된 것이라고 우리들이 앞서
이야기하지 않았나요?

심재관 맞아요. 불교의 탄생은 그런 집단의 이해관계에서 멀다는
것을 알 수 있어요. 불교의 중요한 특색이기도 하죠. 집단주의
로만 종교적 현상을 설명하지 않는 새로운 패러다임이 생긴 것
입니다.

최종덕 흥미로운 이야기가 기대돼요.

심재관 고대 인도 사회에서 불교 이전부터 있었던 사문의 특징은
기본적으로 집단을 거부하고, 사회를 거부하는 데 있었지요.
깨달음을 얻기 위해 그들이 살았던 공동체를 떠나 나 홀로 고
행의 길을 나서는 것이 바로 사문의 전통이었던 것입니다. 그런
전통 때문에 사문은 사회성이 결여되었다고 말하기도 하지요.
사문의 바라문교婆羅門敎, 브라만교만이 아니라 같은 계열의 자이
나교도 그러했고, 나중에 등장한 불교도 그 영향에서 벗어났다
고 할 수 없어요. 다시 말해서 인도 종교 일반은 기본적으로 개
인의 구원에 있었고 개인의 구원 즉 개인의 깨달음은 그 개인
의 책임일 수밖에 없다는 논리를 안고 있어요.

최종덕 그러면 인도 전통의 종교는 유대교 전통의 종교와 좀 다르다고 볼 수 있군요. 유대교 전통의 종교는 공동체의 결합성을 강조하잖아요. 개인의 구원도 개인이 어느 집단에 속해 있느냐에 따라 결정될 정도로요. 교회 공동체 안으로 들어오지 않으면 아무리 윤리적으로 선한 사람도 구원받기는 아예 그른 것이니까요. 이 점 때문에 유대교 전통의 종교는 타인에 대해 선교하고 타 집단을 포교하려는 의지가 강할 수밖에 없는 것 같아요.

심재관 인도 힌두교도 마찬가지로 포교를 넓게 하고자 하지만, 상대적으로 보면 포교가 아니라 포섭에 가깝다고 보여요. 힌두교 공동체가 타 집단을 만나면 상대의 문화를 바꾸려 하기보다 흡수하여 동화하려고 하는 편이죠.

최종덕 그건 유대교와 다르네요.

심재관 왜냐하면 힌두교는 유대교처럼 유일신이 아니고 다신교라서 다양한 신에 따라 다양한 문화가 가능하죠. 하나만의 문화, 하나만의 전통을 고수하는 것은 처음부터 어려운 일인지도 몰라요. 유일하고 절대적인 신의 계시가 상대적으로 적은 편이죠.

최종덕 신도들이 절대적으로 쫓아야 할 유일한 말씀이 없다는 것이군요.

심재관 네, 반면 유일신을 모시는 유대교 전통의 종교들은 명확하고 유일한 경전을 갖고 있고, 절대적으로 지켜야 할 신의 말씀이 있는 것이죠. 이 차이는 아주 커요.

최종덕 그것은 유일신과 다신교의 차이겠네요.

심재관 그럴 수도 있어요. 그런데 타 문화와 섞이는 것을 얼마나 인정하느냐에 연관되죠. 불교 경전이 어떻게 전파되는지를 예로 들어 볼까요. 불경 같은 경우는 얼마든지 다른 용어로 번역하거나 새롭게 해석되고 변용되어 퍼트려져 왔어요. 제자에 따라 스승이 한 말을 조금씩 다르게 해석할 수 있다는 말이죠. 다른 지역, 다른 환경, 다른 언어로 옮겨가면서 기본은 같을지언정 말의 색깔은 달라질 수 있는 거죠. 오히려 그런 점이 불교 경전의 포용력을 대변하는 거예요. 그런데 유대 경전이나 코란 같은 경우는 번역 자체를 인정하지 않거든요. 경전 자체의 말씀을 절대적으로 부여하기 때문이죠. 그들의 경전은 원래 절대성을 지향하기 때문이죠.

최종덕 그렇다면 개인주의와 집단주의의 차이는 그들 경전의 텍스트를 바라보는 관점의 차이라는 말인가요? 저는 오히려 그들의 생활 환경과 지리적 환경 등의 지정학적 조건들로부터 그런 텍스트가 자연스럽게 만들어진 것이라고 봐요. 예를 들어, 힌두교가 정착한 고대 인도 사회는 유대교가 정착된 고대 동방 사회보다 외부인에 대해 배타적일 이유가 적었던 거죠. 반면 유대교가 정착된 사회는 상대적으로 권력을 조정하려는 민족 간 갈등이 많았기에 자연적으로 집단 배타성을 형성했다는 것이 제 생각이에요.

심재관 아니요. 그 종교들이 경전을 어떻게 인식했는가 하는 문제
와 그 종교 집단이 배타적이냐 아니냐와는 완전히 별개의 문제
라고 생각합니다. 토라는 그 자체로 유대 민족의 역사를 담고
있는 것이지만, 힌두 경전은 그러한 민족의 역사의식과는 크게
관계가 없다고 생각해요. 이런 것을 일방적으로 평가할 수는
없을 겁니다.

최종덕 무슨 말인지 알겠습니다. 저는 종교의 발생을 자연주의 방
식으로 해석하려는 입장이죠. 자연주의 해석은 정확한 인과 관
계로 설명되기 어렵다는 한계를 인정해요. 그러나 지정학적으
로 내재된 정치적인 권력 구조가 종교 텍스트를 만드는 것이지
텍스트가 사회적 관습을 지배하는 것은 아니라고 봐요. 저의
이런 생각은 인식론적으로는 자연주의이고 방법론적으로는 귀
납주의라고 할 수 있어요. 텍스트가 우선이며, 텍스트에 의존
해서 집단 권력의 배타적 성향을 설명하는 것은 일종의 연역적
방법론 아니겠어요? 저는 연역적 설명 방식을 취하지 않는 것
이고, 종교를 바라볼 때 자연주의적으로 본다는 것이죠.

심재관 그건 종교를 사회적 행동의 일부로 인식할 때 볼 수 있겠
지요. 그렇지만 저는 사회적 행위나 규범을 종교가 더 강력히
규정해 왔고 그것을 문서화한 것이 공동체적 종교들의 율법서
라고 봅니다. 공동체적 종교들에서는 사실 종교적 질서가 곧 사
회적 질서니까요. 어쨌든, 선생님이 말하시는 자연주의 방법론
이란 결국 종교를 역사적 측면에서 찾아야 한다는 말이군요.

최종덕 예, 그렇죠. 역사도 한참 올라간 문자 이전의 역사까지 말이죠. 구석기 시대부터 신석기를 거치면서 씨족 사회, 부족 사회를 거치면서 초기 국가 형태를 이루면서 그들 가지고 있었던 권력 구조의 양식을 보존하기 위해 자연스럽게 만들어진 텍스트북이 바로 그들의 경전이라는 거죠. 이것이 자연주의적 해석인 거죠.

심재관 결국 텍스트가 먼저 만들어져서 그게 우리 일상생활을 지배하는 것이 아니라 우리들의 일상성이 누적이 돼서 그런 텍스트가 나왔다는 거군요.

최종덕 그래서 그 텍스트 안에는 문자 시대 이전부터 전승되어 온 그들 삶의 이야기가 담겨져 있는 것이죠. 종교 텍스트는 그들의 지정학적 이야기를 담고 있으며, 그들의 이야기는 자연을 바라보는 최적의optimal 삶의 방식을 묘사하는 것으로 보는 것입니다. 이런 논리는 결국 진화 인류학의 기본 태도입니다.

문화 인류학자들, 기존의 종교학자들, 사회학자들, 인류학자들의 관찰 보고를 통해서 나온 결과들이 그런 진화론적 해석을 뒷받침해 주고 있다고 봐요. 제임스 조지 프레이저James George Frazer의 저서 《황금가지*The Golden Bough*》(1890)나 클로드 레비스트로스Claude Levi Strauss의 《슬픈 열대*Tristes Tropiques*》(1935)와 같은 작품들은 종교를 자연주의로 관찰한 기념비적인 성과죠. 그런 학문적 성과들은 대체로 혈연과 지연 공동체를 유지하고 통제하는 시스템이 종교로 발전했다는 것 아닌가요?

심재관 저는 단순히 인류학적인 보고서에 지나지 않는다고 봐요. 폄하하는 것은 아니고 그런 보고서들이 해당 부족의 다양한 종교적 풍속을 보여 주고는 있지만, 그 보고서들을 통해 완전히 다른 역사와 기원을 갖는 종교들의 사회와 권력 문제를 해석하는 것은 불가능하지요. 저는 그런 인류학이나 종교학 서적들이 야기하는 개별 종교들의 일반화에 대해 대부분 동의하지 않아요. 너무 많은 변수들이 있어요. 결국에는 해당 종교들에 대해서 아무 것도 얘기해주지 않거든요.

최종덕 잘 알겠습니다. 제 입장을 좀 고치도록 할게요. 심 선생님과 저의 견해가 같은 부분도 있지만, 서로 다른 입장이 분명히 있다고 봐요. 그런 서로 다름을 같은 하나로 만들 필요는 없다고 생각해요. 독자 취향에 맡기기로 하죠. 우리 이야기를 더 나가볼까요. 보편 종교라고 우리들 스스로 여러 차례 말했는데, 보편 종교의 기준이 과연 뭐죠?

심재관 사람마다 다소 차이가 있지만, 부족적 특성이나 민족적 한계를 뛰어넘어서 다른 국가나 민족에게도 전파될 수 있는 종교들을 흔히 보편 종교라고 부르는데, 그렇게 보자면 초민족적인 특성들, 초집단적인 윤리 덕목이나 의례 형태를 갖는 종교들이 유리하겠지요. 기독교 불교 이슬람 등이 그러니까요.

최종덕 그런 기준으로 보면 보편 종교가 생긴 지는 2~3천 년 밖에 안됐잖아요.

심재관 그렇죠. 우리가 생각하는 보편 종교는 그 정도의 역사를 갖죠.

최종덕 제가 말하려는 종교의 기원은 그것보다 훨씬 오래된 종교적 행동 양식을 말해요. 종교적 행동 양식과 제도화된 보편 종교는 조금은 다르다고 생각해요. 보편 종교가 갑자기 나온 것이 아닐 테니까요. 종교적 행동 양식이 누적되다가 보편 종교로 되는 것이잖아요. 유대교도 민족 종교라고 하듯이 말이죠.

심재관 그렇죠.

최종덕 힌두교도 잘은 모르지만, 힌두교에는 많은 신이 존재한다면서요. 그 신도 잘 살펴보면 부족마다의 신이 있다가 나중에 힌두교의 신으로 묶인 것이 그렇게 많은 신의 존재로 된 것 아닌가요?

심재관 물론 그럴 수 있죠. 각 부족이 섬기던 신들이 통합이 되면서 다신교의 힌두교로 된 것은 충분한 사실일 수 있어요.

최종덕 그래서 저는 종교 텍스트의 형성을 연역적이 아니라 귀납적으로 본다는 말이죠. 이미 반복해서 강조했지만 텍스트는 나중이고 일상성이 먼저고, 이야기가 먼저 있었던 말입니다. 예를 들어, 작은 부족의 구성원을 풍요롭게 하려는 목적을 수행하거나 다른 부족과 싸워서 전리품에 해당하는 노예들을 통제하는 기능으로써 율법이 작용한 것이라고 보는 거죠.

심재관 저는 최 선생님의 사회학적 관점에 대해 큰 이견이 없어요. 다만 저는 우리가 유대교나 힌두교 또는 불교가 남긴 문헌만을 통해 우리가 그 종교들을 이해할 수 있는 것이지, 그 이외의 어떤 가정을 전제로 개별 종교를 이해하려면 안 된다는 것이죠. 그런 점에서 제가 더 귀납적이라고 보는데요. 저로서는 서로 논의의 차원이 다르다는 느낌을 받은 거예요.

최종덕 진화의 입장에서 불교를 생각하다 보니, 정확한 학문적 근거가 없는 종교 형성의 기원을 따지고 들어가게 된 것 같습니다.

심재관 오히려 우리 대화가 이렇게 충돌하는 모습이 장점이라고 생각해요. 어쨌든 최 선생님이 의도는 결국 종교의 기원이 공동체 유지와 관리에서 찾아진다는 말로 요약될 수 있겠죠.

최종덕 네, 공동체는 방어적 특성과 확장적 특성을 같이 갖고 있다고 봐요. 방어적 특성은 민족적 배타성을 낳기도 하고 확장적 특성은 공격성을 낳기도 했죠. 공격성은 20세기까지 이어온 서구 제국주의로 여실히 드러났었죠. 서구 제국주의는 기독교 선교와 밀착되었다는 것은 이미 잘 알려진 사실이고요. 공동체의 배타성은 타종교와의 성곽을 굳건히 유지하기만 되죠. 그러나 공동체의 공격성은 포교와 선교라는 이름으로 식민지 점유를 합리화해 왔죠. 제가 이런 이야기를 한 이유는 공동체의 배타성과 공격성에서 유대교의 지정학적 배후와 힌두교의 지정학적 배후가 다를 것 아닌지를 묻는 것이었어요.

심재관 공동체적 종교로써 힌두교와 유대교는 분명히 차이가 있죠. 그 차이가 현실 종교로써 유대교와 힌두교의 차이를 더 증폭시킨 계기라고 볼 수 있죠. 유대교는 단일한 경전이 있잖아요. 그런 반면에 힌두교는 하나의 경전이 아니고 그들 스스로 인정하는 수많은 경전이 있거든요. 많기도 굉장히 많지만 그 성격에서 다양하기도 하고요. 물론 그 다양성 안에는 그 안을 관통하는 공통분모가 있어요. 물론 확연하게 드러나는 것은 아니죠. 이 점이 바로 유대교와 결정적으로 달라요. 유대교에서는 밥 먹을 때나 제사 지낼 때, 사람 만날 때 모든 일상의 양식을 제어하는 방식으로써 유일하고 절대적인 율법이 있죠. 그런데 힌두교는 애초에 그런 통일된 유일한 경전이 없는 거예요.

최종덕 그런 점에서 상당히 유연하네요.

심재관 맞아요. 상당히 유연하고 한편 그 얼개가 고정돼 있지 않아요. 힌두교에서는 말이죠. 그래서 그런지 힌두교는 다른 여러 종교에 접촉하면 타자를 자기화하는 소화 능력을 크게 갖고 있어요.

최종덕 매우 개방적인데 다른 편으로 생각하면 자기 정체성이 약한 것 아닌가요?

심재관 그렇죠. 그렇게 보자면 힌두교는 유대교보다 자기 정체성에서 훨씬 약하죠.

최종덕 그런데 불교는 그런 힌두교의 자기 정체성마저도 거부한 것이 아닌가요? 붓다가 보기에는 당시 힌두교의 사회도 경직된 계급적 정체성을 가지고 있다고 본 것이 아닌가요? 그리고 그런 반란이 결국 불교로 나온 것이 아닌가요?

심재관 아, 최 선생님은 종교를 권력과 이데올로기의 작용-반작용으로만 치우쳐서 보시는 것 같아요. 그런 시각도 가능하겠지만, 실제로 부처가 힌두교를 그렇게 봤다는 어떠한 자료도 없거든요. 그런 추측이나 상상은 할 수 있지만 제대로 된 근거는 없다는 거예요.

최종덕 제가 종교를 지나치게 권력 이데올로기로만 본 것이군요.

심재관 붓다 당시 힌두교에 내재된 아트만이라는 자아의 자기 정체성 철학이 지나치게 경직화된 계급 사회의 부조리를 옹호하는 측면이 있었지요. 즉 힌두교의 형이상학적인 전제들, 아트만과 브라만의 보편적 자아론이 사회적인 불평등을 희석시키고 또한 합리화시키고 있다는 추측이 가능합니다. 그러나 붓다가 무아론을 주장한 이유가 그런 사회적 불평등을 해소하려는 데 있었다는 주장은 아무 데서도 그 근거를 찾아 볼 수 없어요. 붓다의 무아론과 당대 힌두교의 자아론이 충돌하죠. 붓다의 무아론이 계급 사회의 문제에 대한 반발로 나온 혜안이었다고 보는 해석이 중요한 통찰력이기는 하지만, 그런 사실이 정말 있었는지, 즉 어느 경전에서 그런 사실이 나오는지 어느 문헌에서 그 근거를 찾을 수 있는지를 불교 학자들에게 질문한다면 어느 누구도 답할 수 없는 거예요.

최종덕 중요한 지적을 해 주셨어요. 추측과 사실은 다르다는 말이군요. 저도 동의합니다. 종교를 사회적인 관점에서 보는 것은 가능하지만, 그럴 경우 근거 자료가 있어야 한다는 말에 동의합니다. 조금 전에 말하셨듯이, 역사적 자료가 부족하지만 철학적으로는 해석할 수 있다고 봐요. 철학적으로는 답할 수 있다는 뜻이죠. 예를 들어, 고대 그리스 소크라테스 이전, 탈레스나 아낙시만드로스, 아낙시메네스나 엠페도클레스와 같은 철학자들의 단편으로부터 근대 철학자들은 자연 철학이라는 카테고리를 해석해 냈지요. 실제로 그들 철학자 한 사람 한 사람의 자료를 갖고서는 자연 철학이라는 범주로 묶기 어려운 일이었어요. 철학자들은 역사적 자료가 부족함에도 불구하고 그 이전의 시대인 신화의 시대와 다른 성격을 도출해 낼 수 있었어요. 마찬가지로 붓다의 무아론과 붓다 이전 전통의 아트만 설의 차이를 충분히 해석할 수 있다고 봐요. 저는 그런 해석의 방법론적 도구로써 자연주의를 생각한 것이죠. 그래서 저는 이런 해석을 자연주의적 해석이라고 말하고, 그것이 근거가 부족해도 어느 정도 가능하다고 생각해요.

심재관 네, 저도 그런 해석은 충분히 가능하다고 봅니다. 제가 말하려는 것은 그런 해석을 거부하는 것이 아니에요. 다만 붓다가 만들어 놓은 것, 혹은 붓다를 따르는 후대 사람들이 만들어 놓은 것인지 확실하지 않은 그런 붓다의 사상을 거꾸로 역추론해서 붓다의 행적을 추측하는 것은 전적으로 잘못되었다는 말을 하는 것이에요. 해석도 문헌에 근거해야지, 문헌의 지지가 없다면 그 해석은 해석이 아니라 추측에 지나지 않는다는 것입니다.

최종덕 알겠습니다. 저는 종교를 신들의 잔치가 아니라 뭇 중생들의 실존으로 보고 싶은 거죠. 그래서 신들만 있는 종교가 아니라, 일상 사람들의 현실에서 종교적 성격을 찾아봐야 한다는 거예요. 그래서 1만 년 전의 샤머니즘이나 붓다 당시의 초기 불교나 오늘의 거대 종교들 혹은 민간 신앙 어디에 관계없이 인간 간의 갈등들, 자연에 대한 경외심, 사회적 권력 구조 등의 현실적 상황을 무시하고 종교를 언급하기 어렵다는 말을 하고 싶었어요.

심재관 당연히 그렇죠. 철학적 해석과 역사적 분석, 그리고 종교적 도그마를 구분해야 합니다. 그래서 종교적 도그마를 철학적 해석처럼 혹은 마치 역사적 분석처럼 그대로 가져다 사용하는 오류를 지적해야 한다는 것입니다.

최종덕 우리가 앞서 유대교 얘기하면서 종교는 민족 종교로부터 출발했다고 말했었죠. 민족 종교의 원형은 물론 혈연적 공동체에서 오죠. 그런데 종교는 폐쇄적 공동체입니다. 담 밖에 있는 사람들과 담 안에 있는 사람들을 구분하는 것에서부터 종교가 시작됩니다. 특히 아브라함의 뿌리를 갖는 종교에서 말이죠. 담 안과 밖의 구분은 구원을 신청한 사람과 그렇지 않은 사람들의 차이입니다. 담 안으로 들어온 사람한테는 사랑과 자비 그리고 용서와 관용을 베풀지만, 담 밖에 있는 사람들에게는 관심 밖의 이방인이 된다는 말입니다.

심재관 그리고 하나 더 보탠다면요, 보수적인 유대 사회에서는 월
담 자체를 원리적으로 허용하지 않아요. 결혼과 같은 혈연관계
외에는 담 안으로 들어올 수도 없고 나갈 수도 없는 거예요. 그
냥 선택받은 사람들만의 종교일 뿐이죠.

최종덕 혈연 공동체의 전형적인 모습을 2천 년이 지나도 그대로
간직하고 있는 거군요.

심재관 그러니까요. 아까 말씀 드렸잖아요. 진정한 유대인은 모계
에서만 가능하다고요. 모계 중심 공동체가 유일하게 공동체를
확장하는 방법이거든요.

최종덕 아, 그렇군요. 생물학적으로 맞는 말이에요. 보통의 상식으
로 볼 때, 종교는 집단의 폭을 넓히기 위해 선교와 포교에 집중
하죠.

심재관 그런데 유대교에는 포교가 중요하지 않아요. 혈통에 의해
종교 공동체가 유지되는 것이라서 포교는 필요 없는 것이에요.
조로아스터교도 유대교와 마찬가지예요. 아마 더 극단적인 혈
연 공동체로써의 종교 형태가 조로아스터교죠. 전적으로 혈족
에 의해 유지되는 종교이거든요. 결혼도 이교도와는 불가능하
죠. 유대교도 원래는 이교도와의 결혼을 금지했었죠. 요즘은
결혼을 통해 모계 중심으로 공동체가 넓어지는 것을 허용하고

있지만요.

최종덕 그런데 어떻게 그런 종교들이 살아남게 되었을까요? 종교
의 진화라는 점에서 매우 특이하잖아요.

심재관 조로아스터교는 현재 전 세계적으로 20만 명밖에 남지 않
았어요. 존속이 위협받고 있는 상태죠.

최종덕 그래도 유대교는 점점 더 커지고 있잖아요.

심재관 커지는 게 아니고 전반적으로 종교는 위축되고 있어요. 유
대교도 마찬가지고요.

최종덕 선택되어 풍요로워지는 종교도 있지만, 도태되어 사장되
는 종교들이 있겠죠.

심재관 제가 앞서 말했듯이 혈연주의나 좁은 민족주의의 교조를
갖는 종교는 오래갈 수도 없고 확장될 수도 없을 것 같아요. 조
로아스터교처럼요.

최종덕 그런데 기독교에서도 '아버지'나 '형제, 자매'라는 혈연을
상징하는 용어를 사용하잖아요? 이슬람에서도 그래요. 예를
들어, 이슬람 종파의 하나인 '이슬람 형제단brotherhood'이라는
집단도 있고요. 저 개인적인 생각이지만, 샤머니즘이나 종교 원
형에서는 혈연관계를 기반으로 신앙의 폭을 넓혀가는 것이죠.

예를 들어, 조상신을 숭배하는 것은 종교의 기반이라고 봐요.

심재관 저도 그건 인정하지만, 현대 종교는 그런 혈연성을 탈피하고 있죠. 물론 혈연성의 흔적이 종교 예례에 남아 있을 수는 있어요. 실은 불교에서는 그나마도 없지만요.

최종덕 예, 좋습니다. 소위 말하는 그 흔적들이 혹시 배타적 집단주의나 공격적 민족주의의 현대 종교로 나타나는 것이 아닌가라는 우려 때문에, 제가 이렇게 물고 늘어진 거예요. 중동 지역과 아프리카에서 오늘날 드러나고 있는 민족 종교는 둘째치라도, 한국 불교계의 현실은 이기적 집단주의 양상을 그대로 보여 주는 것 아니겠어요?

심재관 집단성의 문제를 지나치게 종교성의 문제로만 파악하시는 것 같은데요?

최종덕 종교성과 집단성이 그렇게 다른 것인가요?

믿음

믿음을 버리고

앎을 향한다

심재관 불교 학자들도 그렇고 혹은 일반 사람들도 그렇고 신자는 아니지만 불교에 관심을 두는 사람들이 많아요. 교리의 규범성이나 권위적 성격이 상대적으로 약하고 절대적인 신 존재를 설정하지 않았기 때문에 불교를 훨씬 자유롭게 느끼기 때문일 거예요.

최종덕 그렇다면 불교가 종교인지를 물을 수밖에 없네요. 아주 흔해진 질문이지만 다시 질문하는군요. 제가 생각해 왔던 종교는 '거부할 수 없으며 반증할 수 없는 형태의 믿음 체계'라고 봐요. 종교의 원형은 개설서에 나왔듯이, 미약한 존재일 수밖에 없는 인간이 절대 권력을 가진 절대 존재에 의존함으로써 공포나 위기 상황들을 극복할 수 있다는 의심 없는 믿음이 곧 종교를 형성합니다. 인간이 미약하며 의존적 존재라는 것은 분명하지요. 자연재해로부터 공포, 사냥감 부족에 따른 위기, 포식 동물에 대한 공포, 일식이나 월식과 같은 규칙적이지 않은 자연 현상에 대한 공포, 이웃 부족의 약탈로부터 위기, 씨족 내 서열에 대한 갈등, 이 모두 종교가 형성되는 자연적 혹은 사회경제적 계기가 될 거예요.

심재관 수행자의 종교로써, 불교가 절대자에 대한 믿음을 인정하지는 않지만 불교도 죽음에 대한 공포를 그리고 있어요. 일반 신도들이 믿는 불교를 불교가 아니라고는 할 수 없지만 그분들 가운데는 붓다나 보살을 절대시하는 경향도 있으니까 그런 점에서는 다른 종교와 다를 바가 없다는 생각이 들 때가 있지요. 불교 교리나 수행 체계 속에 들어있는 윤회에 대한 믿음도 비록 불교만의 것이 아니라 인도 고유의 토양에서 비롯된 것이라 생각해도 믿음이라는 요소가 불교 속에 들어가 있는 것은 부정할 수 없지요. 완전히 믿음의 요소가 박탈되어 있는 것은 아니거든요. 불교 내부에도요.

최종덕 종교가 무엇인지를 단정하기에는 너무 복잡하죠. 그러나 앞부분에서 이야기했듯이 신앙이 종교의 핵심일 거예요. 인간에 있어서 믿음이라는 요소는 행동을 유발하기 위한 첫째 조건일 거예요. 믿음이 없다면 어떤 행동도 할 수 없다는 뜻이죠. 아는 것만 가지고는 행동으로 옮겨질 수가 없어요. 문을 열고 나가서 계단 혹은 엘리베이터를 타고 현관으로 나가 전철이나 버스를 타고 사무실에 도착해 회의에 참석하면서 오늘 올릴 결재 서류를 보고할지 아니면 유보할지, 점심 먹을 때가 되어 김밥을 먹을지 비빔밥을 먹을지를 결정해야 할 것입니다. 이러한 사소한 일상생활에서 우리는 선택하고 판단하고 의사결정을 하고 실천에 옮기는 행동을 하고 있습니다. 행동은 판단을 내려야 하고, 판단은 앎이 전제되어야 할 것입니다. 거꾸로 말해서 앎을 통해서 판단이 가능하고 판단을 통해서 비로소 행동이 이루어집니다. 그런데 앎과 판단과 행동을 접착제처럼 서로 연결해 주는 고리가 있어야 하는데, 그것이 바로 믿음이라고 생각합니다.

심재관 결국 믿음이라는 기저의 의식을 통해서 앎과 판단과 행동이 가능해진다는 뜻이군요. 믿음을 이해하는 중요한 지점이라고 생각해요. 그런데 그런 의미의 믿음은 인식론적 차원에서 말하는 믿음이잖아요? 그렇게 설명한 믿음이 종교에서 말하는 믿음과 어떤 관계가 있죠?

최종덕 그것을 말하기 위해 두뇌의 신경 전달 물질에 대해 설명해도 될까요.

심재관 우리 이야기는 형식에 구애받지 않으니까 천천히 설명해 주세요.

최종덕 저는 커피를 마시면 잠을 잘 못자요. 그 이유는 커피의 카페인이라는 물질이 두뇌, 정확히 말하면 뇌 신경 세포의 시냅스라고 하는 신경망 연결 부위에서 고유한 작용 즉 각성 효과를 내는 것입니다. 시냅스에서 고유한 작용을 하는 물질을 신경 전달 물질이라고 하는데, 도파민이나 아드레날린, 엔도르핀이나 옥시토신처럼 많이 알려진 신경 전달 물질 외에 약 1백여 종이 있지요. 열쇠는 그에 꼭 맞는 열쇠 구멍에 맞을 때만 문이 열리듯이, 모든 신경 전달 물질은 각각의 열쇠 구멍이 따로 있지요. 그 열쇠 구멍에 해당하는 것을 시냅스 수용체라고 해요. 신경 전달 물질 중에는 아데노이신이라는 부신 물질이 있는데, 이 물질이 작용하면 피곤함을 느끼거나 잠이 오지요. 그런데 커피의 카페인이 피 속으로 들어가 녹아서 신경 세포 시냅스에 작용할 때 아데노이신이 들어갈 열쇠 구멍에 카페인이 대신 딱 들어가는 거예요. 카페인이 마치 아데노이신 열쇠를 복제한 것처럼 아데노이신 자리를 차지하게 되죠. 그러면 아데노이신이 갈 데가 없어져요. 결국 아데노이신이 원래 해야 할 작용들, 즉 졸리거나 피곤함을 느끼는 등의 생리 작용이 없어지는 거죠. 그래서 커피를 마시면 각성 효과가 나는 것입니다.

심재관 커피의 존재 이유를 이제 알았네요. 진짜 이야기할 게 남으셨죠?

최종덕 눈치 채셨겠지만 종교의 믿음과 앎을 말하기 위해 비유 차원에서 아데노이신을 설명한 거예요. 종교는 체계화되고 관습화된 강한 믿음을 통해 절대자에 대한 관행적인 순종을 요구합니다. 체계화되고 관습화된 강한 믿음은 앎 혹은 인식이 들어갈 자리에 인식을 채우지 않고 비워 두거나 아니면 인식처럼 복제된 믿음을 그 자리에 대신 채운 다음, 판단과 행동으로 연결시키는 구실을 하죠. 이것이 신앙의 인식론적 구조입니다. 설명이 좀 어려워 보이지만 간단히 말하면 믿음이 마치 앎처럼 행사한다는 뜻이에요. 결국 믿음은 앎을 통제하고 차단하게 되죠. 원론적으로 말하자면, 존재를 어떻게 아느냐라는 앎의 문제를 공부하는 철학하는 사람들은 종교를 진정한 마음으로 갖기 어려운 것입니다.

심재관 논리학에도 그런 의미의 믿음은 인정하고 있지 않은가요? 귀납법은 사실 수많은 동일 사례에서 일반 명제를 도출하는 것인데, 일반 명제로 도약하는 그 과정에도 수많은 동일 사례와 같이 앞으로도 그럴 것이라는 기대가 있는 것처럼요. 물론 최선생님께서 말씀하시는 믿음과 약간 맥락이 다를 수는 있겠습니다. 어쨌든 종교가 반드시 유일신과 절대 권력을 필요로 하지는 않는다고 생각합니다. 도교나 힌두교의 신은 이곳저곳에 많아요. 불교에서는 절대적이고 초월적인 신앙대상으로서의 신은 없지만요. 그래도 종교로써 구실을 충분히 하고 있지요. 종교를 이해하기 위해 혹은 종교 간 이해를 넓히기 위해 우리는 유일신과 절대 존재의 개념에서 벗어나야 한다고 봅니다. 그렇지만 믿음은 역시 중요하겠죠.

최종덕 그런데 불교에서는 그 믿음조차도 벗어나야 한다는 말을 하고 싶은 거예요. 초월적 절대자의 존재를 설정한 일반 종교에서 신앙으로 통하는 길은 당연히 믿음이 절대적일 거예요. 제가 문제 삼는 것은 불교예요. 불교는 깨달음이 최우선의 과제라고 하지 않아요? 결론부터 말하자면 깨달음이라는 것이 반드시 믿음의 장르만은 아니라는 생각이죠.

심재관 무슨 이야기인지 이해했어요. 불교에서 말하는 깨달음이 믿음이냐 아니면 다른 인식의 장르인지를 따져 보자는 이야기인 것 같군요. 깨달음으로 가는 노정에서 필요한 여러 수행들 가운데 믿음이 수반되지 않는 경우는 없지만, 그것이 어떤 절대자에 대한 믿음과는 다른 것이지요. 스승이나 그에 대한 믿음, 인과에 대한 믿음, 뭐 이런 것은 강조가 되는 경우가 있어도 깨달음 자체가 믿음으로 비약되는 경우는 없죠. 자기 자신의 몸과 의식의 현상들을 지켜봄으로써 그것이 번뇌의 덩어리라는 것을 아는 것, 이런 과정이 깨달음의 출발점이라고 할 수는 있겠지요.

최종덕 '깨달음'이라는 말 대신에 저는 '앎'이라는 표현을 사용하고 싶어요. 이런 의미라면 불교는 믿음의 종교가 아니라 앎의 종교가 되는 거겠죠. 물론 제 개인의 생각이지만요. 믿음의 의식 작용을 통해 만들어진 종교는 반드시 믿음의 작용을 강조할 수밖에 없어요. 추상적 존재를 절대자로 모시는 종교일수록 믿음을 더 강하게 강요할 수밖에 없어요.

심재관 불교가 물론 개인의 의식 작용 중 하나인 믿음이라는 의식 작용을 부정하지만, 불교 자체를 믿는 신자로서의 믿음을 버리는 것은 아니죠.

최종덕 네, 저도 의식 작용으로써 믿음과 신앙으로써 믿음이 다른 차원이라는 것을 인정해요. 그렇지만 자기 자신의 개인적 깨달음이 궁극적 목표인 불교는 원칙상 법당에 나가지 않아도

구도의 길이 많은 것 아니겠어요? 물론 원칙적으로 말할 경우라는 단서가 붙지만요. 오히려 믿음은 깨달음을 방해하는 요소라고 생각해요. 믿음belief과 신앙faith이 다르다고 말하지만 결국은 같다는 것이 제 생각입니다. 신앙은 믿음이라는 의식 작용으로부터 특수하게 확장된 것이니까요. 절대 신을 강조하는 종교는 자연스럽게 믿음을 강조하고 왜 믿어야만 하는지를 설파하려 합니다. 그러나 그 믿음 자체에 대해서는 언급하지 않습니다. 반면, 불교는 절대자를 믿으라는 요구를 하는 대신 깨달음을 방해하는 믿음의 의식 작용을 아주 미세하게 분석을 하지요. 결국 믿음을 부정하면서 생긴 종교는 우선 종교라 부를 수도 없을지 몰라요. 그래서 서구 불교 학자들 간에는 아직도 불교의 종교성에 대해 오랜 논쟁을 새로운 관점에서 거듭하고 있잖아요.

심재관 맞아요. 서구 불교 학자들 중에 불교 신자 아니면서 불교를 연구하는 사람이 많아요. 재미난 현상이죠. 기독교 학자들 중에 기독교 신자가 아닌 사람은 거의 없지 않나요?

최종덕 아, 그렇군요. 정말 흥미로워요.

심재관 그것이 바로 불교의 특징이기도 하죠. 신자 혹은 신도라는 말을 잘 살펴보죠. 불교 신자라는 말은 불교를 믿는 사람이란 뜻인데, 불교가 믿음의 종교가 아니라면 무엇을 믿는 것인지 헷갈린다는 말입니다. 어쨌든 중요한 것은 믿음이라는 표현, 혹은 그 의미는 매우 다양하다고 볼 수 있어요. 하나만의 정의를 갖고 믿음의 의미를 단정할 필요는 없겠죠.

최종덕 제가 철학 공부를 시작할 때 처음 접한 철학 책이 버트런드 러셀Bertrand Russell의 《철학의 문제들*The Problems of Philosophy*》(1912)이었어요. 그 책에서 믿음과 앎의 차이를 말하고 있어요. 믿음 중에서 정당화된 참된 믿음을 앎이라고 했지요. 러셀의 이러한 설명은 2천 5백여 년 전, 플라톤이 한 설명을 반복한 것에 지나지 않아요. 그 정도로 철학사 전체를 통해 믿음에 대한 철학적 고민이 많았던 겁니다. 게르만 어족으로 혹은 영어식으로 표현하면 믿음의 내용은 주어, 즉 화자speaker가 말하려는 목적어에 해당합니다. 즉, 믿음의 내용은 주어의 의식적 내용에 해당한다는 것을 시사하죠. 믿음의 내용이 그 정도에 따라 사실일 수도 있고 거짓일 수도 있으며 부분적으로 사실이거나 거짓일 수도 있다는 것이 중요합니다. 사실에 가까운 믿음을 정당화된 참된 믿음이라고 플라톤에서 러셀에 이르는 서구 철학자들이 말했는데, 그런 이해가 바로 서구 인식론의 의미를 압축적으로 보여 주죠.

심재관 믿음과 인식의 차이를 말하는 서구 인식론이 종교에 연관되나요?

최종덕 기독교의 신은 전지전능하죠. 신은 모든 지식을 가지고 있다는데, 인간과는 전능한 지식을 공유하지 않는 것이 중요한 특징이죠. 기독교만의 특징이기보다 종교 일반의 특징이라고 봐요. 즉 인간에게는 믿음만을 허용할 뿐 진실의 인식을 허용하지 않는 거예요.

심재관 믿음과 인식을 그런 식으로 해석하니 좀 색다르군요. 그러면 믿음이란 인식을 차단하는 데서 시작하는 것 아니겠어요?

최종덕 맞아요. 인식을 완전히 차단해 세상과 단절된 상태의 믿음이 바로 광신이고요. 그래서 종교는 앎의 단절을 항상 스스로 경계해야 해요. 그렇지 않으면 종교는 광신을 유도하게 되죠. 광신은 권력 집단이 사실에 대한 인식을 조직적으로 차단하고 있는 데서 생겨요.

심재관 그런 종교가 바로 샤머니즘 아닌가요?

최종덕 그래요. 그런데 저는 현대의 거대 종교 안에 그런 광신주의가 녹아 있다고 봐요. 종교 권력은 광신까지는 아니더라도 세상의 현실을 보는 눈을 감도록 유도하여 억지의 편향된 믿음을 만들곤 하죠. 그래서 저는 믿음의 특성을 관찰해 봤어요. 믿음의 특징은 첫째 믿음을 믿는 자와 믿게끔 하는 자의 집단이 다르고요, 둘째 믿음을 주는 자는 믿음을 받는 자에게 철저한 믿음을 강요하면서 믿음의 대상에 대한 지식을 알려주지 않는다는 데 있는 것입니다. 믿음을 받는 자가 혹시 지식을 알려고 하면 믿음의 부족이라고 핀잔과 처벌을 받게 되죠. 그런 처벌이나 핀잔은 믿는 자에게는 심리적으로 엄청남 부담이 되거든요. 한편 믿음을 주는 자는 자신의 권력 외에 어떤 누구도 믿지 못하게 함으로써 오로지 그들의 지식을 폐쇄적으로 소유하며, 그들만의 지식을 비밀의 성소로 조작하는 거죠. 비록 종교는 아니지만 비슷한 예를 들어볼게요. 기업은 분식 회계를 통해 사실을 은폐하면서도 그들의 범죄를 감추기 위해 애국주의를 내세워 가짜 믿음을 조장하고 소비자의 주머니를 털고 있어요. 아직도 큰 세력을 유지하는 상당수 친일 세력은 친일 교과서 등으로 역사적 사실을 은폐하면서도 반공이라는 믿음으로 그런 시도들을 변명하죠. 이런 행위들 대부분은 거의 종교적 양상을 띠고 있다는 점이에요.

심재관 현실 종교도 마찬가지예요. 대형 절이나 소위 메가처치 megachurch라고 하는 다수의 대형 교회들은 내부의 회계를 공개하지 않죠. 굳이 사회적 사례를 들 것도 없이 가족의 예를 들어 볼게요. 가족 안에서조차도 불화가 있다면 많은 경우 아버지에게 어떤 비밀이 있다고 볼 수 있어요. 가족 안에서 아버지의 비밀은 두 가지인데, 그 하나는 소소한 것을 가족들에게 떠넘기지 않고 혼자 해결하려는 가부장적 책임감에서 나온 비밀이며, 다른 하나는 바람피우는 아버지가 자신의 행동을 들키지 않으려는 은폐죠. 어쨌든 두 가지 모두 가족 내 소통 부재의 결과라고 봐요.

최종덕 유럽사에서 봉건 귀족이 농노로부터 걷어 들인 세수 관리는 최고의 은폐된 사항이었으며, 당시의 교황 권력의 재산 목록은 더더욱 건드릴 수 없는 비밀이었잖아요. 현대에 들어와 나치 집단은 최고의 비밀 정보 집단이었으며, 절대 교황 권력을 모방했던 루마니아의 차우체스크 대통령이나, 1980년대까지 무소불위의 권력을 자랑했던 남아메리카의 많은 독자재들, 우리와 분단의 역사를 나누고 있는 북한의 김정은 권력 집단은 철저한 비밀 유지와 광신적 추종자를 관리함으로써 집단의 권력을 유지하고 있죠. 이 모두 실제로는 종교 권력이나 마찬가지죠. 편향된 믿음 혹은 우리 사회에 독버섯처럼 퍼진 광신주의는 공감 부재를 낳고 결국 우리 삶을 피폐하게 만들어요. 제가 너무 사회 권력에 대해 이야기했나요. 다시 원래 믿음의 인식론으로 돌아오죠.

심재관 전적으로 동의해요. 그런데 현실 불교의 사회적 측면은 최 선생님이 지적하신 대로에요. 그러나 붓다의 가르침은 믿음이 아니라 인식이라는 것이죠. 그게 다른 종교 교리와 결정적으로 다르다고 생각해요. 믿음을 버리고 진정한 인식을 획득하는 것이 바로 불교의 해탈이고 궁극적인 지형이죠.

최종덕 인식론으로 좀 좁혀서 말한다면요?

심재관 믿음은 하나의 명제 형식이며 명제 형식이란 믿음의 목적절과 믿음의 주체가 별개라는 생각이 아마 최 선생님이 말하신 서구 인식론의 내용일 것으로 압니다. 그러나 불교 인식론에서는 믿음의 의식 내용과 믿음의 주체가 분리되는 법이 없어요. 그래서 믿음 자체가 곧 자아인 셈이죠. 믿음을 통제하는 자아의 실체가 따로 있다는 생각을 버리는 것이 곧 불교 인식론의 핵심이라고 봐요.

최종덕 결국 불교에서 말하는 깨달음이란 믿음을 통제하는 자아의 실체가 따로 있지 않다는 사실을 아는 것이군요.

심재관 네, 그래요.

최종덕 그래서 저는 믿음보다 앎이 더 중요하다고 강조해요. 반복된 말을 해서 미안하지만요, 종교의 믿음은 인식론적 믿음belief이 아니라 도그마에 대한 신앙faith이겠죠. 그래서 저는 우리 책에서 말하려는 믿음과 앎을 간단히 설명하려고 해요. 여기서 말하는 믿음은 관습을 통해 얻어진 조각조각의 의식 작용이고, 앎은 일상의 관습에서 탈피하여 일관된 의식 내용이라고 말입니다.

심재관 저에게는 믿음은 조각조각의 판단이고 앎은 일관된 판단이라는 말로 들리는데요.

최종덕 저는 믿음이나 지식이나 가릴 것 없이 둘 다 의식의 한 형태로 간주하니까요. 이런 생각은 제 개인의 생각이기보다는 최근 자연주의 인식론의 한 경향입니다. 여기서 말하는 자연주의란 선험적이고 초월적인 전제 대신에 생물학적이면서 경험적인 근거 위에서 믿음이나 지식과 같은 인식론적 주제를 다루는 것을 말합니다.

심재관 쉽게 말해서 초자연적인 가상을 배제하고 자연적인 것에 의존해 모든 것을 설명하려는 방식이군요.

최종덕 그렇습니다. 그리고 저는 그런 자연주의 경향을 선호하고 있고요. 사례를 들어 자연주의 믿음을 말해 볼게요. 원시 사회에서 고대인들은 생존을 위해 믿음의 감각 능력을 최대한 활용했을 거예요. 자연의 광대함과 처절함에 맞서서 살아갈 수 있는 길이란 반복된 현상에 대처하는 반복된 행동 양식들입니다. 초생달이 뜨면 동굴 사자들이 더 많이 출몰할 것이라는 반복된 공포에 대처해야 했습니다. 아무도 들어가 볼 수 없었던 깊은 숲속에 들어가면 다시 나올 수 없을 것이라는 공포가 있었을 것입니다. 이런 경외심이 후손에게 전해지면서 고대인의 반복된 행동 양식이 형성되었고, 그것이 쌓여 초기 문명의 씨앗으로 발달되었을 것입니다. 저는 이런 구체적인 행동 양식들은 믿음의 의식 작용을 통해서 형성된 것이라고 봅니다. 단적으로 말해서 행동을 준비하는 의식이 곧 믿음이라는 것이지요. 최소한 고대인에게서는 그랬을 것이라고 생각합니다. 이러한 행동을 준비하는 의식이 고대인의 신앙을 형성했을 거예요. 그 예로써 우리는 샤머니즘에서부터 신화에 이르는 신앙의 뿌리를 볼 수 있는 것이죠.

심재관 행동을 준비하는 의식 상태를 곧 믿음이라고 보는 생각은 매우 특이하게 여겨집니다. 처음부터 너무 복잡한 이론을 말하는 것은 아닌가요? 어렴풋이 그런 믿음이 종교의 원형이라는 점은 이해하겠어요. 주술과 샤머니즘으로부터 시작된 고대 신앙 체계들과 고대인의 삶을 전적으로 지배했던 신화로부터 근래의 세계종교들이 형성됐을 것이니까요. 주술과 샤머니즘에서 유대교와 힌두교 및 기독교와 이슬람교 그 어느 것 하나 빠지지 않고 믿음의 체계라는 점은 당연한 말이겠죠.

최종덕 그런데 불교는 이러한 믿음의 체계로부터 약간 일탈되어 있다고 말하고 싶어요. 불교는 믿음보다는 앎의 체계에 가깝다는 것이 저의 생각이죠.

심재관 믿음의 이야기를 하다가 갑자기 앎의 개념이 나오니까 더 복잡해지는군요. 그러니까 앞에서 우리들이 이야기를 나누었듯이 믿음과 앎이 다른 방식의 사유 체계이며 여기서 다루게 될 앎이란 불교의 깨달음과 비슷한 장르라는 뜻이 되겠군요.

최종덕 폭넓게 깨달음이라는 말 대신에 앎이라는 표현을 사용하려고 해요. 저는 앞에서 그런 앎을 조각조각의 의식이 아니라 일관된 판단이라고 말했어요.

심재관 좋아요. 행동 양식이라는 믿음과 앎의 체계가 우리가 이야기할 종교 혹은 좁게 말해서 불교와 무슨 관계가 있을까요. 여기서 앎이 무엇인지를 먼저 잘 따져야겠죠. 저 역시 앎과 믿음이 무슨 차이인지를 잘 살펴보는 것이 중요하고 그 차이가 불교의 특색을 보여준다고 생각합니다.

최종덕 예, 앎이 불교의 특징이라고 했죠. 믿음 체계에서 벗어나 앎의 시스템으로 불교를 특징짓는다면 기존의 불교 학자들이 동의할까요? 앎의 체계에는 신앙이 쏙 빠져 있다고 오해하기 쉬우니까요.

심재관 불교 학자들은 많이들 동의할 것입니다. 물론 일반 불교 신자들에게서 신심信心이 중요하겠죠. 절에서도 신심을 중요시 여기겠지요. 그것이 현실 불교이니까요.

최종덕 믿음을 빼고 어떻게 불교를 설명할 수 있느냐의 질문은 여 전히 도전적인 문제라고 여겨집니다.

심재관 그렇다고 그런 질문이 이상하다고 볼 수는 없어요. 이미 널리 통용된 불교의 특징이 아닌가 싶어요.

최종덕 불교 학자들 내부에서는 충분히 인정되겠지만요. 불교 신 자의 입장에서 믿음이 중요하다는 것은 저도 인정해요. 현실 불교가 유지되기 위해서는 믿음이 중요할 것 아니겠습니까?

심재관 양면적인 측면이 있는 것 같아요. 학자들 중에서도 앎보다 는 신앙생활의 신심을 중요시하는 분들도 있을 것이고요. 대부 분의 스님들도 믿음의 체계를 우선하는 것이 당연한 일일 것이 고요.

최종덕 그러면 믿음이 아닌 앎이란 무엇인지 이야기해야겠네요.

심재관 네, 우리가 말하려는 앎이란 단순히 지식의 앎이 아닌 다 른 뜻의 앎이니까요. 지식을 깨우치자는 것도 아니고 추상적인 진리의 세계를 인식하자는 것도 아니니까요. 그런 앎이 아니라 사물의 흐름이나 나의 생각 밑에 깔린 인과론의 고리를 제대로 볼 수 있는 앎을 말하는 것이니까요.

최종덕 한 그루의 나무가 서 있다고 쳐요. 그 나무는 높이 10미터, 둘레 1미터가 되는 튼튼한 나무예요. 우리는 그 단편적 정보만으로 그 나무를 안다고 말하죠. 그러나 그런 앎은 조각조각의 의식 작용일 뿐입니다. 마치 사진의 한 컷만 알면서 그 나무를 다 안다고 말하는 것과 비슷해요. 그런 앎은 진짜 앎이 아니라 그 나무가 거기 있다는 단편의 사건을 그냥 믿는 것에 지나지 않아요. 우리가 그 나무 한 그루를 안다고 말하려면 그 나무가 어떻게 이 장소에 씨앗을 내리게 되었는지, 그 나무에 사는 다람쥐와 어떤 상생을 하는지, 주변의 풀과 버섯류와 어떤 관계로 섭생을 하는지, 도토리 열매가 어디까지 퍼지는지 등등의 관계적 지식, 인과적 지식이 필요해요. 이러한 지식을 생태학적 지식이라고 합니다. 다시 말해서 깨달음이란 바로 대상 전체의 관계성을 파악하는 생태학적 앎과 같은 것이라고 생각합니다.

심재관 생태학적 앎이라는 표현이 아주 흥미롭네요. 그 용어 하나만으로도 앎이 무엇을 뜻하는지 짐작할 수 있을 정도니까요. 맞아요. 불교에서 말하는 깨달음이란 한순간의 스틸 사진과 같은 앎이 아니죠. 사진의 한 장면이 전체에 걸쳐 어떤 관계에 놓여 있는가를 아는 것이 바로 깨달음이죠. 그런 점에서 불교는 믿음의 장르가 아닌 앎의 장르라는 데 전적으로 동의합니다.

최종덕 저는 불교의 연기론은 잘 모르지만 제가 아는 범위에서는 그런 생태학적 관계론으로 이해합니다. 생태학적 관계성은 시간적 의미의 인과론뿐만 아니라 다른 공간에 펼쳐져 있는 다른 사건, 다른 사물, 다른 사람, 즉 모든 다른 존재와 맺어지는 공간적 관계성까지 포함합니다. 시간적 인과의 선후 관계 그리고 공간적 상호 관계를 통틀어서 생태학적 관계성이라고 말하죠. 그런 생태학적 관계에 대한 앎을 불교의 깨달음이라고 말할 수 있나요?

심재관 어려운 질문이에요. 제가 깨달음에 대해 알리 만무하지만 그래도 언어로 시도하는 것은 중요해요. 깨달음 그 자체에 대해 제가 말할 수 있는 것은 없지만, 그럼에도 불구하고 깨달음의 종교로써 불교의 의미가 믿음이 아니라 앎에 있다는 최 선생님의 이야기를 이어서 들어보기로 하죠.

최종덕 거꾸로 저에게 되묻는군요. 불교에서는 깨닫는 통로를 여러 가지로 말하는데, 그것을 좀 이야기하죠. 먼저 깨달음에 이르는 길로써 단박에 확 깨친다고 하는 말이 있는데, 그것이 무슨 뜻인지 잘 모르겠어요.

심재관 바로 앞서도 말했지만 깨쳐 본 적이 없어서 저도 잘 몰라요. 그러나 단박에 깨치는 것보다 누구나 깨칠 수 있다는 것이 더 중요하다고 개인적으로는 생각하죠. 그것이 초기 불교의 초발심과도 같은 거라고 볼 수 있어요.

최종덕 심 선생님은 '단박에 깨치는 것'과 '누구나 깨치는 것'을 서로 구분한다는 말이군요. 심 선생님이 그 구분을 통해 무엇을 말하려는지 직관적으로 떠오르는 것이 있어요. 산속에 머무는 수도자나 시장에 떠도는 범부나 할 것 없이 누구나 깨치는 것이 가능하다는 말 아니겠어요.

심재관 네, 그래요. 그러려면 우선 깨치는 과정에서 형식적인 절차들이 필요하다는 종교 의례를 과감히 벗어나야만 해요. 꼭 수도원에 있는 수도승만이 깨칠 수 있는 것이 아니라 시장의 비렁뱅이도 깨칠 수 있다는 거예요. 그뿐만이 아니라 비렁뱅이가 수도승보다 더 먼저 깨달을 수도 있다는 거죠. 단박에 깨친다는 것은 수도원의 제례制禮나 경전의 교리 등 형식적인 절차에 구속될 필요가 없다는 뜻이지 아무 것도 안 하고 아무 공부도 안 하던 사람이 갑자기 번쩍하며 깨닫게 되었다는 말이 아니거든요.

최종덕 그렇다면 돈오돈수頓悟頓修, 불교에서 단박에 깨쳐서 더 이상 수행할 것이 없는 경지 니 돈오점수頓悟漸修, 불교에서 문득 깨달음에 이르는 경지에 이르기까지에는 반드시 점진적 수행단계가 따른다는 말 니 하는 논쟁은 그 의미를 많이 상실하는 것 아니겠어요? 상식적으로 생각해 봐도 돈오나 점수나 그게 그거 아니겠어요?

심재관 초기 불교 관점에서 볼 때 깨치는 과정이 갑자기 되는 것인지 아니면 서서히 연습을 통해 가능한 것인지의 문제는 중요하지 않았죠. 붓다의 초발심은 누구나 깨칠 수 있다는 데 있죠. 그래서 깨닫는 절차에 대한 문제는 붓다 정신에 수반한 후차적인 문제였어요. 물론 그런 논쟁이 무의미하다는 것은 아니지만요.

최종덕 누구나 깨칠 수 있다는 것이나, 혹은 단박에 깨칠 수 있다거나, 제가 보기에는 둘 다 너무 주관적이라서 깨쳤다는 것의 기준을 객관적으로 정할 수 있을지 잘 모르겠어요.

심재관 종교적 깨달음 혹은 구원에서 그 객관적 기준을 찾는 일 자체가 처음부터 잘못 짚은 거라고 봐요. 깨달음은 분명한 기준이 있어요. 다만 특정 방식의 깨달음만이 절대적인 기준으로 될 수 없다는 뜻일 뿐이죠. 깨달음으로 이르는 길은 무한대와 같아요. 이런 점에서 저는 앞서 말했지만 깨달음으로 가는 방편도 나름대로 중요하다고 한 것입니다. 방편은 역시 방편일 뿐이지만, 그럼에도 불구하고 방편은 깨달음으로 가는 일종의 계단으로 볼 수 있어요.

최종덕 방편을 통해서 깨달음의 객관적 기준이 확보될 수 있다는 말인가요?

심재관 그렇다기보다는 방편을 통해서 깨달음에 이르는 길은 가지각색이며 다양할 수 있음을 간접적으로 말하고 있다는 것입니다. 그러나 그 가는 길 자체는 객관적이라는 것입니다.

최종덕 예, 분명히 알아듣겠습니다. 저 역시 종교적 표현형은 다양하다고 생각하죠. 종교적 표현이 획일적으로 통제될 때 바로 그런 종교가 권력의 종교, 폭력의 종교, 독단의 종교로 된다는 말입니다. 마찬가지로 선택된 집단만이 구원을 받을 수 있다거나 특수하게 선별된 사람만이 깨칠 수 있다는 종교적 우월주의가 횡행하면, 그런 종교는 필연적으로 폭력을 수반하게 됩니다. 집단의 동일성을 지키기 위해 타 집단에 대한 폭력이 생긴다는 뜻입니다. 그래서 '누구나 깨칠 수 있음'의 의미는 종교에서 평화를 유지하는 데 있어서 매우 중요한 전환인 것 같습니다. 종교가 평화와 도덕성을 갖기 위한 대전제라고도 할 수 있겠죠.

심재관 예, 그래요. 선택된 집단이나 사람들만이 구원을 받을 수 있다는 것은 종교 권력이 표현되는 한 양상입니다. 불교는 그런 종교적 우월주의에 대한 반성으로 누구나 깨칠 수 있음을 보여 준 것 같아요. 이렇게 누구나 깨칠 수 있다고 해서 종교의 권위가 떨어지는 것은 결코 아니에요. 아무나 마구잡이로 깨칠 것이라는 주장을 하려는 것이 아니니까요. 누구나 깨칠 수 있다는 것은 인간의 심성 가운데 그런 가능성을 내재한다는 뜻과 같다고 봐요.

최종덕 저도 전적으로 동감이에요. 심 선생님이 불교의 입장에서 그런 주장을 하셨다면 저는 생물학의 입장에서 저의 동감을 표현할 수 있어요.

심재관 좋아요. 그 분야는 선생님이 전문가니까요. 최 선생님의 이야기를 이어가시죠.

최종덕 누구나 깨칠 수 있다는 생물학적 조건이란 다른 게 아니에요. 단지 진화 인류학적으로 볼 때 호모사피엔스는 공통의 조상을 갖는 만큼 현재 인류도 실은 공통의 공감 능력을 갖고 있어요. 세계 종교라고 하는 도덕 종교의 도덕성은 인류에 공통적인 공감 능력이 있음을 전제로 작동됩니다. 이런 점에서 인류에게 종교는 어쩌면 진화의 산물일 수 있다고 봐요. 인간의 공감 능력은 인지적cognitive 측면과 감수적affective 측면이 있는데, 이러한 두 측면이 종교에도 적용된다고 생각해요. 수도원에서 오랫동안 수도를 닦은 사람이 시장에 있는 일반 범부보다 종교에 관한 지식, 즉 방편의 길을 더 많이 알고 있겠지만 그렇다고 해서 항상 더 이타적이라거나 더 자비롭다고 말할 순 없어요. 인지적 방편을 통해 이타성에 더 가까이 다가갈 수 있겠죠. 그런데 인간에게 누구나 가능한 방식으로 존재하는 감성적 차원의 이타성이 존재한단 말도 중요하다고 봅니다. 예를 들어 쉽게 말해 보죠. 서양의 일반 사람이 동양의 불교도보다 더 자비로울 수 있고, 보시에 더 많은 준비가 되어 있을 수 있어요. 왜냐하면 그런 자비나 보시는 불교만의 고유한 종교심이 아니라 호모사피엔스라면 누구나 가질 수 있는 감수적 요소이기 때문이죠. 그런 도덕적 이타심을 찾기 위해 갖가지 종교적 방편을 동원하는 게 아닌가요?

심재관 불교에서 말하는 깨달음은 단순히 도덕적 이타심과 다른 것이지만 결국 도덕적 이타심을 지향한다는 말에 대해 저도 수긍해요.

최종덕 인간의 진화는 전 인류적 공통성으로부터 시작해 다양한 문화를 생산해 왔다는 점에서 아주 중요한 생명의 역사라고 생각해요. 종교적 이타심의 공감대를 확산하고 또한 그런 공감 능력을 체계화한 것이 바로 종교라고 저 나름대로 정의하고 싶어요. 그런 공감 능력도 진화의 소산물이라고 보는 거죠. 그래서 이타성의 공감대를 확산하는 방법에 감수적 요소 외에 인지적 요소가 더 많이 붙게 된 것이죠. 선천적으로 착한 사람도 있지만 사회적으로 이타적인 사람들의 행동 양태가 장려되어, 그에 따라서 후천적으로 이타적으로 되는 사람도 중요하다는 말입니다. 저는 그런 변화가 인지적 연습의 결과라고 보는데, 거시적으로 그런 것을 소위 문화라고 부를 수 있다는 것입니다.

심재관 인지 과정이 문화적이라는 것이 지금의 주제와 무슨 관계죠? 오히려 감수적 요소가 인간성의 기초라고 보는 것이 이야기를 풀어 가는 데 더 도움이 되지 않을까요?

최종덕 네, 그래요. 제가 인지적 요소를 말한 이유는 인지적 요소가 문화적 다양성을 낳는 데 중요하다는 것을 말하려는 데 있어요. 확실히 문화라는 양상으로 드러나게 된 인지적 요소의 특징은 다양성에 있어요. 환경에 적응하는 과정을 통해서 그리고 다른 생물 종과의 생태적 공생을 통해서 생물 종이 더 많이 다양해지고 그 표현형의 형질도 더 고유하게 다양해지듯이, 종교 현상도 다양해 진거죠. 그러나 아무리 다양해져도 인간의 도덕심의 근원은 모두 같은 것이라고 말하는 것입니다.

심재관 좀 어려워지는군요. 《법화경》에서는 악한이나 여자도 깨달음에 이를 수 있다고 하죠. 그 당시로는 아주 획기적인 변화였죠. 그리고 이미 대중적으로 유명해진 구절이 되었듯이 《열반경》에서는 누구에게나 부처가 이미 그 자신 안에 있다고 말하죠. 그래서 깨달음이란 자기 안에 있는 붓다를 찾으면 되는 거죠. 그러니 누구나 깨칠 수 있다는 말이 나오게 된 거예요. 이런 경전의 의미를 선생님은 진화생물학으로 대신 말하시는 것 같아요.

최종덕 불교 경전의 종교적 의미가 진화생물학 이론으로 다 설명된다는 식으로 뭉뚱그려 말하려는 것은 아니에요. 불교와 무관하게 생물학적 본성론에서 인간의 이타심이 그렇게 설명된다는 거예요. 아이들이 커 가면서 인지 능력이 발달하듯이, 종교도 문화적 인지 능력을 진화시켜 온 결과물이에요. 아이들이 어른보다 인지 능력에서 부족한 측면이 있지만, 아이들도 어른과 마찬가지로 똑같이 감성을 느끼고 똑같이 정서적 반응을 합니다. 다만 어른들에 비해 표현 능력이 모자를 뿐이죠. 어른들이 불공평하게 아이들을 야단치거나 폭력을 쓰거나 멸시를 하면, 아이들도 어른과 똑같이 창피함을 느끼고 또 그런 어른들의 행동에 대해 모멸감과 소외감을 느낍니다. 어른들은 그런 아이들의 마음을 다 잃어버리고 말았는지 아이들에게 모욕감 같은 감정은 없을 것으로 단정해 버립니다. 아이들이 일방적으로 야단만 맞아야 하는 것으로 생각하는 것은 어른들의 심각한 편견이에요. 어떤 아동 발생 심리학자들에 의하면 사실 어른들로부터 받는 모멸감을 표현하지 못하는 이유는 단지 어른들과의 권력 관계 때문에 표현 능력을 발휘하지 못할 뿐이라는 것입니다.

심재관 아이들의 이야기가 종교적 이타심과 무슨 관계죠?

최종덕 문화적으로 연습되어 관행화된 이타심이 있고 감수성에
기반을 둔 체화된 이타심이 있다는 말을 하려는 거죠. 거꾸로
말해서 우리들에게는 문화로 익숙해진 이기심이 있고 본능에
기반을 둔 이기심도 있어요. 그래서 앞의 장에서도 말했지만
우리는 이타적 인간형과 이기적 인간형으로 나눠지는 것이 아
니라, 이타적 요소와 이기적 요소가 우리 안에 혼재되어 있는
거예요. 그런 양면성 혹은 혼재된 나의 본성이 어떤 환경에서
어떤 계기와 동기로 이기적으로 드러날 수도 있고 이타적으로
드러날 수도 있다는 것입니다.

심재관 최 선생님이 앞에서 말한 거 있죠. 인지적 측면과 감수적
측면으로 드러나는 공감 능력이 종교적 이타심에도 적용된다
는 말이 저에게는 중요하게 들렸어요. 선생님의 이야기를 불교
수양론에 적용시켜 보죠. 종교에서 이타심은 수양을 잘해서 드
러난 결과라고 봅니다. 종교적 이타심의 인지적 측면을 잘 닦아
서, 즉 수양을 잘해서 종교적 이타심의 감수적 측면을 발화시
키는 과정이 곧 불교 수양론의 핵심이라고 봐요.

최종덕 아주 적절하게 연결해 주셨군요. 저는 불교에서도 인간이
라면 누구나 갖고 있는 본능에 의존한 감수적 측면이 매우 중
요하다고 봅니다.

심재관 저는 불교만이 그렇다고 생각하지 않아요. 이타심을 접근하는 감수적 측면은 실은 모든 도덕 종교가 구현하려는 한 방법론입니다. 즉 불교만의 문제는 아니라는 거죠. 그리고 종교적 믿음의 근거가 바로 감수적 측면에 해당합니다. 오히려 불교는 감수적 측면보다 인지적 측면을 매우 강조합니다. 불교의 깨달음이란 일종의 우주적 맥락에서 본 인지 과정에 해당합니다. 즉, 불교의 깨달음이란 믿음의 차원이기보다 인지의 차원인 거죠.

최종덕 아, 중요한 말을 하셨군요. 저도 그렇게 생각합니다. 한발 더 나아가 맹자가 말하는 측은지심도 이타심의 감수적 측면이라고 생각합니다. 다시 말해서 맹자의 측은지심도 인간의 이타적 본성일 수 있다는 거죠. 그리고 붓다가 우리 안에 있었다고 《열반경》 식으로 말할 때, 그 붓다의 마음은 인간의 이타적 본성에 해당할 것으로 봅니다.

심재관 붓다가 내 안에 있다는 논리와 소위 성선설이라고 하는 맹자의 측은지심의 논리를 연결하는 것은 매우 신선하다고 생각해요. 그런데 이타심과 이기심이 혼재된 것이 인간의 본성이라고 말씀하신 최 선생님의 논리대로라면, 내 안에는 붓다만 들어와 앉은 것이 아니라 악마의 도깨비도 턱 들어와 앉아 있는 것 아니겠어요? 그리고 우리 안에는 측은지심뿐만이 아니라 사기꾼의 이기심도 같이 내재해 있는 것 아니겠습니까?

최종덕 아, 그렇군요. 저도 그런 이중성의 논리가 모순이 아니라 오히려 너무 당연한 인간의 실제적 모습이라고 생각합니다. 인간은 욕망을 가지고 있잖아요. 욕망을 구현하는 통로가 바로 이기심이고 배타성이고 경쟁심이나 공격적 폭력성이기도 하죠. 그런데 욕망이 없는 인간이 없어요. 저는 욕망의 본성이 인간의 모습이라고 봅니다. 그러나 제 말을 여기까지 해서는 큰 오해를 불러일으킵니다. 인간에게는 그런 욕망의 본성만이 아니라 붓다의 본성, 측은지심의 본성도 함께 숨겨져 있다는 것이죠. 이게 저의 생각입니다. 그래서 그런 양면성이 이중적으로 존재한다는 것은 모순의 논리가 아니라 오히려 공존의 논리가 되는 것입니다.

심재관 엄격히 말하자면 불교의 깨달음을 윤리적 측은지심의 감성으로 제한하면 큰 오해가 생겨요. 어쨌든 선생님의 논리대로라면 붓다의 내면성, 측은지심의 내면성은 문화적인 연습을 통해서 획득할 수 있지만 기본적으로 감수성의 측면이 될 수 있다는 말이군요.

최종덕 네, 그래서 누구나 깨칠 수 있다는 불교의 말이 인간의 생물학적 본성과 직접 연관될 수 있다고 한 것입니다.

심재관 충분히 설득되었습니다. 그런데 문화적이라는 말을 자주 사용하셨는데, 정확히 무엇을 의미하는지 풀어서 다시 말해 주시겠어요?

최종덕 이기심은 인간만이 아니라 생명 일반의 본능적 행태라고 말하는 것이 보통 생물학자들의 견해입니다. 생명 일반은 자기 개체의 존속과 개체 증식을 지향합니다. 당연한 말입니다만, 앞서도 몇 번 제가 말한 것 같은데요. 자기가 살아남아야 하고 후손 번식을 해야 하는 것이 생명의 기본 원리라는 거죠. 이렇게 개체 존속과 종 증식을 위해 개체는 이기적 행태를 한다는 것입니다. 그러나 정확히 말한다면요, 이기적으로 보이는 듯한 행동을 한다고 말하는 것이 좋아요. 왜냐하면 이기적이니 이타적이니 라는 말은 실은 인간의 언어이지, 자연의 상태를 그대로 기술할 수 있는 언어는 아니기 때문입니다. 우리는 이미 이기적이라는 말을 사용함으로써 문화적으로 굳어진 관행적 용어에 길들여진 것이죠. 이타적이라는 말은 더해요.

심재관 이기적, 이타적이라는 말은 인간의 윤리적 행동에 관한 용어라고 하신 말은 충분히 설득이 됩니다. 그런 용어들은 결국 문화적으로 만들어졌다는 것이잖아요. 인간이 만든 개념으로 자연을 그대로 설명하는 데 있어서 인간의 오만함이 개입될 수 있어요. 인간 위주로 생명 현상을 바라본다는 거죠.

최종덕 네, 그래요. 생물학자들은 생물학적 이기주의, 생물학적 이타주의를 윤리적 이기주의나 윤리적 이타주의와 서로 구분합니다. 윤리적 이타주의란 행동을 일으키는 동기와 의지를 중시하지만 생물학적 이타주의는 후손 증식에 도움이 되는지 아닌지의 기준만을 따집니다. 어떤 생명 개체가 한 행동이 그 개체 자신의 이익보다 집단의 이익 즉 집단의 개체 수를 증식시키는 데 더 이익이 될 경우, 그런 행동을 생물학적인 이타 행동이라고 말하는 것입니다. 인간 사회에서 말하는 윤리적 이타주의와 많이 다르죠. 그런데도 불구하고 우리는 개미나 박쥐의 협동성 행위 양상을 그대로 인간의 사회적 이타주의로 설명하는 경우가 있죠. 우리가 일개미라고 부르는 개미 종들이 있는데 그들은 항상 일만 열심히 하는 개미로만 인식되곤 하죠. 그래서 열심히 그리고 성실히 일하는 인간 사회의 이미지를 일개미에다 직접 투영시키곤 합니다.

심재관 일개미들은 놀고 싶어도 영원히 놀개미가 될 수 없군요. 하하.

최종덕 앞서 우리가 말한 것도 그래요. 인간 안에 붓다의 모습과 도깨비 악마의 모습이 들어 있다고 말했잖아요. 저는 그런 표현 자체가 인간중심적인 문화의 소산물이라고 봐요. 악마라는 표현도 실제로는 불교적인 용어가 아닐 것이고요. 붓다의 상징도 여기서는 인간중심적인 하나의 윤리적 심성 이미지라고 생각합니다.

심재관 인간의 감정이란 원래 자기중심적으로 전개되는 것 아니겠어요? 자기를 중심으로 세계를 바라보는 것이죠. 그런데 불교는 자기중심적 세계관에서 벗어날 것을 주문했다는 말입니다. 그러자니 자동적으로 자기감정에 얽매어 있는 자신의 모습을 냉정하게 보도록 불교가 우리들에게 요청하는 것입니다.

최종덕 최고의 요청이라고 봅니다. 원래 생물학적으로 감정의 동물인 인간에게 감정을 무조건 탈피하라고 하면 그게 가능할까요?

심재관 그건 오해예요. 불교가 감정과 감각을 무조건 탈피하라고 한 게 아닙니다. 많은 사람들이 그런 오해를 해요. 감각의 오류와 감정에의 집착을 문제 삼은 것은 불교만이 아니라 고대 그리스 철학에서도 마찬가지였습니다. 현상 세계의 그런 오류를 탈피하는 대안이 바로 이데아의 존재 세계라는 것이 플라톤 철학의 기초 아니겠어요? 불교는 그런 식으로 감정과 감각을 부정하지 않아요. 그리고 감각을 초월한 형이상학적이고 존재론적인 저 세계를 설정하지 않죠. 단지 사람들이 행복한 삶을 누리기 위해 쓸데없는 감각의 집착에서 벗어날 것을 요청한 것입니다. 최 선생님은 불교를 자꾸 철학적 시선으로 보시려는 것같은데, 실은 이런 점에서 불교는 철저히 윤리지향적이고 역시전형적인 종교에요. 개인의 행복을 위해 감각과 감정이 가져다주는 욕망의 맥락을 잘 읽어 내야 한다는 것입니다. 그런데 불교 윤리학은 그런 욕망을 절단해 내자는 것이 아니라 욕망과함께 가는 길을 보여 주려는 것이죠.

최종덕 불교를 철학으로 생각하는 경향이 저에게 어느 정도 있다는 점을 인정합니다. 그러나 불교는 역시 윤리적 삶을 구현하려는 하나의 도구라고 저 역시도 생각합니다. 심 선생님의 말을 제가 좀 다른 식으로 표현해 보겠습니다. 선천적 욕망의 자아를 그대로 내버려 두자는 것도 아니고, 욕망을 일으키는 감정과 감각을 뿌리 채 뽑아 버리자는 말도 아닌 것으로 저는 심 선생님의 말을 받아들입니다.

심재관 예, 좋습니다.

최종덕 그러면 제가 하고 싶은 말도 있어요. 저는 사람들의 그런 감각과 감정을 역이용하여 집단적 권력을 행사하려는 사람들이 우리 역사 안에 항상 있어 왔다는 말을 하려는 것입니다.

심재관 그럼, 다시 사회적 권력 문제로 돌아가시는 것인가요?

최종덕 그렇진 않아요. 저는 불교가 그런 집단 권력의 구조와 다르다는 것을 긍정적으로 말하려는 것이죠. 처음의 문제로 돌아와서 믿음과 앎의 관계를 반복해서 말하고 싶은 거예요. 감각과 감정을 싹둑 잘라 내려는 것이 아니라 감정의 흐름과 감각의 드러남을 여실히 볼 수 있는 눈을 키워 가야 한다는 것이 바로 불교 아닌가라고 말이죠. 그런 눈을 저는 앎이라고 말한 것입니다. 요즘 세상에서는 믿음을 가지라고 외쳐 댑니다. 믿음이 없고서는 그 무엇도 성취할 수 없으니, 목표를 이뤄 낼 수 있다는 강한 신념을 가지라고 말이죠.

심재관 맞아요. 이렇게 믿음을 강조하는 것이 현대 사회 행복론의 대부분인 것 같아요. 서점에 가도 처세술이나 자기 계발서가 인문학이라는 이름으로 옷을 갈아입고 믿음의 전도사 역할을 하고 있잖아요.

최종덕 저는 그런 믿음이 감각의 오류와 감정의 편견을 낳는 주범이라고 생각합니다. 믿음은 정말로 영화에서 보듯 난관을 헤쳐 성공에 이르는 길을 제시하기도 하지만, 환상과 기만에 전적으로 매달리게 하는 이념적 도구로 도용된다는 말입니다. 절대자로서의 신의 존재도 실은 믿음의 소산물입니다. 신을 믿으라고 하지만 믿음을 통해서 형성된 신의 존재를 믿도록 하는 것이 종교의 대단한 괴력입니다. 종교는 그런 믿음의 도구를 가장 많이 활용하는 것이죠. 그래서 그런 종교적 믿음에 매달려 그 줄을 놓지 못하고 허망한 발버둥만 치다마는 불행한 삶의 역사가 우리 주변에 너무나 많은 것입니다. 우리 문화사에서 볼 때 불교는 그런 믿음의 허상을 직시하도록 요청했던 최초의 문화적 변동이었다고 제 나름대로 해석합니다. 믿음도 감각의 하나일 뿐이라고 보는 것이 바로 불교라는 거죠. 제 말이 지나친 해석인가요?

심재관 유럽 불교 학자들 사이에서는 이미 자주 논의되어 온 논점이었습니다. 절대자 신의 존재를 설정한 모든 종교는 믿음을 구원으로 향한 결정적 도구라고 여기죠. 그런데 신의 존재를 설정하지 않은 종교들은 반드시 그렇지 않다는 거예요. 그 대표적인 종교가 바로 불교인 거죠. 그렇다고 해서 불교가 곧 믿음 대신에 인지적 능력을 구도의 교량으로 한다는 그 어떤 문헌적 확증은 없지만요.

최종덕 그럼에도 불구하고 저는 불교를 인지의 종교라고 보는 입장에 손을 들어주고 싶습니다. 세상사 변하지 않는 것이 없으며 사람도 변하고 산천초목도 변함을 인지하는 것, 절대적이고 영원하고 독립적인 것이 없음을 인지하는 것, 욕망이 인간의 생물학적 조건으로부터 기인함을 인지하는 것, 현실 세계에서 일어난 일에서 생긴 근심과 불안과 그렇게 일어난 일을 머릿속에서 다시 생각하는 것이 똑같은 수준의 근심과 불안을 가져다줌을 인지하는 것, 더 나아가 나의 존재에 대한 이유를 묻기 위해서는 37억 년 전 원핵 세포 생명의 시초로 거슬러 올라가야 한다는 것을 인지하는 것, 그래서 억겁이라는 시간이 그렇게 장구하다는 것을 인지하는 것, 그에 반비례해 내 욕망과 집착이 순간적임을 인지하는 것, 이 모두 불교가 추구하는 인지 과정일 것입니다.

심재관 선생님이 말하시는 인지 혹은 앎이란 불교 경전에서 말하는 인식 혹은 식識의 과정과 다르다는 것을 전제해야겠죠.

최종덕 잘 지적해 주셨어요. 제가 말하려는 앎이란 '식'의 의미와 정반대라고 보면 돼요. 식의 한계를 인지하는 것이 곧 앎이라고 이해해 주시면 고맙겠습니다. 우리는 생물학적 존재죠. 그래서 보는 것도 생물학적 제한에 갇혀 있겠죠. 듣는 것도 오류 투성이고요. 만지는 것도 그렇고 인간의 감각은 원래 제한된 수용계입니다. 너무 당연한 말입니다. 불교는 그런 감각의 오류를 끊임없이 지적하지만, 심 선생님이 강조했듯이 감각 자체를 부정하는 종교라고 생각하지 않아요. 붓다도 깨달음을 얻기 위해 처음에는 감각과 감정을 부정하고 탈피하려는 강한 고행을 했다가 나중에 그런 고행이 감각의 문제를 해결하는 것이 아님을 알게 되었잖아요.

심재관 그렇게 알게 된 것이 바로 인지 혹은 앎이라고 하신 거군요. 그러면 이제 앞뒤 말이 맞는군요.

최종덕 저는 인간이 형이상학적 존재가 아니라 생물학적 존재라는 것을 항상 강조하는 편입니다. 인간은 신도 아니지만 그렇다고 해서 동물도 아니에요. 인간은 신을 꿈꾼다고 형이상학자들이 흔히들 말하지만, 저는 솔직히 말해서 그런 말에 동의하지 않아요. 인간은 신을 꿈꾸는 것이 아니라 자연재해의 공포, 이웃 부족의 공격에 대한 근심, 어두운 밤과 숲의 공포에 효율적으로 방어하기 위해 집단적으로 대비하는 조직적 권력을 꿈꾸고 있다고 봐요. 고대 구석기인이나 지금의 현대인 모두 마찬가지죠.

심재관 그런 문화적 양식이 종교라고 생각하시는 것이군요.

최종덕 네, 그래요.

심재관 그러면 불교도 그렇다는 말인가요? 우리가 이야기해 온 대로라면 불교는 아브라함 종교 맥락에서 볼 때 차이가 크다고 말한 거잖아요.

최종덕 타종교와 달리 불교는 그런 자연재해와 인간 집단의 공포에 대한 집단적 방어 전략이라고 보기는 어려울 것 같아요. 오히려 가뭄이나 지진과 같은 자연재해에 대한 현실적 공포 이상으로 일상에서 갖는 공포에 대한 근심이 더 크다는 거죠. 자연이 만드는 공포의 현실 이상으로 내가 만드는 공포심이 더 클 경우 그것이 바로 사람들이 말하는 번뇌인 것 같아요. 불교가 생로병사에서 탈출하자는 것이 아니라고 봐요. 단지 생로병사를 근심하는 번뇌를 줄이자는 종교라고 저는 생각합니다. 생로병사의 현실과 생로병사를 걱정하는 마음이 내 머릿속에서는 똑같이 번뇌로 작용한다는 것을 알아야 한다는 것이죠. 그래서 저는 불교를 믿음이 아니라 앎의 종교라고 말한 거고요.

심재관 최 선생님이 불교를 보는 관점은 매우 독특해요. 우리가 처음에 말했듯이 일종의 자연주의 해석을 일관적으로 유지하고 계신 듯해요. 오늘 이야기를 정리해 보죠. 우리는 믿음과 앎의 차이에 대해 두 번이나 반복해서 말했어요. 그 정도로 우리 대화에서 중요한 의미라는 것입니다. 저는 불교를 고대 인도의 문헌과 분리해서 볼 수 없음을 강조한 편이고요, 최 선생님은 불교 역시 고대 인도의 지정학적 환경과 분리해서 볼 수 없다는 말을 하셨어요. 문제는 그와 관련한 고대 문헌이 많이 부족하다는 것입니다. 그래서 우리 대화 안에는 학술적으로 검증되지 않은 이야기를 포함하고 있었지만, 불교의 현실과 불교의 초발심이 너무 달라졌다는 점에는 공감을 충분히 했죠.

고독

외로움을 이기려
하지 않는다

심재관 불교는 자기의 구원을 근원적인 목표로 가지고 있죠. 그렇
게 불교가 시작되었고 오랫동안 그러한 경향이 지속되는데요.
그 깨달음에 도달한다는 것은 개인적인 노력에 의해서만 성취
되는 것이기 때문에, 혼자 하는 길고 오랜 여행과 같은 것이죠.
각자의 여행은 서로 비교될 수 없죠. 그래서 깨닫는 사람은 깨
닫는 것이고, 그렇지 못한 사람은 끝내도 깨닫지 못하는 것이
에요. 다소 냉정하게 느껴지지만 이러한 노정路程이 불교의 본
질이에요. 그런 깨달음을 통해서 우리가 흔히 말하는 아라한
이 되고자 하는 것이죠. 우리는 아라한이라는 말을 개인의 해
탈을 추구하는 그런 이상적인 인간형으로 이해하잖아요. 아라
한은 개인의 깨달음을 제일 소중하게 여기죠.

최종덕 깨달음을 향한 자기만의 여행이라는 말이 저에게 와 닿아

요. 어쨌든 개인 차원이라는 것이 중요하군요.

심재관 다른 사람을 물가로 인도할 수는 있지만, 물을 떠먹는 것은 자기 자신이니까요. 초기 불교에서 제시되고 있는 수행자의 모습은 이렇게 개인적이고 외로운 길을 걸어야 함을 보여 줍니다. "무소의 뿔처럼 혼자서 가라"는 말을 흔히 하는데 이 말은 〈코뿔소 경전〉이라고 극히 초기의 경전에 해당하는 경전 속에 등장합니다. 실제로 거의 2천여 년 전에 쓴 필사본이 우리에게 남아 있어요. 수백 년 동안 초기 불교와 부파 불교의 전통 속에서 개인적이고 고독한 수행자들은 자신의 깨달음을 추구했다고 보입니다. 이러한 고독한 수행을 통해 깨달음을 얻은 자를 아라한이라고 부릅니다.

그런데 어떻게 대승이라는 것이 등장했는가는 여전히 의문이지만, 초기 대승 불교에서는 깨달음을 얻는 목표가 자기 자신에게 한정되어 있지 않습니다. 새로운 질문과 반성이 등장한 거죠. 수행과 깨달음을 추구해야 하는 이유가 자기 자신만의 안온한 열반을 얻는 것, 즉 아라한이 되는 것에 있지 않았던 것이죠. 열반이라는 것은 생사윤회의 회피나 극복에 지나지 않으니까요. 그러한 나만의 깨달음이 무슨 의미가 있는지를 반성하는 데서 시작한 것이라는 말이죠. 남과 같이 더불어 행복을 얻어내는 새로운 수행자 상인 것입니다. 다른 사람이 깨달음을 얻도록 내가 조금이라도 도움이 될 수 있다면 나의 깨달음을 늦출 수도 있다는 적극적 반성인 셈입니다. 그런 수행자 상이 불교 전면에 등장하게 돼요.

최종덕 시기적으로 1~2세기쯤인가요?

심재관 대략 그 정도의 시기라고 볼 수 있는데 최근에는 좀 더 뒤로 보는 경향도 있어요. 한 4세기 이후 정도로요. 그런 이상적인 수행자 상을 보살bodhisattva이라고 하지요. 그 시기 이후 보살 개념이 나왔고요. 보살의 존재는 불교사에서 매우 특이합니다. 보살 개념은 아라한의 개념보다 공동체를 더 강조하고 있는 덕목이 엿보여요.

최종덕 그렇다면 아라한과 보살은 서로 대비되는 개념으로 볼 수 있겠네요?

심재관 대비라기보다는 포괄한다고 보면 더 좋아요.

최종덕 저 같은 사람에게는 아라한과 보살의 차이가 마치 소승 불교와 대승 불교 사이의 차이처럼 느껴지거든요.

심재관 그런 이해가 틀리다고는 할 수 없어요. 초기 불교나 부파 불교에서 수행자의 이상을 보통 아라한이라고 많이 하고, 대승 불교의 진정한 수행자상을 보살이라고 흔히 부르기 때문이죠. 고통 받는 다른 사람을 위해 나의 행복을 뒤로 하고 절 밖의 현실에 뛰어들어 사회 구조를 개선하려는 승려가 있다면 그런 수행자를 보살이라고 통상 부르잖아요. 이런 점을 대승 불교니 보살이니 이야기하지요. 하지만, 정확히 이타적인 목적으로 타인의 고통을 내 것으로 해서 사회적 참여를 의도하는 것을 대승 불교니 보살의 길이니 하지는 않아요. 왜냐하면, 보살은 먼저 자신의 수행을 완성해야 할 필요가 있거든요. 그 수행을 보통 육바라밀六波羅蜜, 보살이 열반에 이르기 위해 실천해야 할 여섯 가지 덕목. 보시, 인욕, 지계, 정진, 선정, 지혜를 이른다이라고 하는데, 보시나 지혜 같은 걸 완전한 경지까지 끌어올리는 거예요. 보시는 거저 남에게 주는 것이 아니거든요. 이게 힘든 일이죠. 자기희생, 타인을 이롭게 하는 일도 실제로 시도해 보면 굉장히 힘든 일인 걸 느낄 수 있어요. 어떨 때는 오해도 받고 모함을 받는 경우가 있어요. 그런 일을 하는데, 지혜가 필요하죠. 그러니까 대승에서도 개인의 인격과 지혜의 수련이 먼저 이루어진다고 볼 수 있어요. 그런 점에서 초기 불교든 부파 불교든 또는 대승 불교든, 개인의 외롭고 고된 수행의 과정은 먼저 전제되어 있는 것이지요.

최종덕 그러면 소승 불교는 자기만 알고 다른 사람의 불행에 대해서는 무관심한 것으로 생각할 수 있나요?

심재관 여기서 조심해야 할 것은 그럼 소승 불교는 타인에 대한 공감을 무시하느냐라는 질문이 나올 수 있는데, 그것은 전혀 그렇지 않다고 답할 수 있어요. 불교의 기본은 여전히 개인 중심의 수양에 있어요. 타자의 행복을 위해서 노력하는 것은 좋지만 그렇게 하기 위해서 먼저 자신의 수행이 최대한 이루어져야 하는 것을 매우 중요하게 생각하죠. 대승 불교도 무작정 아무런 준비도 없이 타인을 돕거나 하는 것을 자비라고는 생각하지 않을 거예요. 오히려 그것은 어리석은 것이죠. 시간은 무한하고 그 시간 속의 구제해야 할 중생들도 무한하기 때문에, 내

자신이 준비해야 할 것은 일차적으로 수행을 통한 지혜의 완성이지요. 그런 지혜가 없으면, 자기 자신을 포함해 결국 남에게도 도움이 되지 않거든요. 예를 들어서, 보시를 하려면 우선 보시하는 내가 나의 행동에 대한 책임을 져야 해요. 나의 행동에 대한 책임을 지려면 내가 하는 행동의 이유와 방법을 나 스스로 알아야겠죠. 그런 앎이 바로 지혜입니다. 자비와 더불어 자비 행동의 방법도 중요하다는 것이죠. 자비를 베푸는 행동의 원리가 바로 지혜라는 것입니다.

최종덕 지혜는 단순한 지식이 아니라 행동을 준비하는 지식이 되는 거군요.

심재관 그래요. 행동이 없는 지혜는 지혜가 아닌 것이죠. 보살이 닦아야 하는 행동 덕목은 지혜예요. 자기의 수행이 되어야 비로소 제대로 된 지혜가 솟는다는 것이고요. 그래서 개인의 수행은 여전히 중시된다는 말이죠. 육바라밀의 수행 덕목에서도 여전히 개인의 수행인 것입니다. 새롭게 보시도 하고, 새롭게 참선도 하고, 지혜롭게 인욕도 하고 이렇게 여섯 가지, 지혜를 제외한 나머지 다섯 가지 항목을 어떻게 지혜롭게 운영할 것이냐? 육바라밀의 수행 덕목을 보면 거기서도 역시 개인의 어떤 수행이 잘 이루어져야지 그 다음에 남을 돕는 것이 더 크게 발현이 될 수 있는 것이죠. 그러니까 그런 점에서는 기본적으로는 집단주의적인, 이타적인 불교 운동이 일어났다 하더라도 개인이 먼저 전제가 되어 있죠. 전반적으로 그럴 거예요.

최종덕 자비로운 행동은 믿음으로 되는 것이 아니라 진정한 앎, 즉 지혜를 통해 가능하다는 말과 같고요. 그리고 대승이니 소승이니 무관하게 불교는 개인 중심의 수행이라는 결론이군요.

심재관 이해의 편차가 조금씩 있을 수 있으나, 기본이 그렇다는 거예요.

최종덕 불교를 개인주의적 성격으로 보면, 서구 자본주의의 인간학적 폐해로 드러난 개인주의가 연상되어서 이해의 편차 정도가 아니라 큰 오해가 생기지 않을까요?

심재관 그 개인주의와는 완전히 무관한 개념이지요. 불교의 개인적 특성이라는 것은, 누가 대신해 줄 수 없다는 의미예요. 제가 치통이 있는데 선생님이 대신 제 고통을 가져갈 수는 없잖아요. 불교의 개인주의 특성이란 깨달음에 이르는 궁극적인 길목에서는 혼자 갈 수밖에 없다는 뜻인 거예요. 반면에 서구 기독교 전통의 개인주의는 일상의 행동 양태에서 공동체 지향의 성향보다는 개인적 행복을 지향한다는 데 그 뿌리를 가지고 있죠. 불교에서는 초월적인 어떤 절대자를 상정한 종교가 아니잖아요. 초월적 신을 믿는 종교라면 그런 신은 절대적이면서 객관적인 존재일 것이고, 그런 존재가 집단 공동체의 숭앙 대상이 된다면 그것이 바로 종교인 것이죠. 반면에 불교는 그런 의미의 종교와 다른 특성을 가지고 있다고 앞서 여러 차례 이야기했잖아요. 불교는 그런 절대의 외부적 대상을 숭앙하는 것이 아니라 자기 혼자서 자기 안에 있는 수양의 길을 찾아 가야 하는 거죠. 이런 의미에서 불교가 개인적인 종교일 수밖에 없다고 말한 것입니다. 붓다가 깨달음을 얻은 후 붓다의 말씀을 새겨 듣는 제자들의 집단이 형성되었지만, 붓다는 항상 제자들에게 "나를 의지하지 말고 네 자신의 등불을 켜라"라는 말을 강조한 것입니다.

최종덕 결국은 개인이네요.

심재관 그럼요. 내가 너에게 조언은 해 주는데, 내 조언을 먼저 네 진리의 등불에 비춰 보라는 말이에요. 그렇게 너에게 비춰 본 다음 내 말이 맞으면 네가 스스로 따라가는 것이고 아니라고 생각하면 네 스스로 다른 길을 다시 찾아가야 한다는 거예요. 수행을 하는 데 있어서도 혼자의 결정과 결단이 요청된 것입니다.

최종덕 혼자 수행을 한다는 것이 말이 쉽지, 보통의 의지로는 쉽지 않잖아요. 그래서 불교도 이후에는 서로의 수행을 도와주는 형식의 집단이 형성되지 않았겠어요? 보통 사람들은 수행을 방해하는 요소들을 혼자서 해결할 수 없어서 남의 도움을 받는 것이 더 현실적이라고 봐요. 혹시 욕망의 일탈이 드러날 때 누군가가 충고하고 지적해서 내 욕망을 다스리는 데 더 도움이 되지 않겠어요?

심재관 승려들도 집단 생활을 하면서 서로 자극을 주고 충고도 하고 자자自恣와 포살布薩이라고 해서 자기반성이나 자아비판의 시간을 갖기도 하지만 가장 결정적인 것은 자기가 혼자 수행하는 시간들이거든요. 서로를 도와주고 독려하여 수행에 도움이 된다는 점에서 집단의 의미가 있지만 결국 수행은 혼자서 이루어야 할 가장 외로운 과정이에요. 집단을 인정하는 것과 수행의 외로움은 별개의 문제라는 것이죠.

최종덕 지금까지는 주로 수행이라는 관점에서 개인주의를 말했는데, 도덕이라는 관점에서도 개인주의라는 성격이 적용될 수 있는지요?

심재관 어려운 질문이군요. 그러나 쉽게 말해서 도덕 종교로써의 불교는 타인에 대한 무한한 자비심을 키우라고 요청하지요. 이러한 요청은 타인과 나를 구분하지 않는 무아론적 토대 위에 기초합니다. 나와 타인이라는 관념도 상대적인 개념에 지나지 않는다는 거예요. 이러한 토대 위에서 타인에 대한 구원의 계획도 자신의 완전한 구원과 같이 계획되는 것이지요. 그런 점에서 개인주의라는 관점이 성립할 수 없지요.

최종덕 이제 보시하는 행동 양식을 심리적인 차원에서 바꿔 봐요. 예를 들어서 내가 길거리에서 구걸하는 거지에게 동냥을 했어요. 일종의 이타적 행동이라고 합시다. 혹은 보시라고 말해도 되고요. 내가 이타적 행동을 한 데 대한 나만의 만족감이 있어요. 남에게 베풀었다는 소소한 만족감도 일종의 즐거움이나 행복의 느낌이죠. 그런 일시적 행복의 느낌을 얻기 위해 혹은 다시 그 느낌을 가져 보기 위해 이타적 행동을 하는 경우도 보시라고 할 수 있나요?

심재관 그건 이타적인 게 아니죠, 자기만족을 위한 것이니. 그런 행동을 불교에서 보시라고 말하기 어려워요. 불교에는 무주상보시無住相布施라고, 내가 준다는 것, 누구에게 무엇을 준다는 것, 그로 인해서 내가 어떤 결과를 얻으리라는 생각을 갖지 않고 다른 이를 이롭게 하는 일을 보살행이라고 가리켜요. 줄 때 보상이나 후일을 기대하고 주는 것은 결국 자신의 욕망에 머무르는 것이거든요.

최종덕 주긴 주되 거기에 얽매이지 않는다는 뜻이군요. 이타적 행위에 대한 행복의 느낌을 기대하지 않거나, 그 베풂의 의미를 부여하지 않는 것이군요.

심재관 네, 보상을 기대하거나 주는 행동 자체에 이타성의 의미를 부여하는 순간에 보살이 아닌 것이죠.

최종덕 그냥 주는 것이군요. 어떻게 가능할까요?

심재관 눈을 깜박일 때 내가 감는다고 생각하지 않는 것처럼요. 오른손이 하는 일을 왼손이 모르게 하라는 기독교의 이야기도 있죠. 심지어 불교에서는 스스로 보살이라고 생각하는 마음이 드는 것 자체가 이미 더 이상 보살이 될 수 없다고 하죠. 그런 역설로 가득 차 있는 것이 《금강경》의 상징적인 이야기죠.

최종덕 종교에서 이기주의와 이타주의 문제는 당연히 중요하겠죠. 내가 타인에게 보시를 했다면 그 기쁨도 크겠죠. 그러면 그런 자신의 기쁨과 즐거움을 얻고자 보시를 하는 것인가요? 아니면 그런 즐거움을 전혀 기대하지 않고 이타적 행위가 나오는 것일까요? 내가 저 힘든 이웃을 도와줬기 때문에 바로 나 자신의 행동으로 인해 스스로 만족하고 나아가 자만심까지 생기는 내 모습을 엿볼 수 있거든요. 불교에서 말하는 무주상보시라는 단어를 말로는 이해할 수 있지만, 내 내면에서는 정신적 위안과 보상을 염두에 두는 또 다른 욕망의 무의식을 깔고 있다는 말이죠. 불교에서 말하는 무주상보시에 따르면 그런 이타 행동은 진정한 이타성이 아니라고 한 것이겠죠?

심재관 당연하죠. 그래서 받는 사람도 없고 주는 사람도 없다고 말하죠.

최종덕 주는 사람이 주는 표시를 내지 않도록 하자는 말은 이해할 수 있어도, 받는 사람은 그 받는 것에 고마워해야 하는 것 아닌가요?

심재관 굳이 불교식으로 말하면, 오히려 주는 사람이 받는 사람에게 고마워해야 하죠. 왜냐하면, 받는 사람이 있었기에 주는 사람이 덕을 쌓을 수 있는 것이니까요. 그 사람 덕에 좋은 일도 하고 선업先業을 쌓는 것이니, 받는 사람에게 고마워해야죠. 그 정도로 적극적이라야 한다는 말이죠. 복전福田에 대한 이런 설명도 하나의 방편에 지나지 않는 것이고, 그런 덕에 쌓는다는 생각도 없어야 하지만요.

최종덕 정말 어렵군요. 좋아요. 우리나라 선거할 때 돈 펑펑 쓰는 A 후보한테 막걸리 얻어먹고 정작 표 찍을 때는 주민을 생각하는 B 후보를 찍고 그래야 하는 건데요. 주는 사람뿐만이 아니라 받는 사람도 무주상이 제대로 되면요.

심재관 주는 거는 주는 걸로 끝내고 거기에 감정적 의미를 갖다 붙이지 않아요. 그냥 주는 걸로 끝이죠. 마찬가지로 받는 사람도 거기에 얽매이지 않는다는 것입니다. 불교적인 행복은 물질이 오고가는 일로부터 얻어지는 게 아니거든요. 오고가는 일이 마음에 걸리고 그렇게 된다면, 주고받는 일이 더 큰 문제가 되는 거죠. 안 주느니 보다 못해요. 내가 어떤 심리적 보상을 기대하고 주었는데, 받는 사람이 하나도 즐거워하는 것 같지 않더라, 그러면 실망스러울 수 있고, 그로 인해 자신에게도 번뇌가 생기는 거죠. 그런 감정도 자기 집착에서 발생하는 거거든요. 그런 의미에서 이타적 행위는 어떤 의도나 결과를 떠나 있어야겠지요.

최종덕 그런 점에서 진화심리학에서 말하는 협동을 낳기 위한 이타성과 전적으로 다르군요. 최근 미국에서 많이 유행하는 상호부조 이론은 사람들의 이타적 행위를 서로 간의 보상을 기대하는 행동 유형으로 설명합니다. 예를 들어, 협동성 행위는 개인의 이익을 최대화하려는 과정으로 상호 신뢰의 심리 기제를 바탕으로 한 상관적 기대감의 표현인 것입니다. 내가 이타적 행위를 하는 이유는 사실은 나중에 보상을 염두에 두었기 때문이라는 것입니다. 그래서 그걸 상호 부조 이론이라고 하죠. 진화심리학자들이 이타적 행위를 설명하는 주류 설명이에요. 그런 설명에 따르면 동기 차원의 이타주의, 절대 차원의 선험적 도덕성은 없다고 보는 것입니다. 나아가 협동성을 높이기 위해 상호 협동 행동을 진작시키려고 노력하지만, 누구라도 배신 행위를 먼저 할 경우 협동성은 깨지고, 그 역으로 배신의 행동들이 집단 안에 누적되게 될 것입니다.

심재관 인간의 감성에 대한 이해가 좀 유치하다는 생각이 들어요. 이타 행위가 겉으로만 이타적으로 보일 뿐 실제로는 자기 만족감의 감정적 위안을 기대하거나 후일 되돌아올 대가를 기대할 수 있기 때문에 하는 행동이라는 뜻이 되겠군요.

최종덕 그렇게 말할 수 있어요. 그럴 경우 이타 행위는 결국 후일 보상을 받기 위한 일종의 보험이 됩니다. 그런데 이런 보험이 가능하려면 보험을 드는 사람들의 정체성이 보장되어야 해요. 즉, 집단이 전제되어야 한다는 말입니다. 집단의 정체성이 없으면 나의 이타 행위에 대한 보상을 기대할 수 없어서 이타 행위를 생기게 하는 동기가 없다는 것입니다. 공동체 혹은 집단의 정체성은 이타 행위를 낳는 중요한 동기가 되는 것이죠.

심재관 바로 이런 설명이 진화론에서 말하는 윤리학의 기초가 되는 것이군요.

최종덕 네, 그래요. 상호 부조 이론으로 이타 행위를 설명할 경우, 동기 차원의 이타 행위는 그 의미를 상실하고 말죠. 극단적인 예를 들어 볼까요. 한평생을 희생과 봉사로 살아온 존경할 만한 가톨릭 신부님이 계셨어요. 아프리카에서 평생토록 자신의 삶을 희생하면서 토착민의 삶을 위해 이타적으로 살아오신 신부님이었죠. 그런데 만약 그런 신부님의 진심 어린 이타 행위조차도 안전하게 천국행 티켓을 얻기 위한 행위였다고 해석하는 순간에 그 신부님의 순고한 이타 행위도 실은 이기성의 다른 측면으로 의미의 역전이 일어나는 거예요. 이것은 아주 극단적인 이야기지만 진화론을 이렇게 이기주의 중심으로만 해석하는 설명도 있답니다. 저는 그런 진화론을 약간 비판적으로 보는 거죠.

심재관 보상주의 진화론을 비판적으로 본다는 뜻인가요?

최종덕 네, 보상을 기대하지 않는 행동 유형도 얼마든지 있다는 것이 제 입장이거든요.

심재관 당연히 우리 주변에서도 얼마든지 그런 사례들이 있다고 생각해요.

최종덕 오래 전에 텔레비전 프로그램의 하나인 〈그것이 알고 싶다〉 제작진이 인간의 이타적 행위가 어떻게 가능한지에 대해 저에게 인터뷰하러 온 적이 있었어요. 사회악을 고발하는 그 프로그램은 특별 기획 편으로, 우리 사회에서 찾을 수 있는 이타적 행위나 그런 이타적 행위를 한 사람에 대한 다큐멘터리를 준비 중이었어요. 제작진은 현실에서 나타난 이타 행위의 사례들을 쭉 모았어요. 예를 들어, 전철 난간에서 철로에 빠진 취객을 보고 즉각적으로 자신의 몸을 던져 구해 낸 일이라든가, 무섭고 큰 개에 물리기 직전의 아이를 구해 낸 일 등등 이타적 행위를 한 사람에 대한 이야기를 구성한 다큐였거든요. 그런데 그 사람들에게는 공통점이 있었어요. 그들은 예외 없이 자신의 이타 행위를 거의 본능적으로 했다는 점이에요. 의도적으로 혹은 이타적 의지를 갖고 행한 행동이 아니었다는 뜻이죠. 그들은 평소에는 보통 사람과 똑같이 살아온 평범한 사람이라는 것을 잘 보여 주었습니다.

심재관 위험에 빠진 사람을 구해야겠다는 대단한 의지를 갖고 의도적으로 한 행위가 아니라 자신도 모르게 한 즉각적 반응이었다는 말이군요.

최종덕 예, 그래요. 머릿속으로 계산해서 나온 행동이 아니라는 거죠.

심재관 당연한 거죠. 그래서 인간이 이기적이기보다는 이타적인 존재라는 말을 하시려는 건가요?

최종덕 그렇지는 않아요. 생물학적으로 볼 경우 인간의 행동과 생각은 이기적인 성질로 드러난다고 봐요. 그러나 이타적인 생물학적 기반도 함께 가지고 있다는 것이에요. 모든 생명체는 자기 보존과 증식을 위한 본능적 행동 유형으로써 이기적 성질과 함께 이타적 성질도 분명히 존재한다는 말이죠. 내가 위기에 빠진 사람을 구하려는 아주 선량하고 강한 의지를 가졌기 때문에 그 사람을 구한 게 아니란 뜻이에요. 나도 모르게 그리고 내가 능력이 되는지를 따지지도 않고 위기에 처한 사람을 구하기 위해 불구덩이에 들어가는 일도 있다는 말입니다.

심재관 선생님 견해에 동감해요. 양면성을 다 가지고 있다는 거죠.

최종덕 저는 인간의 행동 유형을 이기적이냐 이타적이냐의 이분법으로 따지고 싶지 않아요. 이타적 행위도 추후 보상을 기대하고 계산된 행동이었다면 졸지에 이기적 행동 유형으로 되기 때문입니다. 앞서 이야기했듯이 가톨릭 신부님의 고귀한 헌신적 삶조차도 계산된 상호 부조를 믿는 사람들에게는 이기적 행동 유형의 다른 모습으로 보일 뿐입니다. 상호 부조 이론은 결국 모든 행동은 합리적 계산에 의해 나온 것이라는 전제가 깔려요. 제 생각으로는 이기적 행동 유형과 이타적 행동 유형을 나누기보다 계산된 행동 유형인지, 아니면 계산 없이 즉각적으로 나온 행동 유형인지 구분하는 것이 더 좋다는 거예요. 예를 들어, 맹자가 말하는 측은지심이 바로 계산되지 않은 이타심에 해당한다고 봅니다. 어린아이가 기어가서 우물에 빠지려고 하는 순간을 본 사람들에게 자동적으로 들게 되는 마음이 바로 측은지심에 해당한다고 하죠. 그 현장을 목격한 사람이 악당이건 선량한 사람이건, 여자건 남자건 간에 관계없이 위기에 빠진 아이에 대해 드는 마음이 바로 측은지심이며 이는 일종의 계산되지 않은 즉각적 마음일 것입니다. 이것이 맹자의 측은지심이죠. 인간의 마음속에 그런 행동 유발 기제가 본연적으로 있는 있다는 뜻이죠.

심재관 그런 측은지심이 곧장 행동으로 옮겨지는 것은 아니라고 봐요. 그런 성향이 있다는 거겠죠. 그런 생각은 실제로 서구 윤리학 이론에도 있지 않나요? 플라톤이나 칸트에 기초한 선험주의 윤리학에 대비해 직관주의 윤리학이 20세기 서구 윤리학의 한 줄기인데요. 어쨌든 계산되지 않은 이타 유형의 도덕심은 직관주의 윤리학에서 말하는 도덕심과 매우 유사하다고 생각돼요.

최종덕 예, 그래요. 그런데 제 말의 핵심은 이타주의와 이기주의라는 이분법으로 인간의 본성을 설명하는 것이 적절하지 않다는 데 있어요. 둘 중 하나를 선택하라는 구분보다는 이타성과 이기성이 하나의 행동 판단 모듈로 독립적이면서도 병렬적으로 진화해 온 것이라고 보는 것입니다. 이런 제 입장은 제가 낸 책, 《생물 철학》에서 어느 정도 논증한 것이지만, 어쨌든 이타성과 이기성은 배척 관계가 아니라 공존 관계라는 것이 저의 입장이에요. 공존성을 전제하면 종교의 많은 부분들을 설명될 수 있다는 거죠.

심재관 불교에서 말하는 무주상보시 개념이 바로 계산되지 않은 행동 유형을 말하고 있어요. 그래서 엄격히 말하자면 무주상보시는 준다는 생각이나 받는다는 생각조차도 개입할 여지가 없는 것이에요. 다시 말해서 무주상보시는 이기성은 물론이거니와 이타성의 범주조차도 벗어나 있다는 말입니다.

최종덕 아주 흥미로워요. 불교에서 제가 이해하기 제일 어렵고 수궁하기 제일 어려운 것이 윤회 개념인데, 윤회를 자연주의 방법론으로 설명할 수 있다면 인간 행동 유형을 설명하는 데 도움이 될 것이라고 봐요. 이미 앞서 여러 번 얘기했지만 힌두 전통이든 불교 전통이든 관계없이 윤회라고 하는 것은 인간 내면에 있는 이기주의적 요소를 통제하는 하나의 도덕적 준칙으로 볼 수 있다는 것이 제 생각이에요. 인간의 행동 유형을 통제하려는 의도는 결국 본성을 계산된 방법으로 순화하려는 데 있다고 봐요. 무주상보시 개념이 아무리 중요하더라도 불교에서도 인간의 이기적 계산주의를 부정하지 않았느냐라는 말입니다. 한 측면에서는 통제와 장려라는 방법을 통한 윤회라는 길로 인간의 도덕심을 순화하려고 했고, 또 다른 측면에서는 인간에 생물학적으로 내재된 계산되지 않는 직관적 행동 유형으로 무주상보시를 강조한 것이라고 말하면 지나친 억측일까요?

심재관 좋은 지적이에요. 당연히 저도 그렇게 봐요. 그런데 그렇게 부정적인 단어보다 좀 더 긍정적으로 해석하는 것이 더 나을 것 같아요. 이기주의적 심성을 통제하려 하기보다는 인간의 도덕심을 증강시켰다고 보는 게 좋겠지요. 그게 그 말이지만요. 불교의 일부 경전에서는 좋은 업을 쌓거나 보시를 하는 행위가 실은 극단적인 상호 부조 이론에서 말하듯이 천국행 티켓으로 해석될 수 있거든요. 이런 설명조차도 방편적 해석이에요. 그래야지 좋은 일을 할 테니까요. 앞서 말한 《금강경》 같은 경우에 그런 보상을 바라는 행위에 대한 감정들 자체가 완전히 부정됩니다. 군더더기 하나 없이 말이죠. 해탈을 위해서 윤리적인 행

동을 해야 한다는 그 어떤 의무나 윤리가 요구되는 것이 없다
는 말입니다.

최종덕 그럼, 자체 모순이 생기지 않나요? 윤회는 과거의 행동 유
형이 미래를 결정한다는 것이 아닌가요? 제가 너무 단순하게
이해하고 있는 것인가요? 아니면 윤회와 무주상보시가 서로 공
존하는 것인가요? 말을 하지 않아도 되는 무주상보시라는 무
기無記의 차원도 있지만, 덕을 쌓으면 내세가 좋고 악행을 하면
내세가 나쁠 것이라는 윤회의 통제력과 같은 방편의 차원도 공
존한다는 생각을 할 수 있잖아요.

심재관 불교는 그 내용을 설명하는 대상에 따라 수준을 달리해
서 설명했어요. 그러니까 이타성에 대한 내용도 그것을 듣는
대상에 따라 내용의 수준이 달라진 것이죠. 공성空性을 이해한
사람에게 윤회를 통한 도덕적 계몽의 방편이 의미 있을리 없지
요. 선생님은 윤회를 도덕적 삶과 행동을 강조하려는 종교적 규
범으로써 본다는 뜻이군요. 그리고 그런 의미에서 윤회를 방편
의 하나로 보고 싶으신 것 같아요.

최종덕 네, 그래요. 윤회는 규범을 강조하는 방편의 차원으로, 무
주상보시는 일일이 말이 필요 없는 무기의 차원으로 간주될
수 있을까요?

심재관 언젠가 한번 말씀드렸다시피, 불교의 경전 내용들은 기독
교 성경과 달리 서로 다른 맥락에서 만들어진 경전들이 함께

공존합니다. 반야경전류의 관심은 모든 존재의 연기적 관계를 설명하고 모든 존재의 본성이 공하다는 것을 설명하는 데 집중해 있어요. 그러니까 받는 자나 주는 자의 관계도 완전히 무화無化시켜 버리거든요. 그러니까 무주상보시가 강조되는 것이죠.

최종덕 다른 경전과 달리 《금강경》에서만 윤회에 대한 설명이 다르다는 뜻인가요?

심재관 아니요. 많은 대승 경전에서 이타주의에 대한 공덕과 윤회에 대한 믿음을 상당히 강조해요. 그런데 대승 초기 경전인 《반야경》에서는 공空성에 대한 주로 설명하고 있어요. 그런 윤리적 공덕심을 강조하기보다는 모든 것의 분별, 주는 자, 받는 자, 행복, 불행, 이런 상대적 관념 자체를 완전히 해체시켜 버리는 일에 몰두합니다. 예를 들어, '너 자신이 보살이라고 생각하면 너는 이미 보살이 아니다', '주는 것도 없고 받는 것도 없다'는 식으로 역설이나 부정을 통해 이타심과 이기심의 경계조차도 무너뜨리고 말죠. 한편, 다른 대승 경전에서는 예를 들어 '보시를 많이 하면 선덕을 쌓아 깨달음에 빨리 이를 수 있다'는 식으로 계몽적인 내용을 많이 담고 있어요. 일종의 깨달음으로 가는 티켓을 얻는 방법을 제시한 것이죠. 그래서 대승 경전에서도 윤리적 계몽과 인식론적 도약을 같이 중시하는 것 같아요.

최종덕 윤리적 계몽이라는 점에서 불교도 역시 종교가 되는 것이군요. 신의 존재를 설정하지 않아도 말이죠. 그런 윤리적 계몽도 인식론적 도약을 위한 임시방편으로 된다는 뜻이겠죠?

심재관 그래요. 최 선생님은 인식론적 도약이라는 어려운 말을 사용하셨는데 그것보다는 감성 훈련이라고 보면 어떨까 해요. 불교는 매우 뛰어난 형이상학도 발전시켰지만, 주된 관심은 인간의 심성을 훈련시키기 위한 여러 채널을 발전시켰어요. 만일, 타인과 세계에 대한 애정과 자비가 없다면 깨달음을 이루고자 하는 마음도 존재하기 힘들거든요. 물론 이것을 최 선생님이 인식론적 도약이라고 하신 건지 몰라도 그러한 윤리적 계몽만으로는 단순한 믿음 체계에 해당하겠지요.

윤회라는 것을 윤리적 계몽의 장치로 이해하는 건 좋지만, 마치 이것이 옛날 고대의 관념일 뿐이고 미신적인 요소라고 생각하는 것은 불교를 오해하고 있다고 볼 수 있어요. 불교가 윤회라는 장치를 통해서 어떤 역할을 하는가를 이해하는 것, 수행자들이나 신자들에게 어떤 심리적 기능을 하는가를 이해하는 일이 더 의미가 있어요. 윤회를 통해 수없이 많이 지나온 전생을 상상해 보면 친족과 친구와 동식물, 낯선 이웃들, 전혀 모르는 사회의 어떤 구성원들 모두가 한때는 나의 부모였을 수 있다는 느낌을 받습니다. 나에게 무한한 사랑을 베풀었던 부모였던 거지요. 수행자는 이런 전생의 명상을 통해 중생에 대해 자신과 동일한 존재임을 느끼고 타인에 대한 무한한 자비심을 일으키게 되지요. 이런 자비심을 토대로 깨달음을 추구하는 보리심菩提心, 불도의 깨달음을 얻고 그 깨달음으로써 널리 중생을 교화하려는 마음을 일으키게 되는 거죠. 단지 윤회가 단순히 고대 인도에서 공유했던 통념만은 아니거든요.

최종덕 그런 윤회라 할지라도, 심 선생님이 얘기한 것처럼 힌두교나 불교 내에서 종교 사회에 어떤 특정한 도덕 관념을 제시하기 위해 윤회라는 관념이 중요한 역할을 했던 것은 아닌가요?

심재관 당연히 그런 역할이 있어요. 《자타카 *Jataka*》(또는 본생담本生譚)라는 불교 문학이 있어요. 대승 불교와 함께 등장했던 방대한 문학인데요, 이 책에는 인간과 동물들이 등장하는 수많은 에피소드가 있어요. 과거의 어떤 사건이 현재에 어떻게 나타나는가를 설명하지요. 그 사건이란 것이 대부분 보시를 주제로 한 것인데, 과거에 어떤 사람이 위대한 보시나 수행을 해서 현재는 결국 이런 결과를 낳았다는 전개로 나아가지요. 예를 들어, 토끼를 탐내는 배고픈 늑대를 위해서 대신 자신의 팔을 베어 내어 준 현자의 이야기나, 강에서 난파한 뱃사람들을 위해서 자신의 몸을 던져 스스로 뗏목이 되려고 했던 사람 등의 이야기 같은 거죠. 그러니까 《자타카》는 대중들에게 전생 이야기를 통해서 도덕적 행위의 동기를 심어 주려 했던 문학입니다. 계몽 문학이라고 볼 수 있는 거죠. 그 문학의 에피소드는 윤회를 깔고 있는데, 그 윤회의 전제는 거의 무한대입니다.

최종덕 무한대라니요?

심재관 그러한 선한 행위를 한 전생들이 무한히 계속되고 쌓여야 '거의 무한대의' 최종에 가서야 결과가 나온다는 거죠. 그러니까 그렇지 않을 수도 있다는 전제가 숨어 있어요. 그런 행위를 무한히 계속해도 좋은 미래라는 것, 과거에 계속 쌓아 왔던 선업善業의 결실이 언제 올지 모른다, 앞으로 언젠가 오겠지만 언제인지 모른다, 이렇게 해석할 수도 있거든요. 그러니까 그런 거 생각하지 말고 쭉 해 오던 대로 하면 좋겠다, 이렇게 해석할 수 있는 여지가 있는 거죠. 무한히 텅 빈 시간 속에서 혼자의 외로운 여정이 계속되는 거죠. 불교에서는 이러한 기초적인 감성의 훈련도 굉장히 장구한 시간을 전제로 하거든요. 그러니까 작년에 뿌린 씨를 올해 거둔다는 정도의 현대적 감성의 전제로는 잘 이해되지 않을 수도 있어요. 윤회의 전제가 무한가능하다는 뜻은 윤회의 여정이 무한하다는 것이며 그러한 무한을 깨닫는 것은 혹독하게 외로운 여정임을 뜻하는 것이죠.

최종덕 결론적으로 말해서 깨달음은 외로운 여행이라는 말이 역시 맞는군요. 그러나 우리들은 외로움을 너무나 두려워해요. 인생 자체가 외로움에서 벗어나려는 몸부림 아니겠어요. 외로움을 피하기 위해 우리는 애인을 구하고, 가정을 이루고, 자손을 번성시키려 하고, 조기 축구회도 가입하고, 학교 동창회도 열심히 따라다녀요. 외로움을 극복하려고, 남에게 인정받으려고 필사의 노력도 하죠. 그래서 명성을 구하기도 하고, 권위를 내세우려고 인생 전체를 소비하는 경우도 흔해요. 돈에 대한 욕심도 마찬가지죠. 내가 돈을 많이 가지고 있으면 내가 남들로부터 따돌림을 당하지도 않고, 외로워하지도 않을 것이라는 착각 때문에 돈에 환장한 사회가 되어 버린 거예요. 그런데 돈은 많아질 수 있어도 외로움은 오히려 더 늘어만 가요. 자살률이 세계 최고인 한국 사회의 단면입니다. 저는 굳이 불교가 아니더라도 이런 외로움을 피하지 않고 정면으로 맞이하는 삶의

양식을 찾아내야 한다고 봅니다. 그런 사회가 소위 말하는 건
전한 사회가 되는 것이겠죠.

심재관 불교는 외로움을 회피하지 않아요. 오히려 장려한다고 봐
야겠지요. 인간의 실존적인 면모는 아주 초기 경전에서도 잘
반영하고 있어요. 본래 외로운 동물이니, 어울리지 말라는 것
이죠. 그 외로움과 마주해야 한다는 것을 노래한 경전이 바로
유명한 〈코뿔소 경전〉이에요. 《숫타니파타》라는 경전 속에 있
는 작은 시와 같은, 독립 경전이지요.

최종덕 읽어본 적 있어요.

심재관 아마 이 경전은 가장 오래된 불교 경전의 하나로 볼 수
있어요. 실제로 옛 사람이 손으로 쓴 사본의 실물이 거의 2천
년 전 것이니까요. 이게 최근에 아프간 일대에서 자작나무 껍
질 위에 카로슈티Kharosthī 문자로 쓰인 채 독립 사본으로 발견되
었거든요. 확실히 오래된 경전이지요. 그만큼 오래전에 불교인
들에 의해서 많이 유통되었던 거고, 불교 초기부터 홀로 수행
해야 하는 수행자의 운명, 아니면 고독이라는 인간 실존을 일
깨운 경전이죠. 경전이 시구로 되어 있는데, 한 대목이 이래요.
"만남이 깊으면 사랑과 그리움이 깊어진다. 사랑과 그리움은 고
통이 따르는 법. 사랑에는 근심이 따르는 법이니, 무소의 뿔처
럼 혼자서 가라." 이런 식의 시구로 쭉 이어지죠.

최종덕 제 말이 그 말이에요. 저는 불교를 잘 모르지만 생물학적

으로 볼 때, 인간은 원천적으로 외로움을 피할 수 없는 존재에
요. 외로움을 피하거나 외로움을 극복하려고 할 때 우리는 거
꾸로 엄청난 불안과 갈등을 맞게 되죠. 그 해결책은 간단해요.
피하거나 이기려 하지 않으면 되잖아요. 우리의 삶은 죽는 날까
지 외로움을 같이 안고 가야 할 거예요. 저는 불교에서 말하는
깨달음과 같은 종교적 경지에 다다를 수도 없고 그런 경지를
희망하지도 않지만, 단지 외로움을 평생 안고 가는 삶의 연습
을 하는 중이에요.

심재관 불교의 깨달음이란 철저하게 차갑고 외로운 길을 스스로
선택한 혼자만의 여정이에요. 자신의 깨달음을 남에게 전달하
기 쉽지 않아요. 단지 붓다처럼 사람마다 맞는 방편을 제시할
수는 있죠. 그 방편이란 일종의 간접적 메타포일 뿐이죠. 그래
서 내가 이미 깨우쳤다는 자만심으로 타인을 나처럼 직접 깨우
치려고 하거나 억지로 가르치려고만 하지 않으면 돼요.

최종덕 그 말은 주체적 고독이라는 말이 어울릴 법하군요. 그런
외로운 존재들이 공존하는 것을 저는 존재의 생태학이라고 말
합니다. 생태란 나와 나 아닌 모두와의 관계를 말하는 거죠. 생
태학은 그 생태계 안에 있는 개별자 혹은 개별 생명 존재들이
다른 존재에 간섭하지 않고 각자 살아가는 것입니다. 그렇게 각
자 살아가면서도 생태계의 묘한 질서를 유지하는 거죠. 저는
이런 생태계의 특성을 '차가운 공존'이라고 말하려 해요. 내가
특정한 다른 존재에 간섭하거나 다른 존재와의 관계를 도모하
기 위해 어떤 의도적인 행위를 하는 순간 그 생태계의 질서는

어지러워집니다.

심재관 멋있는 표현 같은데, 언뜻 무슨 말인지 모르겠네요. 구체적인 예를 들어 보시죠.

최종덕 일상에서 말하자면, '차가운 공존'이란 다른 사람의 다른 모습을 그대로 인정하는 일이고, 타자가 내 모습과 차이가 있다고 해서 타자를 차별하지 않으며, 다른 사람들의 행동이 자기 마음에 들지 않는다고 해서 그들을 포섭하거나 억지로 간섭하지 않으면 되는 것입니다. 그것이 바로 일상 세계에서의 생태학입니다. 생태적 관계망이란 관계를 조작하거나 의도하는 것이 아니라 나 자신의 외로움을 서로 인정하고 타인의 존재를 인정하기만 하는 가운데서 생기는 것이죠.

심재관 타자를 있는 그대로 타자의 관점에서 인정하는 그런 공존의 온도를 '차갑다'고 표현했군요. 그런데 생태학이란 원래 생물학적 개념이잖아요. 생물학적으로 좀 더 설명해 주시죠.

최종덕 생태계는 진화의 결과입니다. 생태계의 생태적 질서는 공진화의 소산물이죠. 공진화co-evolution와 헷갈리는 생물학적 개념으로 공생symbiosis이라는 개념이 있어요. 공생도 역시 공진화의 한 형태이지만 일반적으로 공생과 공진화는 서로 달라요. 작은 물고기인 흰동가리와 산호말미잘은 서로에게 보호와 먹이라는 상호 편익을 제공하면서 같이 살아요. 이런 예는 자연 생태계에서 한둘이 아닐 정도로 많아요. 실은 기생충이라고 말하는 기생 관계도 공생의 한 형태예요. 이런 공생은 분명히 쌍방 혹은 다자 간 이익과 손실을 계산해 넣은 진화의 결과죠. 그러나 공진화는 그런 공생과 달라요. 생태계 안에서 많은 개체 종들은 독립적으로 진화해 왔죠. 개별 생물 종은 개체 차원에서 혹은 유전자 차원에서 환경에 적응되어 후대로 계승되거나 혹은 적응하지 못해 사라지고 마는 그런 자연의 선택을 거쳐 진화해 온 것입니다. 생태계는 대체로 지리적 환경에 의해 정해지는 경우가 많은데, 고립된 섬이라든가 사막이나 높은 산악 지형에 의해 나뉘는 경우도 있고, 좁게는 강이나 산등성이로 혹은 음지 지형과 양지 지형으로 나뉘기도 하고요, 혹은 위도와 기후 등으로 구분되는 경우도 있겠죠. 대체로 번식과 섭생 환경에 밀접하게 연관된 것이 생태계의 특징입니다. 번식과 섭생이 생명체에 가장 중요한 요소니까요. 이런 생태계 안에 존속하는 다양한 생명 종 혹은 생명체들은 각자의 조건대로 독립적으로 진화해 왔지만, 그 진화의 결과는 서로 밀접한 연관성을 가질 수밖에 없어요. 왜냐하면, 물리적 조건이 같은 지리적 환경이 관련 생물 종들의 공통적인 진화 환경이었기 때문입니다. 결국 독립적인 생물 종들이지만 하나의 생태계 안에서 어쩔 수 없는 상관 관계를 가지고 있는 것이 생태 진화의 가장 중요한 특성입니다. 그런 생태계의 성질이 마치 인드라망의 연결망처럼 보일 수도 있겠다는 생각이 들긴 합니다.

심재관 결론적으로 말해서 생태계 안의 개체 생명들은 의도적이지는 않지만 결과론적으로 개체들 사이에서 모종의 상관성을 지닌다는 말이군요.

최종덕 네, 그래요.

심재관 와, 불교의 세계관과 생물학적 생태학의 세계관이 이렇게 같은지 저도 미처 생각지 못했어요.

최종덕 저도 마찬가지예요. 생물학적 생태계는 쌍방 간 혹은 특정 집단에서 서로에게 의존하고 서로를 보완해 주는 특정적인 공생의 공존보다는 서로에게 무관하지만 결국 서로의 존재를 인정해 주는 그런 불특정적인 공진화의 공존을 유지하고 있는 것입니다. 앞에서 말했듯이 저는 이런 공존 방식을 '차가운 공존'이라고 부르고 싶었어요. 그런 차가운 공존이 결국 불교적 의미의 공동체성이라고 생각하죠.

심재관 외로움에서 차가운 공존의 의미를 도출하신 것이군요. 그리고 이러한 차가운 공존은 주체적 고독에서 가능하다는 논증을 생물학적 생태학을 통해서 하신 것이고요. 초기 불교의 관점에서 볼 때 서로 대화가 충분히 가능한 범주라고 여겨집니다만, 여전히 메타포 차원이겠죠.

최종덕 네, 물론이죠. 메타포 차원에서 차가운 공존의 뜻은 생태학과 불교의 우주론을 서로 연결시킬 수 있다는 것입니다.

심재관 이제 우리 이야기를 정리해 보죠.

최종덕 외로워야 공동체가 가능하다는 것입니다. 그런 논증을 하기 위해 공생과 공진화가 다른 개념이라는 점을 알게 된 것은 저에게도 아주 의미 있었어요. 어쨌든 외로움을 이겨 보려고 집단을 만드는 행위는 결국 타인들을 지배하는 권력 중심으로 나타날 뿐이지 진정한 공동체와 무관하다는 것이죠. 그래서 외로움을 피하지 않고 안고 가는 사람들이 모인 그런 집단이 비로소 우리가 희망하는 생태적 공동체로 될 수 있다는 생각입니다.

심재관 오늘 저녁은 외로움을 기리는 시원한 맥주 한잔 하러 가죠.

원
형

변용이 있어서
생존한다

최종덕 고대 인도 리그베다Rigveda, 힌두교 고대 인도의 브라만교 성전聖典인 네 가지 베다 가운데 하나 등 베다Vedas, 힌두교 고대 인도의 종교 지식과 제례 규정을 담고 있는 문헌. 브라만교의 성전聖典을 총칭하는 말로도 쓰인다의 시대가 대략 언제쯤인가요?

심재관 기원전 2천 년에서 1,700년 전부터 시작했다고 보면 됩니다.

최종덕 그때는 이미 아리안 족이 들어온 상태죠?

심재관 대략 그 시기부터 들어오기 시작했다고 볼 수 있죠.

최종덕 그럼, 베다 안에 아리안 족의 흔적이 있어요?

심재관 물론입니다.

최종덕 그런데 그런 이야기가 어떻게 기록된 것인가요? 그때는 문자가 없지 않았나요?

심재관 물론 문자는 없었죠. 단지 머릿속의 기록인 것이죠.

최종덕 머릿속의 기록이라는 말이 무엇인지 잘 안 떠오르는군요.

심재관 그때는 문자가 없었고요, 그 당시에 문자를 가지고 있었던 문명은 아마 중국과 이집트 그리고 유프라테스 강 유역의 문명 정도였겠죠. 아리안 족이 인도에 들어오기 전에, 인더스 강 유역을 중심으로 인더스 문명이 존재했는데, 이들은 문자를 가지고 있었어요. 그런데 그 이후에 들어온 아리안 족은 문자를 가지고 있지 않았어요. 단지 구전을 통해서 자신들의 종교 문학을 전승했죠. 다소 이상하게 들리겠지만, 인도에서는 기원전 3세기가 되어야 겨우 문자의 증거가 나타나니까 인도-아리안들이 인도 땅에 들어온 이후로 거의 1500년 동안이나 실질적인 기록 문자가 없었던 셈이 되는 거죠.

최종덕 그러면 붓다가 활동했을 때도 문자가 없었다는 말이군요.

심재관 없었다고 보는 거죠. 붓다 시절에 문자가 있었다는 실증적인 증거가 없어요.

최종덕 붓다가 살았던 왕국의 이야기, 가족사의 이야기 등 수많은 이야기들이 역사처럼 남아 있는데, 그것들이 다 문자로 전해 온 것이 아니란 말인가요?

심재관 후대에 기록으로 정착된 것이거나, 후대에 창작된 것이라고 봐야지요. 수백 년이나 뒤에나요.

최종덕 생각보다 문자 등장이 많이 늦는군요.

심재관 기원전 3세기 아쇼카 시대 이후 돌기둥에 새겨진 왕의 포고령이 전국 각지에 세워졌고, 유적으로 남게된 그런 돌기둥의 문자 때문에 우리가 역사적으로 확인할 수 있는 최초의 인도 문자를 알게 된 것입니다.

최종덕 결국 우리 이야기 대상인 불교의 경전들, 붓다의 가르침은 문자로 계승된 것이 아니라는 뜻이군요.

심재관 그럼요. 붓다가 제자들에게 자신의 종교적 체험과 내용을 오랫동안 전달했는데, 그 이야기들이 경전의 기초가 된 것이고요. 그러나 그 이야기들이 당시의 문자로 기록된 것은 아닙니다.

최종덕 기록이 아닌 기억의 소산물이라는 것이군요.

심재관 붓다가 열반하신 후, 제자들은 붓다의 말씀이 기억에서 사라지기 전에 보존해 두어야 한다는 생각을 했죠. 그래서 제자들이 모이게 된 것입니다.

최종덕 그게 결집이라는 것이군요. 그러면 결집은 일종의 계승을 위한 중요한 계기였군요.

심재관 맞아요. 우리가 말하는 소위 1차 결집은 가섭이 주도했는데, 기억의 원천은 주로 붓다와 시간을 많이 보내던 제자 아난다에 의존했지요.

최종덕 아, 그 유명한 가섭과 아난다의 만남이었군요.

심재관 그렇죠. 아난다가 처음 자신의 기억을 말로 토해 냈던 것을 당대의 제자들이 기억하고, 다시 후대의 많은 제자들이 똑같이 따라서 암송했던 것입니다. 일종의 테이프 레코딩Tape Recording이었죠.

최종덕 암송을 반복해서 경전의 틀을 확립하게 된 것이군요.

심재관 네, 거기 모인 제자들이 5백 명이라고 치면, 결국 하나의 원본 테이프를 틀어 놓고, 나머지 5백 대의 테이프 레코더Tape Recorder로 복사하는 것이지요. 그렇게 반복적인 암송을 통해 기억을 안정적으로 복사하고 후대로 계승하여 역사를 거치면서 재생되어 온 것이군요. 그래서 모든 경전 처음에 시작하는 '如是我聞여시아문'이라는 말이 있잖아요, "이렇게 나는 들었다"는 것이죠. 여기서 여시아문의 나我란 사실 아난다예요. 그만큼 아난다의 기억 재생은 불경의 역사에서 아주 중요해요. 거의 모든 경전이 여시아문으로 시작하잖아요.

최종덕 그만큼 결집에서 아난다의 기억이 중요하다는 것인데, 그런 자리를 만든 이는 가섭과 아난다라고 하셨는데, 그들의 모임인 1차 결집 자체는 역사적 사실인가요?

심재관 1차 결집이라는 것도 역사적으로 분명한 것은 아니에요. 어쨌든 기억을 통해 불교 경전이 형성되었다는 점입니다. 그런 과정에 가섭과 아난다가 중요한 역할을 했다는 점은 그럴듯해 보이죠.

최종덕 그러면 결국 불경도 크게 보면 구전 문학의 유형이군요.

심재관 맞아요. 그 점은 불경만이 아니라 힌두교 초기 경전도 마찬가지였습니다. 문자가 없었으니까요.

최종덕 결국 암송으로 반복된 콘텐츠만 살아남은 것이군요. 그러면 문자로 언제 옮겨지나요?

심재관 당시에는 이미 페르시아 쪽의 영향을 받아서 아람어 문자가 왔을 것으로 학자들은 추측하죠. 왜냐하면 그쪽 문자 형태가 브라흐미 문자나 카로슈티 문자 같은 인도 초기의 문자와 상당히 유사하니까요. 아람어는 시리아 문자 계열로, 예수님의 말씀은 아람어로 전해졌죠. 아마도 페니키아 문자나 아람어 문자가 강력한 영향을 주었을 것으로 보는데요, 특히 아람어나 아람 문자는 4세기까지 페르시아 제국이나 근동 지역에서 링구아 프랑카lingua franca, 국제어로 사용되었기 때문에 당연히 그 언어나 문자 형태가 인도에도 영향을 미쳤을 것이고, 시간이 흐르면서 천천히 인도 문자로 형성되는 데 크게 영향을 미쳤을 것으로 봅니다. 그렇게 해서 등장한 인도 초기의 브라흐미 문자가 수세기 동안 변화하면서 현재 우리가 데바나가리devanagari라고 부르는 문자 형태가 발전된 것이죠.

최종덕 지금의 산스크리트어말이죠?

심재관 산스크리트어는 말 그대로 문자가 아니라 언어죠. 그 말을 시각적 기호로 표현하기 위해 브라흐미 문자 등을 도입한 것이라고 보면 돼요. 그것이 우리가 지금 쓰는 힌디어 문자의 원조격이 된 것이죠. 초기 브라흐미 문자에서 지금 인도의 데바나가리 문자로 발전하는 과정도 아주 오랜 시간이 걸렸고, 형태적인 변화도 많이 이루어졌지만요.

최종덕 이미 일상어로 자리 잡은 산스크리트어가 외전의 데바나가리 문자를 수용한 것이군요. 그러면 팔리어는 뭐예요?

심재관 팔리어는 일종의 다이얼렉트Dialect죠, 방언이에요. 인도 아리아어 방언 중 하나죠.

최종덕 팔리어도 데바나가리어로 쓰였겠네요.

심재관 네, 실제의 기록물들은 기원전 3세기경에 시작하니까요. 그 이전의 역사에 대해서는 우리가 이렇다 저렇다 확실하게 이야기할 수 없어요.

최종덕 실증적 역사가 없다는 말이군요. 그래도 역사는 말할 수 있잖아요. 예를 들어, 불교 이전의 자이나교의 존재를 단순히 이야기의 수준으로만 볼 수는 없잖아요.

심재관 그렇죠. 자이나교 이전 이미 오래전에 형성된 힌두교의 역사는 부정할 수 없는 현실 속 삶의 시간이었으니까요. 힌두교는 대략 기원전 2천 년경에 시작된 것으로 추론되고 있어요. 그리고 불교와 자이나교는 대략 기원전 5세기경 비슷한 시기에 등장했을 것으로 추측하죠. 자이나교가 불교보다 약간 이른 시점에 먼저 등장한 것으로 여겨지기도 하는데, 왜냐하면 붓다가 출가했을 때 방황을 하면서 만난 승려 중 한 사람이 자이나교도로 보이기 때문이거든요.

최종덕 어쨌든 구전으로 이어진 불경이 문자로 기록된 시기는 기원전 3세기 이후라는 말이 되는군요.

심재관 맞아요. 불경도 예외가 아니겠죠. 정확히 말하면 아니 정확한 실증성은 약하지만 '불경'의 문자 기록이 아쇼카 왕 때에도 이루어졌다는 확실한 증거는 없어요. 우리가 현재 가지고 있는 불경 기록의 가장 오랜 파편들은 아쇼카 왕 시기 훨씬 지나서 대략 기원전 1세기 전후의 것들이지요. 그리고 이것들은 거의 대부분 최근에 아프가니스탄이나 파키스탄 등지에서 우여곡절을 통해 세상에 빛을 드러낸 거고요. 2천여 년 전에 많은 어려움을 겪으면서 불교가 인도 땅에 자리를 잡게 되었지만, 우리가 지금 읽고 있는 불교 경전 대부분은 사실 아주 뒤늦게 쓰여졌거나 발굴된 것이죠.

최종덕 그렇게 힘들게 형성된 불교가 왜 바로 그 인도 땅에서 사라졌을까요? 저에겐 그게 가장 궁금해요. 어떻게 그렇게 흔적도 없이 인도에서 사라질 수 있었는지요. 물론 스리랑카나 네팔 등 주변 나라에서는 번성했지만요.

심재관 그 원인에 대해 간단히 대답할 수는 없을 거예요. 이슬람의 침입도 중요한 물리적 변동의 원인이었을 수 있고요, 불교를 바라보는 인도 대중들의 인식이나 힌두교의 영향, 왕조의 후원도 영향을 주었을 것입니다. 또는 반대로, 불교 교단 내부의 교학적인 변화에도 이유가 있었을 거예요.

　인도 불교 쇠퇴의 원인을 생각할 때, 저는 무엇보다 불교가 힌두교와는 성격이 다른 종교라는 점을 명심해야 한다고 봐요. 불교는 힌두교와 달리 사회적 배려가 있었기에 성장할 수 있었어요. 사회적 배려는 크게 두 가지 양상으로 나타났죠. 하나는 대중들이 불교 승려들을 크게 보시했다는 점이죠. 다른 하나는 왕과 귀족들이 지속해서 물질적 후원을 한 것이에요. 이러한 사회의 배려가 불교의 생존에 매우 본질적이었다고 봅니다. 이런 사정은 힌두교와 달라요. 힌두교는 오히려 세속적 사회 그 자체, 또는 그 사회의 운영 시스템이라고 말할 수 있을 정도로, 사회 공동체를 위한 종교지요. 하지만 불교는 태생부터 그 공동체를 박차고 나온 종교이기 때문에 대중들이 시주를 하지 않는다면 또는 국가 권력으로부터 후원은 고사하고 탄압을 받는다면, 더 치명상을 쉽게 입을 수 있는 종교라고 봐야지요.

저는 그래서 당시 인도 대중들이 불교를 어떻게 인지하고 있었는가를 파악하는 것이 중요하다고 생각합니다. 이것은 불교 학자들이 고대의 불교 문헌들을 어떻게 이해하느냐와 연관돼요. 8세기에서 12세기, 즉 전기 중세까지 불교가 동북쪽의 팔라-세나 왕조의 후원으로 마지막 번영의 말단을 보였어요. 이때까지 승려들 사이에 전승되었던 불교 철학들과 인도 대중들의 불교 이해 사이에는 서로 큰 괴리가 있었던 것 같아요. 중관과 유식 철학, 여래장 사상, 그리고 후기 밀교의 사상적 가르침은 극히 소수의 불교 승려들을 위한 것이었고, 당시 인도인 대다수는 불교와 힌두교의 차이를 크게 생각하지 않았던 것 같아요. 심지어 불교 승려들까지도 힌두교와 얼마나 달랐었는지 의문을 품을 정도지요. 소수 승려들의 교리 인식을 제외한다면, 대중들의 관점에서 중세의 인도 불교에서 나타나는 의례와 예배 형태, 상징, 도상들의 형태를 볼 때 불교와 힌두교의 차이가 희미했던 것이죠. 게다가 힌두교는 훨씬 적극적으로 붓다라는 존재를 힌두 신앙 속으로 끌어들이려 했거든요. 비슈누의 화신 중 하나로 붓다를 삼았을 정도니까요.

최종덕 불교를 포용하는 힌두교의 특성이 힌두 경전 속에서 직접 나타났나요?

심재관 그럼요. 《바가바따 뿌라나Bhagavata Purana》를 힌두 경전으로 본다면 그렇게 볼 수 있지요. 그 속에서, 말세가 되면 붓다가 등장해서 신앙심이 없는 자들을 현혹시키기 위해서 비슈누의 화신으로 나타났다고 하거든요. 물론 이런 뿌라나의 작성 시기를 워낙 추정하기가 어려워서 그렇지만, 아무리 늦어도 12세기경에서 13세기경에 완성되었다고 본다면 이미 그 전부터 힌두인들 사이에서 불교는 힌두교의 하나로 인식되었다고 볼 수 있겠지요.

최종덕 인도에서는 불교도 결국 힌두교로 흡수되었다는 말이군요.

심재관 네, 적어도 대중들은 그렇게 인식했을 가능성이 높지요.

최종덕 문화적 배경이라서 너무 추상적인 이유인 것 같아요. 좀 구체적인 원인들이 있을 텐데요.

심재관 물론 좀 더 구체적인 이유가 있었을 수도 있어요. 그렇지만, 불교의 소멸에 대해서 확실한 역사적 단서들을 가지고 있지는 않습니다. 불교만이 아니라 인도 땅의 모든 종교가 왕실의 후원을 얻지 못했거나 아니면 대중들로부터 호응을 받지 못하고 괴리가 된다면 당연히 그 종교는 점차 위축되거나 결국 사라졌을 겁니다. 불교의 경우 아마 일차적으로 대중들과 괴리가 있었을 것으로 생각되고요.

최종덕 불교가 대중에게는 좀 어려운 종교였으리라는 추측이 가능하군요.

심재관 사실 지금도 불교가 대중들에게 이해하기 수월한 종교는 아니라고 생각합니다. 불교의 가르침을 짧고 쉽게 보여 주는 단일한 경전도 없고, 있다고 해도 그 언어의 깊이에 도달하기가 수월하지 않거든요. 일차적으로 불교 경전의 내용은 거의 다 전문적 수행자들을 위한 내용들이라고 봐야 합니다. 따라서 뭔가 불교적 사상의 본질을 이해하는 폭도 사람마다 다양하다고 보입니다. 제가 언젠가 캄보디아 스님을 만나서 오랫동안 얘기를 나누다가 다소 놀란 적이 있는데, 그때 불교만의 고유한 교리가 무엇이냐고 물어본 적이 있어요. 그랬더니, 곧장 '윤회론'이라고 답하더군요. 그건 인도에서 기원한 종교들의 공통된 특징이었는데도 말이죠. 어쨌든 불교의 사상적 발전은 붓다 이후로 계속 발전해서 중관 철학과 유식 철학까지 이어졌는데, 이러한 철학은 정말 소수의 천재적인 승려들의 산물이었다고 봐요. 그만큼 깊이 있고 어려워요. 당시의 인도 대중들이 이것을 접했다고 생각하지 않습니다. 3세기에서 6세기에 이르는 동안 중관 철학과 유식 철학이 등장하는데, 이 시기에 인도 불교가 사상적으로 가장 높은 수준까지 도달했으면서도, 동시에 대중들로부터 불교가 괴리되는 단초가 시작되지 않았나 하는 생각이 들어요. 왜냐하면, 사상적으로 절정에 이른 교학을 대중들과 공유할 수는 없었을 테고, 아마도 지금 막연한 추측에 지나지 않지만 다른 방식으로 불교 승려들은 대중들에게 다른 가르침을 전했을 것이라고 생각합니다. 유식보다는 훨씬 평이한 내용으로 불교를 대중에게 전했을 것이라고 생각합니다.

최종덕 유식론은 지금도 역시 어려워요. 그 당시 대중들도 얼마나 어려웠겠어요.

심재관 유식론이 상당히 조직적이고 세련된 철학이긴 한데, 그런 불교 철학의 발전이 오히려 불교를 대중의 종교가 아닌 승려만의 종교로 만든 것이라고 평가되기도 해요. 소수의 승려와 지식인 계층은 그들이 철학을 성공적으로 수행했을지 모르지만, 그 철학을 대중에게 알리고 대중들에게 충분히 공감하도록 하는 데에는 성공적이지 못했죠.

최종덕 그렇다면 승려의 불교와 대중의 불교로 이원화되어 있었다는 뜻인가요?

심재관 당시 불교 안의 괴리가 어디까지인지 자세한 실증 자료는 부족해요. 인도 중세 당시에 불교의 신앙이 어떠했는가를 알려주는 내용은 상당히 희소하거든요. 그렇지만 금석문 등에 나타난 것을 보면, 불탑을 많이 조성하면 큰 복을 받는다든가 하는 불탑 조성 신앙이 강조되기도 했고, 특정 다라니주문를 외우고 하면 복과 소원을 얻을 수 있다는 등의 기복 신앙이 보이고 있어요. 이런 걸 보면, 승려들만의 철학적 발전과는 별개로, 대중들의 불교 신앙 형태에서 다소 차이가 있지 않았나 생각됩니다.

최종덕 어떤 종교를 믿는 집단이 번성하면 그 종교도 따라서 존속력이 높은 것이고, 그 종교를 믿는 집단이 줄어들면 결국 그 종교도 없어진단 말이죠. 이런 생각을 그대로 불교에 적용하면 불교가 아무리 좋은 철학과 교리를 갖고 있는 종교였다고 치더라도 대중들에게 현실적인 도움이 안 되었기 때문에 불교가 사라진 것이라는 결론에 이르게 되는군요. 이런 논리가 맞나요?

심재관 글쎄요, 아마도 거기에 불교의 딜레마가 들어 있는 것 같아요. 승려들 내부에서는 굉장히 진보한 철학이 있었던 반면에, 불교와 일반 대중들의 만남은 이러한 교리적인 차원보다는 그들의 세속적인 요청에 부응하는 방향으로 나아갔을 겁니다. 그렇게 하지 않았다면 불교의 장래가 녹록지 않았을 테니까요. 왕실과 대중들의 후원도 불교의 존립을 위해 매우 중요했을 거예요. 그런 점에서 저는 기복적 욕망에 대해서 불교가 대중들에게 줄 수 있었던 해결책은 힌두교가 제시하고 있는 것과 크게 차이가 없었을 거라고 봐요.

최종덕 그럼, 불교가 양다리를 걸쳤다고 보는 편이 좋을까요?

심재관 하하. 그럼요. 저는 그렇다고 봐요.

최종덕 그러니까 고행자이자 수행자로서 승려들은 자신들이 지켜야 했던 윤리와 철학이 따로 있었고, 반면에 대중들에게는 그들의 세속적 행복을 위해 그들에게 장려했던 차원의 기복적 종교의 면모 두 가지가 있었다는 말이군요.

심재관 물론 지금처럼 승려들마다 차이는 있었을 겁니다. 어떤 스님들은 복 받으려면 부적 써 가지고 가라는 분도 있고, 또 어떤 스님은 불교는 그런 게 아니니 그런 복 찾으려면 점집에나 가고 대신 불교인이 되려면 수행하라는 분이 있는 것처럼요. 아마 그때도 그렇지 않았을까 해요. 그런데 그런 양다리 작전을 쓸 수밖에 없었던 것이, 모든 세속인들에게 승려들의 철학과 윤리를 강요할 수 없는 게 당연하잖아요. 수행자들처럼 부를 축적하지 말라거나 섹스를 멀리하라는 말을 대중에게 할 수는 없잖아요. 물론 깨달음을 추구하는 수행자들이 풀어가야 할 무상함과 무집착이라는 불교의 근본적인 철학이 우선이었겠지만요.

최종덕 아니, 그런 건 힌두교나 불교 다 마찬가지 아니에요? 당연히 수행자의 윤리를 세속인에게 강요할 수는 없는 것이죠. 불교가 승려 자신들의 법도가 아니라 대중들을 위한 기복을 제공했다고 하더라도, 그것이 힌두교의 그것과 유사하다고는 할 수 없지 않나요? 뭔가 차이가 있었겠죠.

심재관 그렇지요. 아마 대중들을 위한 기복 중심의 윤리관의 차이도 저는 불교가 인도 땅에서 기반을 잃어 가는 중요한 이유라고 봐요. 불교가 철저한 무소유나 불살생 등의 교리를 장사하는 사람이나 정치인에게 요구했을 리는 없었겠죠. 그럼에도 불구하고 불교가 제시하는 윤리적 관점이 세속의 인간들에게는 불편했을 것이라 생각해요. 그렇기 때문에 세속인들은 더 쉽게 자신들의 욕망을 적극 후원해 주고 정당화해 주는 힌두교의 편에 섰을 것이라 생각합니다. 힌두교는 마치 유대교처럼 집단 공동체의 생활 율법이 더 강력하게 작용할 뿐만 아니라 일반신자들의 실생활에 더 밀착되어 있어요. 관혼상제의 의례 같은 것에요. 그러니 초세간적인 윤리와 수행에 충실한 불교보다는 대중적 기반이 더 확실해질 수 있는 것이지요.

최종덕 윤리적인 서비스 기관으로써, 불교가 힌두교에게 밀렸다는 말이군요. 그런데 힌두교나 불교 모두 불살생이나 비폭력 같은 것을 강조하지 않았을까요? 적극적으로는 아니더라도. 어디서 차이가 나서 불교가 대중의 기반을 잃었다는 건가요?

심재관 가령, 폭력을 생각해 보면 정치적으로 불안한 시기에 왕에게 더 어필할 수 있는 윤리는, 막연한 비폭력이나 타협의 윤리보다는 무력의 행사를 정당화하는 윤리가 더 적당하겠지요. 곁에서 지방 영주들이 반란을 꾀하고 있는데 화합과 통합만을 이야기할 수 있는 건 아니잖아요.

최종덕 그럼, 인도에서 불교 기반이 무너지기 시작한 것은 시기적으로 정치적으로 불안했던 때인가요?

심재관 불교의 사회적·정치적 기반이 항상 유지되어 오다가 어떤 시기에 일시적으로 와해된 것은 아니지요. 거시적으로 보면 와해되고 유지되는 시기가 반복되었을 뿐 아니라 지역적으로도 다를 수 있으니까요. 사상적 발전도 사회적 기반과 무관할 수 있어요. 한편 불교가 유식 철학이 체계화되고 논리학도 발달된 5~6세기에는 정치적으로는 안정적이라기보다는 불안하고 중소 왕국들이 난립하던 시기였어요. 왕조들도 그리 오래가지 못하고요. 불교 후원자들의 기반은 안정된 통일 왕조에서 재미를 봤던 무역상들이었는데, 국제 무역 경로가 와해되면서 이들이 큰 타격을 받았습니다. 즉 불교의 민간 후원자 그룹이었던 상인들이 더 이상 불교 승려들을 지원할 수 없었던 것이죠. 그 후에 아마 불교의 지지 기반층이 왕실로 한정된 것이 아닌가 하는 생각도 하거든요.

최종덕 어쨌든 심 선생님은 그런 분열된 중소 왕조들 사이에서 평화와 협력의 윤리보다는 그들의 폭력과 전쟁의 윤리를 정당화하는 윤리가 더 선호되었고, 그러한 윤리 서비스 경쟁에서 불교가 힌두교와의 경쟁에서 밀렸다는 이야기지요?

심재관 힌두율법이나 윤리관이 폭력을 옹호한다고 이야기할 수는 없겠지요. 말씀드린 것처럼, 기본적으로 불교는 출가자의 종교고 힌두교만큼 세속적인 윤리에 대해 구체적이지 않아요. 인도에서 불교가 없어진 이유가 하나둘로 이야기할 수는 없겠지만, 기존의 힌두교와 경쟁에서 좀 힘들었을 거라고 봐요. 대중적 지지 기반을 많이 잃을 수밖에 없는 여러 이유 중 하나겠지요.

최종덕 인도에서 불교가 사라진 것이, 힌두교와 유사해진 이유도 있지만, 힌두교와의 경쟁에서 지지 기반을 잃은 것도 그 한 이유라는 말이군요. 이슬람의 영향은 더 크지 않았나요?

심재관 9세기에 들어오면서 무슬림들의 유입이 본격화되고 불교는 두드러지게 쇠퇴의 길로 들어가죠. 그 이전에 이미 불교의 영향력은 인도의 변방, 주변부에 주로 남아 있게 됩니다. 10, 11

세기가 되면 이슬람이 인도의 많은 지역에 영향력을 행사하게 됩니다. 기존의 힌두교의 영향은 말할 것도 없고요.

최종덕 그러면 12세기경부터 불교는 없어지는 중이거나 이미 없어진 상태라고 봐야 하네요.

심재관 그렇게 봐야 되죠. 12세기쯤 되면 벌써 인도 동북부인 벵골 지역에만 불교가 아주 조금 남게 되죠.

최종덕 인도에서는 불교가 없어졌지만, 오늘날 네팔이나 스리랑카에서는 불교가 계속 지속해 왔잖아요. 거꾸로 추적을 해서 네팔과 스리랑카의 불교 문화를 분석해서 인도에는 없었지만 네팔에는 있었던 그 무엇을 추적하고 찾아내면 인도 땅에서 불교가 없어진 이유를 추측할 수 있지 않겠어요?

심재관 맞아요. 그 답은 아마 간단하게 내릴 수 있어요. 그 차이는 불교를 보호하려는 왕권의 의지나 그에 기반한 대중들의 후원이 있었느냐 없었느냐의 차이일 것입니다. 아마도 이교도나 이민족의 침입과 탄압이 아니라면, 그 종교를 대하는 왕조의 의지겠죠.

최종덕 그럼, 왕권의 권력이 제일 중요하다는 말이군요.

심재관 현실적으로 왕실의 후원과 지원이 종교에 미치는 영향이 가장 크지요. 승려가 무슨 돈이 있었겠어요? 무슨 권력이 있었

겠어요? 예를 들어, 사원을 하나 짓고 불상을 하나 세우려고
해도 왕권의 지원 없이 승려가 직접 한다는 것은 생각할 수조
차 없죠.

최종덕 왕권의 지원이라는 점에서 네팔 사람과 인도 사람의 차이
가 뭐가 있나요? 그렇게 왕권의 지원이 결정적인가요. 네팔 이
야기를 좀 들어보고 싶어요.

심재관 아니, 우리가 지금은 마치 네팔과 인도가 딴 나라처럼 알
고 있지만, 인도 땅에서도 수많은 왕조가 있었고, 네팔도 그랬
잖아요. 지금의 네팔과 인도는 과거에 동일한 종교와 언어를
사용하던 왕조들일 뿐이죠. 문화적으로 네팔은 종교와 언어를
인도와 공유하고 있다고 보는 편이 좋아요.

최종덕 그렇지만 언어가 서로 다르잖아요?

심재관 그래요. 그렇지만 인도 전체를 보면 수많은 언어들이 있는
데, 네팔어도 그중 하나인 거예요. 네팔어는 인도-아리아 언어
가운데 하나거든요.

최종덕 아, 그러면 일종의 방언이네요.

심재관 그럼요. 네팔 사람들이 북인도에 가서 말하면 인도 사람들
도 다 알아듣고, 인도 사람도 네팔 가서 말하면 서로 대충 다
알아들어요. 그러니까 문화적으로 서로 다른 데가 아니라는

거죠. 네팔은 의식주에서 거의 북부 인도와 같다고 보시면 돼요. 지금은 서로 다른 나라로 지도상으로 국경선이 그어져 있지만요.

최종덕 좋아요. 그런데 왜, 어떻게 네팔에서는 불교가 살아남았냐는 거죠.

심재관 그건 네팔 지역이 가지고 있는 특별한 성질이라고 보이는데요. 물론 이슬람의 영향이 적은 지리적 영향도 있겠지만, 네팔은 전통적으로 불교와 힌두교의 통합적 특색이 잘 나타나는 곳입니다. 지금도 그렇지만, 불교와 힌두교 사이의 구분이 그렇게 분명하지는 않아요. 그러니까, 힌두교의 외피를 입고 존속해 왔다고 보는 편이 좋을 듯합니다. 네팔의 고전기와 중세에는 각각 리차비 왕조와 말라 왕조가 들어서는데, 특히 말라 왕조 때에 불교와 힌두교가 완전히 혼용되는 시기거든요. 이런 종교 혼합의 과정을 통해 지금의 네팔의 땅에 불교가 존속해 온 것이지요. 그렇지만 12세기 이후에 인도 땅에는 무슬림들이 거의 인도 동북부까지 장악하지 않습니까? 무슬림들이 14세기경에 네팔 땅에도 들어오지요. 그렇지만 네팔에서는 무슬림의 세력이 그렇게 강력하지는 않았어요. 네팔의 카투만두 분지만 보더라도 외부에서 쉽게 접근할 수 없는 지형이니까요. 간단히 말씀드리면, 네팔 땅에 불교가 건재한 이유는 힌두교라는 외피를 입고 있어서 가능했던 것이고, 또 하나는 이슬람의 영향이 크게 미치지 못했기 때문이라고 생각해요.

최종덕 정말 간단하네요.

심재관 인도에서도 마찬가지예요. 앞서 말했던 벵골 지역은 팔라-세나 왕조가 통치했는데, 팔라-세나 왕조는 마지막까지 이슬람 왕조에 항거했던 세력이었죠. 그래서 거의 12~13세기까지 불교가 수호되었어요. 힌두교의 옷을 많이 입었지만요.

최종덕 제가 아는 인도인 교수 한 분이 계셨는데, 그분은 한국의 한국학 대학원 한국문화학과 소속이었던 모한Pankaj Mohan 교수예요. 모한 교수가 2014년 말에 인도의 신생 대학으로 옮겨가셨거든요. 그 대학 이름이 뭐더라, 그쪽 어디라고 들었는데……

심재관 저도 모한 교수를 알아요. 모한 교수는 새로 재건 중인 날란다 대학으로 가셨어요. 바로 그 날란다 대학이 인도 불교 마지막 수호지였던 벵골 지역에 있었어요. 지금 비하르 주인데, 물론 옛 벵골 지역은 지금의 비하르 주도 포함하니까요. 날란다 대학은 인도 중세까지 마지막으로 남아 있었던 굉장히 유명했던 불교 대학이었죠. 당시에는 아시아 전역에서 불교 공부를 하러 유학을 오던 매우 유명한 대학이었는데, 이슬람의 침입으로 잿더미로 변해 버렸죠. 이미 사라진 천 년 전 대학의 명성을 살리기 위해 최근 국제적인 협력 펀드가 조성돼서 새로 날란다 대학이 세워지고 있어요. 당시에는 아시아 전체를 통 털어서 가장 큰 국제적인 대학이었으니까요. 이 옛날 대학 재건에 아마르티야 센을 포함해서 상당히 많은 저명 지식인들이 관여하는 것으로 알아요.

최종덕 그럼, 날란다 대학이 있었을 때는 불교가 흥했을 때군요?

심재관 예, 그러나 12세기경에 그렇게 명성 있는 대학도 이슬람의 파괴로 없어졌죠. 당시 그 대학에서 공부하던 승려들은 참수당하거나 다른 지역으로 흩어진 거죠. 대학에 보관되었던 경전은 모두 불태워졌고, 대학 건물은 모두 파괴되었죠. 지금은 그 땅에 날란다 승원의 흔적은 조금 밖에 남아 있지 않아요. 일부 벽돌 건축물의 흔적만 좀 남아 있는데, 거기서 조금 떨어진 곳에 새로 작은 대학 건물을 세운 것이에요.

최종덕 당시 인도의 날란다 대학은 우리 조선조 유생을 키우던 성균관과 같은 역할을 했던 곳이었군요. 그러면 그런 대학이 없어졌다는 것은 불교의 정신도 없어진 것 아니겠어요?

심재관 불교가 크게 타격을 입은 건 사실이죠. 당시 날란다 대학은 최소 6백~7백 년 이상 승려들을 배출했던 대표적인 교육기관이었기 때문에 그 영향력은 대단했어요. 날란다 대학은 지금으로 말하면 총림이었겠지요. 사원과 교육 기관이 결합된 형태의 총림이요. 7세기경에 이 대학을 방문했던 현장의 기록에 따르면 당시에 대략 1천 5백여 명의 승려들이 교수로 재직하고 있었는데, 이들이 앞서 말했던 부파 불교部派佛教, 석가모니 입적 뒤 백 년부터 수백 년 사이에 원시 불교가 분열을 거듭해 20여 개의 교단으로 갈라진 시대의 불교. 독자적인 교의敎義를 전개하여 뒤에 유식 사상唯識思想의 성립에 중요한 역할을 했다.의 철학들이나 중관 유식 등의 철학을 가르쳤다고 하니까 그 규모를 짐작할 수 있을 것 같아요. 물론 이런 것이 얼마나 신빙성 있는지는 별개로 하고요.

최종덕 그만큼 날란다 대학의 존재는 불교의 명성이 엄청났다는 것을 말하는군요. 그리고 그런 대학의 위상도 당대 왕권의 보호를 받지 못해서 사라졌다는 이야기고요.

심재관 네, 날란다 대학만이 아니라 근처에 유사한 규모의 비끄라마실라나 오단따뿌라 같은 대학들도 있었는데, 그것도 날란다와 비슷한 운명에 의해 사라지게 됩니다. 비끄라마실라 대학의 경우는 밀교 교육 기관으로 유명한 곳이었는데, 최근에 이곳도 발굴과 함께 재건 계획을 가지고 있어요. 밀교 연구가 최근에 활발히 진행되어서 더 주목되는 곳이기도 하고요. 그런데 파괴된 것이 이런 대학뿐이겠어요? 불교의 대표적인 유적인 불교탑이나 불상들도 마찬가지예요.

최종덕 인도에 아직 불교 유적이 아직 남아 있나요?

심재관 비교적 많이 남아 있어요. 오래된 유적으로 기원전 3세기경부터 처음 조성되기 시작한 산치탑을 들 수 있고, 또 그 후에 조성된 아잔타 석굴 같은 걸 들 수 있지요.

최종덕 아잔타 석굴이 모두 불교 석굴인가요?

심재관 불교 석굴이죠. 돌산의 경사면을 파고 들어가면서 석굴을 수십 개 만들었는데 대략 돌산의 길이가 거의 1킬로미터 정도

되지 않나 싶어요. 물론 한 번에 건축된 것이 아니라 세대에 걸쳐 누적된 양식이죠. 기원전 2세기부터 한 기원후 7세기경까지 볼 수 있지 않을까 해요. 불교만의 유적이라는 개념이 인도에서는 좀 약해요. 석굴을 불교도들이 주도해서 만들었지만 나중에는 그 석굴을 그대로 보전한 채, 힌두교가 사원으로 사용하기도 하죠. 아잔타에서 멀지 않은 곳인 엘로라인도 서부 마하라슈트라주州 아우랑가바드의 북서쪽 약 25킬로미터에 있는 지역이다. 고대명 엘루라Elūra는 고대명으로, 현재는 베룰레Verule라고 부른다에 가면 그런 석굴이 있어요. 본래 불교 사원이었는데 힌두 사원으로 변모한 석굴도 있지요. 그 정도로 인도 땅에서는 불교와 힌두교가 서로에게 유연했어요. 결국 불교가 힌두교에 흡수되었지만요.

최종덕 우리 대화를 과거에서 오늘의 이야기로 넘겨볼까요? 심 선생님은 요즘도 여전히 방학 때마다 네팔이나, 인도, 파키스탄 대학에 자주 체류하시는데 무슨 일을 하시는지 궁금해요.

심재관 고대 인도 지역에 그 많았던 책들이 있지 않습니까. 고대 인도 옛날 책들은 우리나라 고서와 다르게 종이로 되어 있지 않아요. 동아시아와 다르게 고대 인도에는 종이 문화가 발달하지 않았기 때문에 모든 문헌이 종이 대신 나뭇잎에 기록되어 있어요. 야자 잎을 철필로 긁거나 그 위에 잉크를 찍어서 만든 책이었죠. 후대에는 물론 종이책이 나오지만요. 저는 그쪽 지역 대학이나 고문서실에 머물면서 그런 책들의 필사본을 연구하는 작업을 해 왔어요.

최종덕 와, 대단하군요. 외국인이 그런 작업을 할 수 있게 허락이 쉽게 나오나요? 대학 도서관 등 고문서 수장고에 들어가려면 허가가 있어야 할 것 아니에요?

심재관 물론 신청 단계가 있지요. 경우에 따라 출입이나 열람 신청 자체가 불가능한 곳도 있어요. 때로 출입이 쉽지 않아요. 여러 가지 인간관계들에 부딪히기도 하죠. 그래도 웬만하면 다 할 수 있어요. 어떤 대학의 예를 들어 볼게요. 거기서 수장고 출입 허가는 까다로워요. 문서 보관 체계가 매우 관료적이기 때문이죠. 서고 출입 신청서를 사서에게 제출하면, 도서관장 결재를 직접 받아오라고 해요. 2~3시간 기다려 도서관장을 만나면, 이제 교무처장 허락을 받아오라고 하는 거예요. 다시 몇 시간을 기다려 교무처장을 겨우 만나는 순간인데, 이제는 오늘 업무 끝났으니 내일 오라는 거죠.

최종덕 정말 답답하겠군요.

심재관 답답하죠. 꾹 참고 다음날 아침 교무처장실 앞에 가서 기다리고 있으면, 교무처장을 겨우 만나요. 그러면 그는 허락 사인을 해 주긴 해야겠는데, 그때부터 장황설이 이어져요. 어디서 왔는지, 왜 왔는지, 호텔 생활 지내기는 어떤지, 실은 작년에 다 말한 거라서 그도 저에 대한 정보를 다 알고 있는데도 불구하고 다시 시작되는 거죠. 이런 대화를 한두 시간씩 하는 거예요. 어떤 기관은 아예 건물 사진도 찍지 못하게 하는 경우도 있어요.

최종덕 이유가 뭔가요?

심재관 기관마다 다르겠죠. 그런데 그런 의사 결정이 이루어지거나 바뀌는 데는 상당한 절차와 시간이 걸린다는 거예요. 다소 관료적이라고 할 수 있어요. 말단 담당 직원도 정확한 이유를 몰라요.

최종덕 일반 사람들도 그렇다는 말인가요.

심재관 아니에요. 그러나 일반 사람도 그런 자리에 오르게 되면 그렇게 돌변하는 것 같아요. 어떤 경우는 서고의 열쇠를 여러 사람이 나눠 갖는 경우도 있어요. 그래서 그 사람들이 다 모여야 서고문을 열 수 있게끔 하지요. 인도도 그렇지만, 파키스탄, 아프가니스탄도 그런 경우가 있어요. 그 이유는 문서 보안을 위해서예요. 잠금 쇠를 잠그는 자물 통의 키가 여럿이고 모양도 다 다르기 때문에, 한 사람이라도 오지 않으면 골치 아프죠. 아프가니스탄 박물관에서 이런 식으로, 탈레반 정권 때 유물을 지켜낸 경우가 있어요. 인도에서도 이런 방식이 존재해요.

최종덕 문서의 보관 상태는 어떤가요?

심재관 보관 상태는 괜찮아요.

최종덕 조선 말기 유럽인이나 일본인들이 우리 문서들을 많이 가지고 갔잖아요. 그런 식으로 문화재 유출 문제는 없나요?

심재관 19세기 때 유럽인이 유출해 간 고문서들은 엄청 많아요. 방대한 양의 아시아 고문헌들이 영국의 런던 옥스퍼드, 케임브리지 도서관에 수장되어 있죠. 일본이나 미국의 도서관에도 그 양이 상당해요. 그래도 아직은 인도나 네팔, 파키스탄 등 자국 내 수장고에는 막대한 양의 문서들이 보전되어 있어요.

최종덕 네팔의 아카이브 상태는 어떤가요?

심재관 네팔은 고문서 아카이브 보전을 위해 1970년 대 중반에 네팔 정부와 독일 정부 사이에 아카이브 보전 협약을 맺었어요. 그동안 30년도 넘게 독일 팀은 네팔 연구팀과 공동으로 고문헌의 마이크로필름 제작을 완성했어요. 이 공동팀은 산간 지역의 사원에 있는 희귀 문서에서부터 개인 소장의 문서까지, 전국에 흩어져 있을 것을 조사하고 정리했죠. 이렇게 제작된 마이크로필름이 네팔 내셔널 아카이브에 저장되어 있어요. 물론 독일도 사본을 가져갔죠.

최종덕 그 대신은 독일은 네팔에 무엇을 준 것이죠?

심재관 보전 자체가 중요하지만, 제작에 사용했던 장비 등을 모두 네팔 정부에 이전했죠. 그리고 보관은 독일 베를린 국립 도서관에 한 벌, 네팔 국립 도서관에 각각 한 벌씩 보관한 거죠. 그런데 네팔하고 독일 연구자만 이 자료에 접근할 수 있어요. 만약 네팔과 독일인이 아닌 외국인, 예를 들어 저나 프랑스 학자가 이 문헌을 연구하려면, 한 장당 몇 만원씩이나 하는 비용을 지불해야 하죠. 저도 몇 십만 원인가를 내고 몇 번 문헌실 복사를 한 경험이 있어요. 복사 신청은 독일이나 네팔에 할 수 있죠. 그리고 외국 연구자로부터 독일이 받은 돈은 독일이 갖는 것이 아니라 네팔 정부에 이관해 줘요.

최종덕 네팔에도 문헌 연구자가 많나요?

심재관 네, 네팔 대학 안에도 자기들 문헌 연구하는 학자들이 있죠. 산스크리트어 연구하는 학자들도 있고요. 이런 아카이브 구축을 통해서 국제 연구자들이 안심을 한 것 같아요. 지진 등의 피해에도 디지털 아카이브가 있으니까요.

최종덕 엄청난 프로젝트였군요.

심재관 맞아요. 정말 국가적인 사업이면서도 나아가 국제적인 연구 사업이기도 해요.

최종덕 그러면 심 선생님은 디지털 아카이브로 접근하나요, 아니면 원본으로 접근하나요?

심재관 원본을 사진 찍어 놓은 게 디지털 아카이브니, 둘 다 활용하죠. 때로는 문서의 물리적 형태가 중요할 때가 있고, 어떤 때는 단지 문서의 내용이 중요할 때가 있으니까요.

최종덕 그러면 보존에 예민한 이파리 문서를 어떻게 다루시나요?

심재관 야자 잎이나 자작나무 껍질로 만든 문서들이 있어요. 자작나무 껍질의 경우 건조시켜 사용하는데, 부서지기 쉽고 환경 조건에도 민감하기 때문에 지금은 많이 남아 있지 않아요. 해안 지역이나 인도 남부 지역은 주로 야자 잎을 많이 사용했어요. 야자 잎을 재단하고 삶은 뒤 잘 말려서 철필로 긁어내고 잉크를 묻혀서 닦아내면 책이 되는 거죠.

최종덕 제본을 해야 책이라고 할 수 있잖아요.

심재관 물론이죠. 야자 잎 문서는 길면서 폭은 작아요. 그 안에 빽빽하게 5~6줄씩 문자가 쓰여 있죠. 그리고 그 뒷면에도 그렇고요. 그런 낱장들은 각각 구멍이 있어서 그 구멍을 이용하면 하나의 책이 만들어져요. 구멍에 줄로 묶어 단단히 고정시키는 거죠. 구멍을 맞대어서 끈으로 바인딩하고 양면에 하드 케이스를 씌우죠. 그러면 훌륭한 책이 되는 거예요.

최종덕 부스러지지 않을까요?

심재관 그래서 하드 케이스에 딱딱한 나무판을 다시 아래위로 대죠. 그런 다음 끈을 당겨서 조이고 팽팽하게 묶는 거예요.

최종덕 와, 엄청나게 공을 들인 거군요.

심재관 야자 잎 서너 장에 앞뒤로 글을 쓰려면 종일 걸려요. 그런데 책들이 분량이 많은 건 2백~3백 매 정도고, 얇은 책도 보통

30~60매 정도 되니까, 그 정성은 말할 것도 없죠. 그런 책들이 인도에, 네팔에 파키스탄에 많이 남아 있는데 그런 것들을 만나러 방학 때 가죠.

최종덕 그런 문헌들이 도서관에 수장되어 있나요?

심재관 네, 중요한 큰 대학의 도서관마다 그 지역에서 발견되고 수집된 필사본들을 보관하고 있죠. 물론 국립박물관이나 국립문서실에도 있고요. 주마다 거의 박물관이 있는데, 어떤 주는 수만 권의 필사본이 있어요. 제 기억으로 오리사Orissa, 인도 동부, 벵골 만에 면하여 있는 주가 보관 상태나 그 양으로 굉장했던 기억이 있어요.

최종덕 그러면 그런 문헌들의 역사를 확인할 수 있나요?

심재관 네, 가능해요. 왜냐하면 문자 형태가 상당히 다양한데요, 각각의 문자 형태는 시대에 걸쳐서, 그리고 지역에 따라서 다양하게 변해 왔어요. 그래서 그 문자 형태의 지리적 상관성을 비교하고, 또한 언어적인 특성을 비교 분석해서 기록의 역사를 추정할 수 있어요. 물론 문서 뒤에 남긴 간기刊記라고 하는 흔적에 많이 도움을 받아요. 문헌을 완성한 후 책 말미에 이 책의 저자 소개나 도움을 준 사람의 이름이나, 비문의 경우라면 탑을 세우게 해 준 후원자의 이름이 새겨지기도 하고요. 이런 간기를 통해 생성 연대를 추정할 수 있죠. 조선 시대의 문헌도 비슷하죠.

최종덕 '간행에 부치는 글' 정도로 간기를 이해하면 되는군요. 다른 문헌에도 대부분 간기가 되어 있나요?

심재관 힌두교의 경전이나 불경도 마찬가지로 간기를 적고 있어요. 물론 간기가 없는 경전이 훨씬 많지만요. 실제로는 간기가 남아 있는 경전이 그렇게 많지는 않아요. 간기가 없는 경우에는 문자 형태나 언어적 유형을 비교해 대략 언제쯤 썼을 것이라고 추정을 할 뿐이죠.

최종덕 지금 말한 경전은 불교 경전을 얘기하는 거예요?

심재관 힌두 경전도 다 마찬가지죠.

최종덕 결국 심 선생님의 전공은 단순히 고대 불교가 아니라 고대 인도 사상이라고 하는 게 낫겠군요.

심재관 저는 원래 불교가 전공이 아니라 오히려 힌두교죠. 고대 힌두 베다 문헌들이나 뿌라나purāṇa 문헌들을 주로 공부했지요. 그런 문헌과 간접적으로 연관되는 별도의 사본학이라는 분야가 있어요. 필사본학, 매뉴스크립톨로지 혹은 코디콜로지라고 하는데, 그런 문헌을 다루는 사본학이 있죠. 저는 그런 쪽 연구를 진행해 왔죠. 물론 사본학 연구는 고대 이집트 연구나 고대 로마, 그리스 연구자에게도 마찬가지 방법론이 적용되는 영역이죠. 고문헌을 하려면 우선 문자 해독이 먼저 필요하겠죠.

최종덕 선생님 이야기를 들으니 〈인디아나 존스〉 영화가 떠오르는 군요. 정말 흥미로워요. 요즘 자주 가시는 대학은 어딘가요?

심재관 네팔의 내셔널 아카이브에요. 네팔 국립 고문서실에는 불교 경전과 힌두 경전도 상당히 많지만, 이슬람 경전도 있어요. 여러 가지 종교 문화가 혼합되어 있음을 보여 주는 곳이죠.

최종덕 구체적인 연구 내용이 궁금해요.

심재관 요즘의 저 개인적인 연구 분야는 신화 문헌입니다. 예를 들어 고대 힌두의 한 신화 문헌이 있으면, 그 필사된 사본들로부터 그것의 모본이 된 원형의 고문서를 추적해 보는 일입니다. 옛날 이런 문서들은 인쇄본이 아니라 사람 손으로 쓴 필사본이기 때문에 최초의 원형 형태로 남아 있는 경우가 드물어요. 문제는 누가, 언제 그 문헌을 작성했는지 여전히 분명하지 않다는 점입니다. 예를 들어, 고대 중국에 논어, 장자가 있었지만, 판본이 시대마다 다르고, 실제의 원본인지 불확실하기도 하죠. 필사를 다시 필사하는 과정에서 변형이 되기도 했을 것이고요.

최종덕 왕필의 도덕경과 후한 시대 집필로 추정되는 백서본이 있고, 소위 죽간이라고 하고 백서본보다 더 오래전 전국 시대 중기 정도로 추정되는 곽점본도 다르죠. 보통 사람이 자주 접했던 도덕경은 주로 왕필본 중심이었다는데, 왕필본은 늦은 3세기경의 문헌이죠. 왕필본은 백서본을 근간으로 집필된 것이라는데, 그 사이에 변형이 있었을 것이라는 데 의문이 없을 것입니다. 고대 인도 문헌도 그런 변형이 있었다는 것이겠죠?

심재관 당연히 있지요. 가장 최근에 인도 학자들이 목격한 사건은 '스깐다뿌라나'라는 어떤 문헌에 관한 것이에요. 기존에 이 문헌은 이미 근대에 인쇄본으로 출간돼서 도서관에 가면 쉽게 뽑아 볼 수 있고, 연구도 하고 그런 인도의 고전이었어요. 분량도 상당히 방대하죠. 그런데, 한 20여 년 전에 네팔 고문서에서 한 필사본이 새롭게 조명되었는데, 이 필사본은 그 스깐다뿌라나의 필사본이었거든요. 그런데 우리가 기존에 보던 인쇄본과 내용이 너무 다른 거예요. 그래서 학자들이 모여서 분석한 결과 충격적인 결론에 도달했어요. 기존에 우리가 사용하던 인쇄본 스깐다뿌라나가 진본이 아니라는 거예요. 진본이 아니라는 것은, 내용이 완전히 달라서 과거의 힌두인들이 보던, 그 사람들이 즐겨 인용하던 과거의 그 책이 아니라는 거예요. 정말 충격적인 일이었죠. 생각해 보세요, 우리가 지금까지 읽던 논어나 성경이 과거의 사람들이 보던 그것이 아니고 가짜라면 얼마나 황당하겠어요. 실제로 인도학에서도 그런 일이 벌어지고 있으니까요.

최종덕 그렇겠네요. 아니, 그럼 지금까지 우리가 보고 있었던 그 책은 뭐가 되는 건가요? 단순히 가짜인가요?

심재관 어디서 그런 인쇄본의 책이 본래의 이름을 갖게 되었는가를 추적해야 하는 또 다른 문제가 생기는 거죠. 어쨌든 기존의 인쇄본은 그렇게 되면 신뢰할 수 없는 판본이 되는 것이죠. 누군가가 마음대로 여러 문서를 짜깁기해서 그렇게 이름 붙여 유통시켰을 수도 있는 문제니까요.

최종덕 불교 경전도 그런 경우가 있을 수 있나요?

심재관 저는 언제나 그럴 가능성이 있을 수 있다고 생각합니다. 그러한 변형의 과정을 예상하고 있지 않으면, 황당한 일이 생길 수도 있으니까요. 불경이나 힌두 신화 문헌 다 마찬가지예요. 그래서 우리가 편견을 버리고 생각한다면, 실제로 현장법사가 번역한 중국 경전이 더 초기본에 가까운 것인지 오늘날 남은 팔리어 경전이 더 오리지널에 가까운지 확실하지 않아요.

최종덕 어쨌든 원본이 있을 거 아니예요?

심재관 그러나 오늘날 팔리어본이나 산스크리트어본이 인도의 언어로 작성되었다고 해서 원본이라는 확실한 증거는 없어요. 오히려 중국어 경전이 오리지널에 더 가까울 수도 있다는 것입니다. 근본적으로 '원본'이라는 말이 힌두교나 불교에는 불가능할 수도 있어요. 오히려 '초기본'이라는 표현이 더 나을 수도 있겠어요.

최종덕 전혀 뜻밖의 이야기군요. 그러나 잘 들어보니 충분히 이해돼요.

심재관 아마도 《법화경》 같은 문헌은 가장 많은 필사본이 남아 있는 경전 가운데 하나일 텐데요, 여러 언어와 문자로 기록되어 있습니다. 산스크리트어와 코탄어, 한문, 티베트어 등 여러 언어로 쓰였고, 문자도 마찬가지로 여러 언어로 쓰였어요. 산스크리트어로 쓰인 《법화경》 필사본이 17세기 것도 있고, 파편이지만 6~7세기경의 훨씬 오래된 필사본도 있어요. 또 10세기의 한역 목판본이 있다고 생각해 보세요. 이 필사본들을 비교해 보면, 서로 내용이 일치하지 않거나 새로운 내용이 들어 있는 사본들이 있거든요. 새로운 내용을 담고 있는 필사본은 아마도 경전이 전승되던 여러 계통이 존재했었다는 걸 말해 주거든요. 우리는 지금 하나의 인쇄된 경전을 보고 있지만, 그 경전이 탄생하기까지는 수많은 계통의 전승과 각 전승에 따른 무수한 필사본들이 존재했었다는 것이죠. 이러한 것들을 비교한 다음에야 비로소 어떤 것이 먼저고 뒤에 온 것인지, 그 많은 버전들 가운데 어떤 이야기가 신빙성 있는 이야기고, 어떤 이야기가 후세에 첨가된 것인지를 확인하게 되는 것이죠.

최종덕 아, 그렇군요. 사본학 혹은 판본학에서 그런 것을 연구하나요?

심재관 주로 그런 연구들이죠. 저는 크게 역사적 연구 방법의 하나로 사본학이 가장 오래된 방법일 것이라고 봅니다. 고문서의 역사를 추적하는 거예요. 그 문헌에 대한 신빙성 있는 연구를 토대로 해야지, 그 다음에 그 속에 담긴 내용을 논할 수 있으니까요. 저는 철학도 역사나 문헌학에 같은 빚을 지고 있다고 생각합니다.

최종덕 철학에서도 역사적 접근 방식이 중요하다는 뜻이겠죠. 심 선생님은 정말 희귀한 분야를 하시는 것 같아요. 질문 하나 더 하죠. 예를 들어, 스리랑카나 네팔에 있는 아함경과 지금 한국에 있는 아함경 사이에 차이가 얼마나 있을까요?

심재관 똑같지 않은 것은 분명하죠.

최종덕 그럼, 어느 것이 더 원본에 가까운가요?

심재관 앞서도 말했지만 어느 것이 더 원본에 가까운지 아무도 몰라요. 예를 들어, 많은 사람들이 지금의 팔리어 경전이 원본에 가까울 것이라고 생각할 수 있는데, 실은 이런 생각이 오류예요.

최종덕 그렇군요. 저도 실은 그렇게 생각했거든요.

심재관 팔리어라고 원형인 것이 아니에요. 사실은 붓다가 팔리어로 말했을 것이라는 증거도 없어요. 게다가 우리가 이용하는 출판본 팔리어 경전은 근대 이후에 형성된 후기 판본을 출처로 만들어진 거예요. 18세기나 19세기의 필사본들을 토대로 출판한 거예요. 훨씬 오래된 판본들, 대략 2~3세기에 쓰인 것이 남아 있는데 그런 고문헌들은 대부분 인도 북서부나 아프가니스탄 지역에서 산스크리트어로 쓰인 초기 경전들이에요. 팔리어와 무관하죠.

최종덕 그러면 팔리어 경전의 아함경을 공부하기 위해서 팔리어 지역으로 유학 갈 필요가 없네요?

심재관 그 말은 좀 다른 거예요. 팔리어 경전을 공부하려면, 팔리어 전승 지역으로 가서 공부하는 것도 나쁘지는 않아요. 그렇다고 해서 팔리어 경전 자체가 불교의 원형을 절대적으로 보여준다는 것을 의미하지는 않습니다. 어느 문서가 더 신뢰할 수 있는지를 보려면 우선 전통의 권위나 지역과 시대에 대한 편견들을 벗어나야 해요.

최종덕 그렇게 따지면 다른 중앙아시아나 인도 북서부에서 발견된 문헌들도 원본 논쟁에서 더 우월한 근거를 가지고 있다고 말할 수 없겠군요.

심재관 당연히 그렇죠. 그쪽의 필사본들은 다만 훨씬 오래전의 필사본일 따름이니까요.

최종덕 원형이 무엇인지를 이해하기 위해 전래되는 구전 문학의 사례를 봐요. 몇 년 전에 교육부 사업으로 우리들 모두 함께 해서 〈청소년 철학교실〉을 원주에서 운영한 적이 있었죠. 그때 심 선생님이 중학생들과 함께 그림자 인형극을 하셨죠. 심 선생님이 시나리오를 쓰시고 그림자 인형 즉 종이 인형을 청소년들과 직접 제작하고 우리들 모두 조명과 무대를 만들고 재미나게 한 기억이 나요. 그때 그림자 인형극 소재가 아마 인도 구전 문학이었던 《라마야나》였었죠. 《라마야나》는 우리들 대부분에게

는 낯선 이야기인데, 한국의 《콩쥐 팥쥐》나 《춘향전》 같이 힌
두 전래의 서사시로 기억나네요. 그런 《라마야나》의 이야기가
언제쯤 시작된 것인가요? 저는 심 선생님으로부터 대략 기원전
4~5세기경이라고 들었던 것 같은데요. 《라마야나》가 언제 문자
로 전달되기 시작했나요?

심재관 《라마야나》의 이야기도 원래 말로 전해 온 것이고 언제부터
문자로 쓰였는지는 확실하지 않아요. 구전 문학 일반의 특징이죠.

최종덕 결국 그런 이야기도 시대를 거치면서 지역을 돌아다니면
서 조금씩 변형되었을 것 아니겠어요?

심재관 네, 그럼요. 그 이야기만 해도 상당히 많은 다양한 버전이
있거든요. 주변 나라별로도 다르고요. 《콩쥐 팥쥐》가 만주 전
역과 한반도에 이르기까지 다양하게 각색되어 전해지듯이, 《라
마야나》도 아시아 전역에 퍼져 있어요, 지역이나 계층에 따라
서도 다른 버전들이 헤아릴 수 없이 많지요.

최종덕 그런 이야기가 시간적으로 공간적으로 널리 퍼지게 될 때
이야기의 중심은 변하지 말아야 하잖아요?

심재관 실은 그런 규칙조차도 없는 것이죠. 그냥 이야기는 이야기
대로 흘러가는 것이죠. 예를 들어, 《쁘랄 락 쁘랄 람》이 라오스
의 《라마야나》인데 그건 라오스의 건국 신화로 변형되어 있어
요. 큰 이야기의 플롯만 비슷할 뿐이지요. 인도 신화의 속성을

비유하자면, 아이들이 가지고 노는 레고라고 생각하면 어떨까 해요. 기본적인 여러 소재의 블록들만 제공해 주고, 그것을 조합해서 여러 가지 새로운 이야기가 만들어지니까요. 예를 들어, 인도 남부에서 《라마야나》의 대표적인 마왕인 라바나가 주인공으로 각색되는 지방본들도 있거든요. 또 현대극에서 《마하바라타》의 카르나가 주인공으로 등장하는 경우도 있어요. 본래 산스크리트 본에서는 사악하고 비극적인 영웅으로 그려지지만요.

최종덕 우리의 기억을 얼마나 신뢰할 수 있나요? 일상의 사소한 이야기 하나도 두세 사람만 거치면 과장되거나 왜곡되는 것이 보통인데, 몇백 년 동안 내려오는 이야기가 어떻게 원형을 보전할 수 있을지 잘 모르겠어요.

심재관 구전 문학은 모르겠지만 특정 힌두 경전의 경우는 정말로 기억을 신뢰할 만해요. 구전 연구자이며 서지 연구자이기도 한 월터 J. 옹Walter J. Ong 교수가 있어요. 월터 옹은 구전 문학을 연구하는 학자들한테는 아주 유명하고 잘 알려진 학자죠. 그가 그런 기억의 문제를 잘 짚어 내고 있죠. 그런데 인도의 구전 전승에 대해서는 정확한 이해를 갖지 못한 것 같아요. 베다 문헌 등의 힌두 문헌이나 경전이 지금까지 하나의 오류 없이 전승되어 올 수 있었는지에 대해 상당한 의심을 보이더라고요. 베다 같은 문헌들도 기억에 의해 존속해 왔기 때문에, 기억에 의해 상당한 변형이 있었을 것이라고 당연시 하더군요. 그렇지만 인도 학자들은 그와 견해가 달라요. 베다 학자들의 현장 연구에 의하면, 수천 년 동안 특정 경전은 원본을 손상시키지 않기 위해 완벽한 암기술을 발전시켰고, 그로 인해 특정 문법도 발전했다고 말합니다. 인도 사람들의 암기력은 세계적으로도 유명한데, 가끔씩 바가바드 기타를 통째로 암송하는 승려들이나 어린아이들을 어렵지 않게 볼 수 있어요. 특히 베다 전승의 특정 사제들은 리그베다를 한 음절도 틀리지 않게 전승하기 위해서 한 문장을 10개의 방식으로 뒤섞어 외우는 독특한 암기 방식을 고안하기도 했거든요. 베다 자체가 성스러운 말씀이고 신성한 언어로 여겨지기 때문에 힌두인들은 한 문장, 한 음절도 틀리지 않게 암기하고자 했던 것이죠. 그렇게 2천 년 이상 암송해 왔고 지금도 그렇게 해요.

최종덕 심 선생님이 내레이터로 출연하신 다큐멘터리 네팔 편에서 보았는데요, 경전을 공부하는 아이들이 암송하면서 글자는 물론이고 억양이나 속도까지 그대로 따라 하는 모습을 보았어요.

심재관 방송에서 나왔던 그 정도가 아니라 한 음절도 틀리지 않기 위해서 아이들의 혀 위치 악센트까지 조절하는 발성법을 고안하기도 했어요. 더 효과적인 암기법을 위해서죠. 한 문장을 정독하면서 문장을 구성하는 단어들을 배열하는 방식을 다양하게 바꿔 가면서 암기를 하죠. 문장을 조직적으로 분해하여 더 정밀한 암기법을 만드는 것입니다. 힌두인의 구전 문학은 그런 암송의 역사를 가지고 있어요. 그래서 나름대로 이야기의 기억을 신뢰할 수 있는 거죠. 1970년대 후반 버클리대 교수였던 스탈Staal이라고 하는 유명한 학자가 있었는데, 그 학자가 인도에 가서 베다의 의례와 암송법을 필름으로 만든 적이 있어요. 가드너라고 하는 하버드 대학의 인류학 교수하고 둘이서 같이 거대한 공동 작업을 했죠. 기원전 2천 년 이래로, 베다의 사제들이 전승해 오던 의례인데, 지금은 남부에서도 극히 보기 힘든 의례거든요. 이걸 다큐멘터리로 만든 것이죠. 지금 말한 독특한 그들의 암기법도 그 안에 포함되었죠. 특히 인도 남부에 잔존하는 암기법은 정말 대단해요. 그들은 그런 암기법을 완전하게 재연해 필름으로 보관해 놓았죠. 그 필름이 지금도 인류학 다큐멘터리의 모범이 되고 있어요. 아마 거기서 녹음한 것이 음반으로도 발간된 적이 있는데, 제가 버클리 인류학 도서관에 가서 그 LP 판을 녹음하느라 허둥대던 기억도 나네요, 지금, 한 20여 년도 더 된 일이니까요. 스탈은 제가 대학원 시절 사숙하던 교수였는데, 얼마 전에 세상을 떴어요.

최종덕 아주 흥미롭군요. 그런데 힌두 경전처럼 불교 경전도 그렇게 암송법으로 전승되었을까요?

심재관 물론 불교 경전의 구전은 힌두교의 경전만큼 그렇게 엄격하고 정확하지는 않았어요. 종교적 언어관이 서로 달랐으니까요. 불교는 힌두교처럼 언어 자체에 신성성을 부과하지는 않았거든요. 그렇지만 불교 경전도 정도의 차이만 있지 초기에는 암송을 통해 전해졌었죠. 힌두 경전만큼 경직되고 완고한 방법은 아니었지만, 구전을 통해 전승되다가 기원 전후부터 문자로 작성되기 시작한 것으로 보입니다.

최종덕 현장법사는 구전된 불경을 가져온 것이 아니라 문자로 된 불경을 번역했잖아요? 구전이 아닌 문자를 번역의 원본으로 했다는 말인데, 그렇다면 좀 더 불경의 원형성이 구전보다 더 확실하겠네요?

심재관 꼭 그렇게 말할 수 없다는 거죠. 문자 기록물도 너무 다양해요. 문자로 바뀌었다는 것은 말을 글자로 받아 적었다는 뜻입니다. 암송보다 오히려 받아 적으면서 변형이 생길 수도 있다는 거죠. 책 한 권을 그대로 옮겨 적는다고 생각해 보세요. 어떤 경우는 한 장을 그대로 빠뜨리고 적을 수도 있고, 기록하면서 몇 줄을 빠뜨릴 수도 있잖아요. 실제로 필사본을 연구해 보면, 그런 경우가 꽤 있어요. 뿐만 아니라 페이지가 뒤섞인 판본을 다시 후세 사람들이 그대로 베껴서 옮기는 경우도 있고요. 그래서 생각보다 글로 된 경전이 본래의 원형성을 유지한다는 것은 우리 현대인들의 생각이지요. 현장법사가 여러 상이한 판본들을 가지고 있었을 수도 있고, 또 그중에서 현장 자신이 마음에 드는 것을 선택해 번역의 원본으로 채택했을 가능성도 있으니까요.

최종덕 이해가 됐습니다. 또 다른 질문이 있는데요. 중국인이 인도로 가서 인도 불경을 가지고 온 경우와 더불어 인도인이 불경을 가지고 중국으로 간 경우도 있을 것 같은데, 그 두 경우에서 번역의 완성도나 원본의 의미에서 차이가 있었을까요?

심재관 그들이 조우한 지역은 우리가 보통 말하는 인도 북서부나 실크로드 지역으로 추정돼요. 어쨌든 중국과 인도가 연결되는 곳이기는 해요. 그래서 산스크리트어에 능통한 중국인들이 그 지역에도 많았을 것으로 충분히 추론되죠. 최 선생님의 질문처럼 저 역시 궁금해요 그 차이는 분명히 있을 것입니다.

최종덕 예를 들어, 《금강경》만 해도 구마라집344~413 번역본이 있고, 현장법사602~664 번역본이 있을 것 아닙니까? 그 차이가 있지 않을까요?

심재관 어떤 학자는 현장법사의 번역본이 구마라집 번역본보다 원본 따라잡기에 좀 약했다고 말하기도 하죠. 그러나 앞서도 여러 차례 강조했지만 원본의 의미가 무엇인지에 대한 의문을 항상 가져야 돼요.

최종덕 비슷한 예지만, 신라 때 혜초704~787의 번역본은 역승 구마라집이나 중국의 삼장법사의 번역본과도 차이가 있었을 테죠?

심재관 당연히 그 차이가 있죠. 경전 원본의 차이에 기인한 것인지, 아니면 번역의 오류에서 온 차이인지, 아니면 번역자 문장 스타일의 차이인지, 어쨌든 차이가 있는 것입니다. 그래서 당대 최고의 학자들이었고 최고의 외국어 능통자였지만, 번역에서 올 수 있는 오류를 피하기 위한 노력을 끊임없이 해 왔어요. 번역 오류를 피하기 위한 그런 조직적인 노력이 누적되어 더 좋은 경전 번역본이 탄생한 것이에요. 번역은 한 사람이 한 것이 아니라 역장이라고 하는 체계의, 여러 사람의 공동 작업으로 이루어진 것이니까요.

최종덕 사실 당대의 그런 노력이 오늘날에도 실현되어야 한다고 생각해요. 외국어는 잘해도 그 분야의 지식이 부족해서 번역에 문제되는 경우가 잦아요. 점점 전문성이 세분화되면서 원본의 전문적 콘텐츠 수준을 역자가 쫓아 가지 못하는 경우가 있어요. 역자는 외국어에 아주 능통한 데도 불구하고요.

심재관 사실 불경이 한문으로 번역되는 초기 과정에도 그런 문제가 있었어요. 예를 들어, 언어만 잘하는 사람이 경전을 번역하는 경우와 심신이 깊은 사람이 번역을 하는 경우에서 차이가 분명 있었을 것입니다.

최종덕 그러면 언어를 잘하는 사람들과 불경을 잘 아는 사람들이 협동 작업을 하면 되겠네요?

심재관 실제로 그렇게 했어요. 생각해 보세요. 요즘 말하는 학제 간 연구가 당시에도 활발했었죠. 산스크리트어를 잘하지만 중국어를 잘못하는 외국인 승려와 산스크리트어에 미숙한 중국인 역경승들이 모여서 서로 협동 작업을 했죠. 그렇게 나온 결실이 3세기에 한역본으로 나온 《법구경》입니다. 그런데 이때만 해도 인도의 경전을 중국인의 입맛에 맞게 번역한 것이에요. 아무래도 중국인이 이해하는 방식으로 인도 경전을 번역하려다 보니 그렇게 된 것이죠. 그렇게 중국인의 풍토와 전통 그리고 당대 유행에 따라 번역된 불경을 격의불교格義佛敎라고 말합니다. 그러면 중국인이 이해하고 접근하기는 쉬운데, 그 대신 원형의 모습이 점점 없어지는 것입니다.

최종덕 말 그대로 하면 원래 뜻을 기존의 틀에 맞추어 번역했다는 말이군요. 지금 현대를 사는 우리도 마찬가지죠. 자기가 아는 방식으로, 자기가 아는 수준에서 번역을 하는 경우가 더러 있으니까요. 저는 심 선생님께서 2010년에 출간한 《불교 경전은 어떻게 전해졌을까》를 정독했어요. 정말 재미나는 책이더라고요. 제가 그 책을 읽다가 메모한 내용이 있는데, 여기서 잠깐 읊어 볼게요. 번역의 어려움을 정리하여 번역의 원칙을 말한 내용인데, 오늘날에도 중요한 의미를 지니는 것 같아서 메모해 놓은 거예요. 책 내용 중에서 앞서 말한 격의 불교, 즉 너무 지나치게 중국식으로 번역한 경전들을 문제 삼은 학자로 도안314~385이 있었죠. 도안은 번역상의 실수, 의도된 오류 등을 감안하여 번역의 원칙을 세웠다고 해요. 그게 하도 흥미로워서 한번 다시 써 볼게요. 번역할 때 역자가 놓칠 수 있는 다섯 가지 경우와 역자들이 가장 어렵다고 실토하는 세 가지 부분을 정리한 것입니다. 그래서 도안은 이를 '5실본3불역五失本三不易'이라고 했네요. 첫째 산스크리트 문장 배열을 중국어 문법 규격에 억지로 맞추기, 둘째 관심을 끌기 위해 단순한 원문 문장도 화려하게 바꾸기, 셋째 경전의 특징상 반복되는 문구가 있는데 이를 생략하는 경우, 넷째 원문의 긴 설명과 주석을 중국에서는 필요 없다고 생각하여 그냥 빼기, 다섯째 되풀이 되는 내용 반복도 역자 마음대로 생략하기이다. 그리고 역자들이 어렵게 느끼는 세 가지 점이다. 첫째 원본에 충실하면서도 독자들이 이해하게 만드는 일, 둘째 미묘하고 어려운전문적인 원본 내용을 대중들이 이해하도록 하는 일, 셋째 천년 후에도 이뤄질 붓다 말씀을 확인시키는 일, 이렇게 제가 정리해 보았어요.

심재관 정말 명쾌하게 정리하셨네요.

최종덕 저는 이 글을 읽고 이게 1천 8백 년 전의 문장이라고 여겨지지 않았어요. 그런 정도로 도안의 5실본3불역이라는 번역의 원칙은 바로 오늘에도 적용되는 살아 있는 기준이라고 보았어요. 우리도 번역할 때 도안이 제시했던 원칙을 잘 지키면 좋은 번역이 나오겠다는 생각이 들었죠.

심재관 저도 잊고 있던 내용이었는데 최 선생님 덕분에 다시 알게 되었네요. 결국 원형이란 고정되고 경직된 실체에 갇혀 있을 필요가 없다고 봐요. 문헌은 생명과 같아서 항상 변형하고 순응하며 살아가는 거죠.

최종덕 정말 그래요. 그러면 우리가 대화한 것을 제가 정리해 볼게요. 민담 같은 이야기의 원형이 무슨 의미를 갖는지, 고문헌의 원형을 어떻게 지켜야 하는지 그리고 더욱 중요한 대화였다고 생각되는데, 번역 과정에서 원본과 역본 사이에서 의미 전달이 중요한지 아니면 원형 보존이 더 중요한지를 이야기 나누기도 했고요. 불교와 힌두교 사이에서 무엇이 불교적이고 무엇이 힌두교적인지에 대한 문제도 언급했어요. 제가 심 선생님을 일방적으로 불교 학자라고 생각한 것도 실은 오해였는데, 이런 오해는 저만의 문제는 아니고 우리 역사를 보는 안목이 혼란스러워서 생긴 것이라고 생각돼요. 이와 관련하여 심 선생님의 이야기를 결론 삼아 청해 보죠.

심재관 우리의 언어 발전도 그렇고, 민담 설화도 그렇고, 경전이 형성되는 기억의 역사도 그렇고, 또 고문서도 그렇지만 크게 보면 불교나 힌두교와 같은 종교 양식이 영원히 고정된 것일 수 없다는 점입니다. 과거에도 그랬지만 현재도 지속적으로 변화하고 있다는 말이죠. 초기 형태의 불교로부터 많은 역사적 과정, 즉 흡수와 병합, 누락과 결합의 흐름을 통해서 오늘날의 동아시아의 불교가 형성된 것이죠. 한국이나, 중국이나 일본의 불교가 서로 다르고, 남아시아의 불교도 다르고요. 굉장히 다채로운 불교 양식은 각각 고대 초기 불교의 원형과 다르지만 그 역시 모두 불교예요. 이렇게 긍정적으로 변화와 변형을 수용할 수 있어요. 한편 의도된 변형으로 초기의 초발심이 붕괴되는 현상도 나타나죠. 미신의 옷을 입은 불교, 정치권력의 도구로써 전락된 불교를 불교라고 할 수 없을 거예요.

최종덕 가짜 불교, 가짜 기독교가 우리 세상을 너무 어지럽히고 있어요. 어디까지 불교이고 어디까지 이슬람교이고, 어디까지 기독교인지 정말 고심할 문제입니다. 원형과 변형의 문제는 우리가 안고 가야 할 숙제라고 봅니다. 감사합니다.

찾아보기

ㅈ